驾驶员必知
养车/修车/用车
1500招

高翔 等编著

化学工业出版社
·北京·

本书主要介绍汽车驾驶员日常养车修车用车常见的问题，给出解决方案，包括新车养护、修车知识、用车常识和驾驶技巧、保险理赔注意事项等内容，图文并茂，通俗易懂，注重实用，涵盖了1500个技巧，都是作者多年实践经验总结出来的"看家本领"，具有很强的指导性和可操作性。

本书是读者获取驾车知识便捷的信息平台，相信新老驾驶员通过阅读此书，都会获益匪浅，从养车、驾车新手快速提升为老手，进而成为养护、维修、驾驶的高手。

图书在版编目（CIP）数据

驾驶员必知养车修车用车1500招/高翔等编著. 北京：化学工业出版社，2016.1（2025.2重印）
ISBN 978-7-122-25568-6

Ⅰ.①驾… Ⅱ.①高… Ⅲ.①汽车-车辆保养-基本知识②汽车-车辆修理-基本知识 Ⅳ.①U472

中国版本图书馆CIP数据核字（2015）第259557号

责任编辑：黄 滢　　　　　　　　　　文字编辑：李　曦
责任校对：王素芹　　　　　　　　　　装帧设计：王晓宇

出版发行：化学工业出版社（北京市东城区青年湖南街13号　邮政编码100011）
印　　装：大厂回族自治县聚鑫印刷有限责任公司
710mm×1000mm　1/16　印张17　字数351千字　2025年2月北京第1版第14次印刷

购书咨询：010-64518888　　　　　　　　售后服务：010-64518899
网　　址：http://www.cip.com.cn
凡购买本书，如有缺损质量问题，本社销售中心负责调换。

定　　价：49.80元　　　　　　　　　　　　　　　　版权所有　违者必究

Foreword 前言

随着汽车行业的迅速发展，国内私家车日益增多。汽车的快捷和方便大大提高了人们的生活节奏和质量，也大大缩短了人们的出行时间。与此同时，随着汽车拥有数量的增加与驾驶员的不断增多，与汽车相关的基本常识、保养过程中的技术问题、简单的故障排除、新手快速掌握驾驶技巧、车辆保险理赔等诸多问题，也成了有车一族们最关心的话题。

本书就是在这样的背景下编写而成。全书共分五章，包括新车养护必知、修车必知、用车必知、日常驾驶秘诀、汽车保险与理赔，从各个方面全面解析汽车不同时期的养护、全车各个部件的养护、驾驶员自己动手修车必须学会的知识、常见问题的解决、新手驾驶必知、用车的注意事项、日常驾驶、起步、正常驾驶、特殊天气的驾驶、行驶礼仪、交通事故的处理方法，以及保险理赔，涵盖了1500个技巧。一方面，本书的出发点是为读者搭建一个便捷获取驾车知识的信息平台；另一方面，内容都是笔者多年实践经验总结出来的"看家本领"，具有很强的指导性和可操作性。相信新老驾驶员通过阅读此书，都会获益匪浅，从养车、驾车新手快速提升为老手，进而成为养护、维修、驾驶的高手。

在本书的编写过程中，以图文并茂的形式、通俗易懂的文字使读者一目了然，并力求将书中全部内容与实际生活紧密结合，让每一个尝试都能够学为所用，真正成为新老车友的实用指南。

本书由高翔、李娜、宁平、陈远吉编著。本书的编写得到了北京市昌平区回龙观别克车行专修维护店相关人员的大力支持，宁荣荣、谭续、费月燕、叶志江等还为本书提供了大量具有参考价值的现场照片，在此向他们表示真诚的谢意；同时，本书特邀动作示范模特赵迪拍摄了数百幅精美照片，在此对她表示衷心感谢！感谢摄影师郑龙、温文无偿参与拍摄，感谢现场特约指导张文娟无偿参与指导！

由于笔者水平有限，书中难免有不妥之处，敬请读者批评指正。

编著者

目录 CONTENTS

第一章　新车养护必知　001

一、车辆首次养护 /001
- 技巧1　新车开蜡技巧 /001
- 技巧2　新车打蜡技巧 /004
- 技巧3　新车清洗技巧 /008
- 技巧4　新车贴膜技巧 /011
- 技巧5　新车磨合技巧 /015

二、车辆不同时期的养护 /021
- 技巧1　汽车的周期保养 /021
- 技巧2　汽车的四季养护 /025

三、车辆"360°"全方位养护 /048
- 技巧1　发动机的养护技巧 /048
- 技巧2　制动系统的养护技巧 /060
- 技巧3　"三滤"的保养与更换 /066
- 技巧4　变速器的养护技巧 /071
- 技巧5　"三水"的养护技巧 /075
- 技巧6　轮胎的养护技巧 /076
- 技巧7　车门与车窗的养护技巧 /085
- 技巧8　内饰的保养技巧 /090
- 技巧9　车灯的养护技巧 /095
- 技巧10　爱车外观的养护技巧 /099
- 技巧11　底盘的保养技巧 /102
- 技巧12　汽车方向盘与仪表盘的养护技巧 /103
- 技巧13　汽车空调的养护技巧 /107
- 技巧14　座椅的养护技巧 /113
- 技巧15　音响系统的保养技巧 /116
- 技巧16　GPS的养护技巧 /119
- 技巧17　养车的省钱技巧 /120

第二章　修车必知　126

一、正规汽修店里更安全 /126
- 技巧1　防止防冻液里撒盐 /126
- 技巧2　防止机油里放白糖 /126
- 技巧3　防止配件以次充好 /126
- 技巧4　防止车被偷用 /126
- 技巧5　防止加变速箱油时做手脚 /127
- 技巧6　防止无专业工具影响维修质量 /127
- 技巧7　防止钣金烤漆时上假腻子假漆 /127
- 技巧8　防止制动液里兑酒精 /127
- 技巧9　防止用瓷铝粉代替抛光蜡 /127
- 技巧10　防止用火碱清洗发动机 /127

二、汽车常遇问题及解决 /127
- 技巧1　发动机过热原因及解决技巧 /127
- 技巧2　怎样判断离合器打滑 /129
- 技巧3　空调制冷不足或不制冷解决技巧 /129
- 技巧4　火花塞被浸时发动机的启动技巧 /129
- 技巧5　为什么发动机在熄火前应先进入怠速状态 /130
- 技巧6　电控发动机的三元催化器如何避免提前损坏 /130
- 技巧7　及时添加汽油，不要等燃油警告灯亮时再加油 /130

技巧 8　遇到车在早晨冷启动时，发动机会有一段异常的响声，而后消失时的应对技巧 /131
技巧 9　早晨启动时车子抖动的应对技巧 /131
技巧 10　防止三元催化器提前热老化的技巧 /131
技巧 11　仪表台内的电子公里记数表不停闪烁的解决技巧 /131
技巧 12　起动机正确使用的技巧 /132
技巧 13　汽车有异响的应对技巧 /132
技巧 14　汽车排气噪声增加、废气排放量超标的解决技巧 /133
技巧 15　防止更换电瓶时音响和玻璃升降器失效的技巧 /133
技巧 16　减小刮水器片震动和噪声的技巧 /133
技巧 17　车辆出现橡胶糊味的解决技巧 /133
技巧 18　车辆出现塑料糊味的解决技巧 /134
技巧 19　车辆外观异常的应对技巧 /134
技巧 20　车辆行驶中天窗有异响的解决技巧 /134
技巧 21　后视镜容易存水的解决技巧 /134

技巧 22　气门弹簧折断的解决技巧 /134
技巧 23　制动液回升慢的解决技巧 /135
技巧 24　方向盘不稳的解决技巧 /135
技巧 25　高速行驶方向盘发生振动的应对技巧 /136

三、自己修车技巧 /136

技巧 1　日常自检——看、闻、听、修 /136
技巧 2　自己修车有哪些注意事项 /137
技巧 3　排气管冒黑烟、冒白烟、冒蓝烟分别是什么原因 /138
技巧 4　动力转向变沉重是何原因 /139
技巧 5　如何判断和修理车辆油耗增加 /139
技巧 6　如何判断和维修刮水器与玻璃喷洗器故障 /140
技巧 7　制动软绵绵的原因 /140
技巧 8　行驶中水温过高怎么办 /140
技巧 9　蓄电池没电了怎么办 /141
技巧 10　风扇皮带断了怎么办 /142
技巧 11　螺孔滑扣了怎么办 /142

四、汽车维修后要自检 /142

第三章　用车必知　145

一、汽车新手用车常识须知 /145

技巧 1　如何处理空调不制冷 /145
技巧 2　为什么钥匙拔不出来 /146
技巧 3　为什么手制动放不下 /146
技巧 4　处理行车中没油的技巧 /146
技巧 5　如何应对电瓶没电 /146

技巧 6　磨合期开车的技巧 /147
技巧 7　如何正确使用离合器踏板 /147
技巧 8　如何正确停车 /147
技巧 9　怎样正确使用ABS系统 /149
技巧 10　怎样正确使用ASR系统 /149
技巧 11　怎样正确使用ESP系统 /149

目录 CONTENTS

二、新手开车必知 /150

- 技巧1　新车磨合 /150
- 技巧2　漆面保护 /150
- 技巧3　坐姿 /150
- 技巧4　注意盲区 /151
- 技巧5　提高安全意识 /151
- 技巧6　手动挡驾驶技巧 /151
- 技巧7　自动挡驾驶技巧 /153
- 技巧8　停车入位 /156
- 技巧9　交违章罚款 /156
- 技巧10　如何顺利准确转方向盘 /156
- 技巧11　如何判断轿车前端与人的距离以及与前车的距离 /159
- 技巧12　如何用右后视镜判断后车距离 /159
- 技巧13　如何判断车辆位置（车轮位置、前后位置）/159
- 技巧14　如何找准换挡时机 /159
- 技巧15　如何判断车距 /160
- 技巧16　如何处理好制动与离合的关系 /160

三、新手用车注意事项 /160

- 技巧1　车辆手册阅读 /160
- 技巧2　如何进行油水检查 /161
- 技巧3　学习看仪表指示 /161
- 技巧4　正确使用空调的除雾除霜功能 /162
- 技巧5　如何科学准确地停车 /163
- 技巧6　点火之后不需要预热 /163
- 技巧7　备用钥匙一定要跟汽车分离 /163
- 技巧8　保持车距，养成全盘把握车况的习惯 /163
- 技巧9　开车时与方向盘保持距离 /164
- 技巧10　熄火状态下脚制动不要反复踩 /164
- 技巧11　行驶中误入P挡怎么办 /164
- 技巧12　GPS和指示牌指示不同时怎么办 /165
- 技巧13　新手开二手车的技巧 /165
- 技巧14　男士如何做到安全驾驶 /165
- 技巧15　女士如何做到安全驾驶 /167
- 技巧16　准妈妈驾车技巧 /169
- 技巧17　驾车疲劳后车内放松技巧 /172

第四章　日常驾驶秘诀　175

一、起步方法 /175

- 技巧1　平路起步的操作技巧 /175
- 技巧2　坡道起步的技巧 /176
- 技巧3　下坡起步的技巧 /177
- 技巧4　冰雪湿滑路面起步的技巧 /177

二、正常行驶技巧 /177

- 技巧1　并入车流的技巧 /177
- 技巧2　制动的技巧 /178
- 技巧3　避免危险情况的技巧 /179
- 技巧4　车道正确行驶的技巧 /180
- 技巧5　交叉道口行驶技巧 /182
- 技巧6　弯道驾驶技巧 /182
- 技巧7　立交桥驾驶技巧 /185
- 技巧8　停车技巧 /186
- 技巧9　倒车技巧 /193
- 技巧10　掉头技巧 /195
- 技巧11　会车技巧 /197
- 技巧12　超车技巧 /198
- 技巧13　并线技巧 /200

| 技巧 14 | 跟车技巧 /202
| 技巧 15 | 防止追尾技巧 /205
| 技巧 16 | 夜间驾驶技巧 /206
| 技巧 17 | 高速公路驾驶技巧 /209
| 技巧 18 | 泥泞路段驾驶技巧 /211

三、山路行驶技巧 /213

| 技巧 1 | 安全通过山路技巧 /213
| 技巧 2 | 山路行车标志的识别技巧 /214
| 技巧 3 | 山路行驶中挡位的使用技巧 /214
| 技巧 4 | 避免山路中制动器热衰竭技巧 /215
| 技巧 5 | 山路弯道驾驶技巧 /215
| 技巧 6 | 山路超车技巧 /215
| 技巧 7 | 山路会车技巧 /215
| 技巧 8 | 山路途中遇到较多急弯和连续弯的应对技巧 /216
| 技巧 9 | 山路跟车技巧 /216
| 技巧 10 | 山路行车紧急情况的应对技巧 /216
| 技巧 11 | 山路遇特殊天气的应对技巧 /217
| 技巧 12 | 山路坡道驾驶技巧 /217
| 技巧 13 | 山区险路驾驶技巧 /217
| 技巧 14 | 自动挡汽车山路驾驶技巧 /218
| 技巧 15 | 山区急弯驾驶技巧 /218
| 技巧 16 | 弯道对面遇到大货车的应对技巧 /218
| 技巧 17 | 通过涵洞的驾驶技巧 /218
| 技巧 18 | 坎坷路面驾驶技巧 /219
| 技巧 19 | 泥泞路段驾驶技巧 /219
| 技巧 20 | 过隧道的驾驶技巧 /220
| 技巧 21 | 乡村土路驾驶技巧 /221
| 技巧 22 | 野外临时停车技巧 /222
| 技巧 23 | 不平路面泊车技巧 /222

四、特殊天气驾驶技巧 /222

| 技巧 1 | 刮风天气行车技巧 /222
| 技巧 2 | 下雨天气行车技巧 /224
| 技巧 3 | 大雾天气行车技巧 /227
| 技巧 4 | 冰雪天气行车技巧 /229

五、紧急情况的处理技巧 /235

| 技巧 1 | 轮胎突然爆胎应对技巧 /235
| 技巧 2 | 夜间行车车灯突然熄灭应对技巧 /236
| 技巧 3 | 汽车制动造成侧滑应对技巧 /236
| 技巧 4 | 汽车着火的应对技巧 /236
| 技巧 5 | 驾车遇到车轮悬空应对技巧 /237
| 技巧 6 | 驾车遇到轨道熄火应对技巧 /237
| 技巧 7 | 驾车遇到转向失控应对技巧 /238
| 技巧 8 | 被别的驾驶员用大灯晃的应对技巧 /238

六、交通事故处理技巧 /238

| 技巧 1 | 克服心理恐惧技巧 /238
| 技巧 2 | 遇到交通事故的处置技巧 /239
| 技巧 3 | 对于未造成人身伤亡的交通事故的处置技巧 /240
| 技巧 4 | 对于造成人身伤亡的交通事故的处置技巧 /240
| 技巧 5 | 交通事故中受伤人员没有足够的抢救费用的处置技巧 /240
| 技巧 6 | 事故双方对事故事实无争议时的处置技巧 /241
| 技巧 7 | 事故双方对事故事实有争议时的处置技巧 /241
| 技巧 8 | 撤除事故现场后，一方反悔时的处置技巧 /241

技巧 9　保护交通事故现场技巧　/241
技巧 10　事故经过撰写技巧　/242
技巧 11　最简单的两车事故　/242
技巧 12　与机动车发生交通
　　　　事故的处理原则　/243

七、新手开车基本礼仪　/243

技巧 1　社交应酬中如何选
　　　　"礼貌"座位　/243
技巧 2　公务接待如何选最
　　　　"礼貌"座位　/244
技巧 3　如何选最安全的座位　/244
技巧 4　如何选最适合朋友的座位　/244
技巧 5　上下车的礼貌顺序　/244
技巧 6　上路驾驶基本礼仪　/244
技巧 7　过红绿灯时如何礼貌
　　　　驾驶　/244
技巧 8　并线时如何礼貌驾驶　/245
技巧 9　驾驶时如何礼貌按喇叭　/245
技巧 10　进出小区如何礼貌驾驶　/245
技巧 11　加油时如何注重礼仪　/245
技巧 12　如何礼貌停车　/245
技巧 13　如何文明清理车内垃圾　/245

第五章　汽车保险与理赔　246

一、保险理赔常识　/246
二、汽车出险理赔原则　/248
三、汽车出险后理赔标准　/249
四、第一年汽车上全险包括的内容
　　及注意事项　/250
五、全险并非全部都保险，照样存
　　在不赔的风险　/255
六、汽车保险理赔的误区　/257

误区 1　分不清保险责任　/257
误区 2　对险种认识不清　/257
误区 3　不明白赔偿手续　/257
误区 4　制造假案，获赔方便　/257
误区 5　普遍忽视保险条款　/258
误区 6　先修理后报销　/258
误区 7　有车险随意定责　/258
误区 8　嫌麻烦委托修理厂理赔　/259
误区 9　异地出险一定要拉回家修　/259
误区 10　为了保证质量，一定要
　　　　在4S店维修　/260
误区 11　受损的零件一定要全部
　　　　更换　/260
误区 12　哪天出险报案，就算在
　　　　哪一年　/260
误区 13　"超额投保"=超额赔付　/261
误区 14　事故现场无须保留　/261
误区 15　老龄车上保险困难　/261
误区 16　老手投保新手开　/261
误区 17　酒后照样能驾车　/262
误区 18　间接损失一并赔　/262
误区 19　重复保险能多赔　/262
误区 20　机动车暴晒后会自燃　/262
误区 21　发动机进水后
　　　　"私自再动"　/263
误区 22　爆胎引起"单独损失"　/263
误区 23　玻璃破碎核赔标准不同　/263
误区 24　车内放置危险品　/264
误区 25　开车小心，可以不保
　　　　车损险　/264
误区 26　定损、修理、理赔
　　　　不分家　/264

第一章

新车养护必知

一、车辆首次养护

技巧 1 新车开蜡技巧

有的汽车生产厂家为了保护车漆在长途运输过程中不受损害,会在车身上涂一层运输保护蜡。进口车多涂有此蜡,而国产车大多采用静电喷涂,漆面呈镜面光泽,无须开蜡。首次车体养护和开蜡,往往是日后用车养车的质量保证,如果开始保养得不好,以后就会出现许多问题。

1. 什么叫开蜡

国外轿车出口时,都会在汽车外表涂有保护性的封漆蜡以抵御远洋运输对漆膜的损坏。因为封漆蜡极厚,并且十分坚硬,所以还可以防止大型双层托运车运输途中树枝或强力风沙的剐蹭与抽打。封漆蜡主要含有复合性石蜡、硅油、PTFE树脂等材料,能对汽车表面起到长达1年的保护作用。封漆蜡不同于上光蜡,没有光泽,严重影响汽车美观。另外,汽车在使用中封漆蜡易黏附灰尘,且不易清洗。因此,购车后必须将封漆蜡清除掉,同时涂上新车保护蜡。清除新车的封蜡即为"开蜡"。

2. 新车开蜡产品主要有哪些类型

(1) 油脂开蜡水 市场上80%的产品属于非生物降解型溶剂,主要原料提炼于石油,是强碱性药剂,因此使用时应注意保护自己。

(2) 树脂开蜡水 属于多功能轻质水溶性清洁剂,含有树脂聚合物的溶解元素,渗透性较好,使用起来比较安全。

(3) 强力开蜡水 属于生物降解型产品,主要提炼于天然橙皮,并含有阴离子表面活性剂,泡沫丰富,分解性较好,因此成本也较高。

3. 怎样选择开蜡水

开蜡水是开蜡作业最重要的用品，对车蜡具有极强的溶解能力及油脂分解能力。一般5～8分钟就可以将车表蜡完全溶解，而且对漆面及塑料、橡胶件无腐蚀性。新车开蜡可选用开蜡套装，即开蜡水、新车专用香波、新车专用高级镀膜蜡。开蜡水除蜡彻底，也可以用于清除车表沥青、昆虫及其他顽固污渍、污垢。

4. 开蜡需要哪些工具

（1）专用洗车海绵　中密度海绵具有极好的包容性，在清洁车身时能将沙砾及尘土深藏于气孔之内，以避免因擦洗工具过硬而不易包容泥沙对车体造成划痕。

（2）高密度纯棉毛巾　三遍开蜡工序中都需使用高密度纯棉毛巾，因其质地比较柔软，即使清洁车体后表面仍存有少量泥沙，开蜡过程中也不致对漆面造成影响外观效果的较大伤害。

（3）塑料异形刮板　这种刮板材料较软，具有一定的韧性，加之垫有纯棉毛巾，所以操作时不会对漆面造成任何损伤。

（4）防护眼镜　防止在施工中用毛巾擦洗车体时，药剂飞溅入眼。

（5）橡胶手套　因多数开蜡水均属轻质性煤油类产品，渗透分解性极强，对皮肤有害，所以应用橡胶手套保护手部。

专用洗车海绵

高密度纯棉毛巾

防护眼镜

橡胶手套

5. 新车如何开蜡

（1）先除蜡后上光　新车开蜡，要特别注意所使用的产品。许多洗车房用煤油开蜡，对车漆造成了细微的划痕。新车运输时的封漆蜡分为油脂型和树脂型两种。油脂型封漆蜡最好用环保型开蜡水，以免对车漆造成损伤。对新车漆的保护就是要打蜡上光。

（2）打蜡方式很重要　很多人打蜡都习惯把蜡液倒在车上乱涂，这种方式是不正确的。正确的打蜡方式是在车身上用圆弧画小圈进行，再按雨水流动的方向上最后一道蜡，这样才能达到减少车漆表面产生同心圆状光环的效果。

第一章　新车养护必知

（3）蜡干燥前就擦净　上蜡后，要在蜡半干不干、尚未干燥白化时擦净。因此，上蜡的操作必须顺着车体钣金一片一片地进行，切不可先将车体全部打好蜡，再一次性擦掉，这会使漆面的色泽深浅不一，非常难看。

（4）车蜡颜色不能混淆　车蜡要专色专用，不可乱用。车蜡的主要区别是去污成分不同，有些还有增艳配方。

6. 油脂型封漆蜡开蜡有哪些程序

① 首先将车体污物冲净，然后用配制好的脱蜡洗车液清洁车身，冲净后无需擦干。

② 将油脂开蜡水均匀喷洒于车体。

③ 晾3分钟后，喷洒少许清水，用半湿的毛巾擦拭全车，然后用配制好的脱蜡洗车液清洗全车，冲净后无需擦干。

④ 将油脂开蜡水再次喷洒于每一块，晾1分钟后，用半湿的毛巾再次擦拭，这时此块残留封蜡应可完全清除，然后用脱蜡洗车液清洁。

⑤ 验车时，应将车身连接缝隙处残留的封蜡清除干净，并将全车外表用脱蜡洗车液再次清洁，擦干后打蜡即可。

7. 树脂型封漆蜡开蜡有哪些程序

① 用高压水枪将车体大颗粒泥沙冲洗干净，然后将配制好的脱蜡洗车液均匀喷洒于车体，并用洗车海绵擦拭全车，冲净后无需擦干。

② 将树脂开蜡水均匀喷洒于每一块，晾1分钟后，用半湿的毛巾擦拭，然后用脱蜡洗车液清洁此块。按此方法逐块清洗，直至将全车封蜡清除。

③ 将车身连接缝隙处残留的封蜡用塑料刮片垫半湿的毛巾擦除干净。

④ 用配制好的脱蜡洗车液再次清洁全车，擦干后打蜡即可。

误区提示

新车开蜡

误区一：有的人图省钱，直接用封漆蜡对面漆进行打磨和抛光。此举万万使不得，因为封漆蜡早已被污染、变质，无任何利用价值，更何况又粘满了灰尘和沙砾，如用以打磨面漆，便会严重破坏面漆。

误区二：有的人认为新车的蜡层厚，除蜡可以马虎点，而自作聪明地用海绵、毛巾或手纸去擦拭。这是十分错误的，因为蜡层内含有大量的灰尘和沙砾，直接擦拭会损伤新车的面漆。

误区三：有的人图方便，用汽油、煤油或柴油溶解除蜡，这样将面漆的光泽完全破坏了，会加大后处理的难度，得不偿失。

8. 开蜡有哪些注意事项

① 进行开蜡工序前，必须将车清洁干净，以免操作时因有沙砾造成漆面划痕。

② 开蜡时使用的毛巾应经常清洁，以保证清除掉的封蜡不致存留在毛巾上太多而不便于继续施工。

③ 如在擦除封蜡时有"吱吱"声，应立刻停止施工，说明毛巾中有沙砾，清洗干净后才可使用。

④ 封蜡停留于车体表面2年以上的车辆，应在开蜡后进行抛光，然后打蜡。

⑤ 因开蜡后新漆膜暴露在外，极易受到氧化，所以应使用耐氧化性较好的新车保护蜡进行上光。

技巧 2 新车打蜡技巧

1. 新车用蜡有哪些讲究

新车蜡有两种，即新车蜡和新车保护蜡。它们是两种完全不同的蜡，新车应先使用新车保护蜡，在日常洗车后可使用新车蜡。新车保护蜡有超强的抗氧化、抗腐蚀功能，涂抹1次一般可保持1年，日常洗车不会被洗掉。新车蜡是一种柔性蜡，一般没有抛光剂，不能经受洗车的考验。

2. 车蜡有哪些作用

（1）防水　在强烈的阳光照射下，小水滴就是一个凸透镜，在聚焦作用下，焦点处温度达800～1000℃，易造成车漆暗斑，还易使暴露的金属表面产生锈蚀，极大影响车漆的质量与寿命，车蜡对水性物质有排斥作用，可使水珠不易附着在车体表面。

车漆老化变色

（2）抗高温　车蜡的抗高温作用原理是对来自不同方向的入射光产生有效的反射，防止反射光使漆面和底色漆老化变色。

（3）防静电　静电会给驾驶员带来诸多不便，甚至会造成伤害。车蜡防静电作用主要体现在车表面静电的防止上，原理是隔断尘埃与金属表面的摩擦。由于涂覆蜡层的厚度及车蜡本身附着能力不同，它的防静电作用有一定差别，一般防静电车蜡在阻断尘埃与漆面的摩擦能力方面优于普通车蜡。

（4）防紫外线　紫外线较容易折射进入漆面。防紫外线车蜡充分考虑了紫外线的特性，使其对车表的侵害得以最大限度地降低。

（5）上光　上光是车蜡最基本的作用，打过蜡的车辆都能改善其表面的光亮度，使车身恢复亮丽本色。

3. 如何选择车蜡

目前，市场上车蜡种类繁多、质量参差不齐，有固体、也有液体。各种车蜡性能不同，作用与效果也不一样，所以在选用时必须慎重，否则不仅不能保护车体，反而使车漆变色。一般情况下，应根据车蜡的特点、车辆的新旧程度、车漆颜色及行驶环境等因素综合考虑。新车最好用彩涂上光蜡以保护车体的光泽和颜色，夏天时宜选用防紫外线车蜡，行驶环境较差时应选用保护作用突出的树脂蜡。普通汽车选用普通的珍珠色或金属漆系列车蜡即可，高档汽车则应选用高档的车蜡，否则对车体有损伤。当然，选用车蜡时还必须考虑与车漆颜色相适应，一般深色车漆选用黑色、红色、绿色车蜡，浅色车漆选用银色、白色、珍珠色车蜡。

4. 新车上蜡需要哪些工具和用品

（1）丝光蜡　含丰富的保护型聚合物（不能含有任何抛光剂），可对车漆形成镀膜保护，抵御酸雨、氧化、紫外线等的侵蚀。三维硅酮树脂，彻底实现对车漆的多维立体保护特别适合新车车漆。

（2）麂皮　质地柔软、细腻，有良好的吸水性。用后不留任何毛絮，而且能反复使用。使用时先浸水，拧干即可使用，使用后用洗衣粉清洗表面污垢后，可反复使用。可以用其擦车身，效果非常好，不留水痕迹而且很亮。

（3）纳米毛巾　避免微小沙子损伤车身表面的漆。

丝光蜡

麂皮

纳米毛巾

5. 新车上蜡有哪些程序

打蜡前最好用洗车水清洗车身外表的泥土和灰尘。如无专用的洗车水，可用清水清洗车辆，将车体擦干后再上蜡。应在阴凉处给车打蜡，保证车体不致发热。因为随着温度的升高，车蜡的附着性变差，会影响打蜡质量。

上蜡时，应用海绵块涂上适量车蜡，在车体上直线往复涂抹，不可把蜡液倒在车上乱涂或做圆圈式涂抹。一次作业要连续完成，不可涂涂停停。一般蜡层涂匀5～10分钟后就可用新毛巾擦亮，但快速车蜡应边涂边抛光。车身打蜡后，在车灯、车牌、车门和后备厢等处的缝隙中会残留一些车蜡，使车身显得很不美观。这些地方的蜡垢若不及时擦干净，还可能产生锈蚀。因此，打完蜡后一定要将蜡垢彻底清除干净，这样才能得到完美的打蜡效果。

① 上蜡前将车身外表的泥土和灰尘冲洗干净

② 喷上专用的洗车液

③ 用氧化、微纹去除剂处理风化和氧化的车漆面

④ 用海绵块涂上适量车蜡，并在车身上用圆弧画圈（不可把蜡液倒在车上乱涂）

⑤ 涂好车蜡后要略等几分钟，等车蜡变干后再用软布擦净表面

⑥ 用一块干布把蜡擦掉，然后进行手工打亮处理

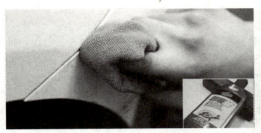

⑦ 如果车身出现一些细小的剐痕，用小的剐痕蜡处理即可。如果剐痕比较明显，就需要抛光蜡，或者研磨膏处理

⑧ 刚打完蜡的车不要急于开出去，经过阳光暴晒，蜡面很难擦拭，再粘上灰尘，就会擦出一道道划痕

6. 新车上蜡有哪些注意事项

（1）**车蜡颜色不能混淆** 各种颜色的车都有专用车蜡，不可乱用。这些车蜡的主要区别是去污成分不同，有些还有增艳配方。特别是金属漆，更不能上错车蜡。

（2）**新车不要随便打蜡** 新车本身的漆层上已有一层保护蜡，过早打蜡反而会把新车表面的原装蜡除掉，造成不必要的浪费。所以，购车3个月以后再打蜡，且尽量别用硬蜡。

（3）**打蜡时间应依使用环境而定** 车辆行驶的环境、停放场所不同，打蜡的时间间隔也不同。车库停放车辆每3～4个月打1次蜡；露天停放车辆最好每2～3个月打1次蜡。

（4）**打蜡要选阴凉处** 应在阴凉处给汽车打蜡，并保证车体不发热。因为随着温度的升高，车蜡的附着性变差，会影响打蜡质量。

（5）**打蜡结束后要记得清除缝隙中的车蜡** 打蜡后，在车灯、车牌、车门和后备厢等处的缝隙中会残留一些车蜡，使车身显得很不美观。若不及时擦净这些地方的蜡垢，还可能形成锈蚀。因此，打蜡后一定要将蜡垢彻底清除干净，这样才能得到完美的打蜡效果。

（6）**经常洗车打蜡并不好** 经常洗车打蜡保持汽车的干净卫生当然好，但对发动机和车体没有本质上的好处；相反，如果经常用碱性的洗车液洗车，日久会导致油漆黯然无光。

（7）**打蜡时要保持海绵湿度适中** 打蜡时，海绵不能太干或太湿，在水中揉两下，然后搓至微干即可。

（8）**打蜡时擦拭的范围不要太大** 每次擦拭的范围不要太大，以30厘米为标准来回进行。

（9）**蜡干后不要擦车** 应在蜡未干时擦拭，如果发现蜡已经干了，先喷一点水再擦。如果蜡干了还使劲擦，车子不仅不会亮，反而可能因为摩擦会留下一道道划痕。

7. 怎样进行抛光操作

根据车蜡的说明书，一般涂抹5～10分钟后即可进行抛光。抛光时，要遵循先上蜡后抛光的原则。由于抛光球与漆面摩擦产生热量，可在抛光处喷少许水降低热量，以确保抛光后的车表不受污染、损伤。抛光作业通常使用非织布往复直线运动，适当用力按压，以清除剩余的车蜡。

技巧 3 新车清洗技巧

1. 新车如何进行第一次清洗

第一次清洗车不能马虎，清洗不当会损伤外层的亮油部分。最好是去无尘手工洗车房，选用中性温和的清洗剂，把车漆表面的沙砾、污物清除干净。对于肉眼看不出来的污渍，必须用专用去污黏土一点点地擦拭。

全车清洗完毕，再用振抛机将"釉"封入车漆。封完釉的车1年之内不用再打蜡，只需在清水清洗后用干净的麂皮擦干净，这样可防氧化、防紫外线、保护车漆不会褪色。最后，必须在轮胎、保险杠、轮眉等部位涂上相应的保护剂，以防老化。

2. 洗车需要哪些用具

水桶、洗车巾、洗车海绵、轮胎光亮剂、水枪、长水管、快换接头、带绒毛的橡胶手套（以防冬天洗车时会冷）、洗车粉（不能用清洁精、洗衣粉，否则会伤车漆）表板蜡（可清洁塑料、轮毂等）。

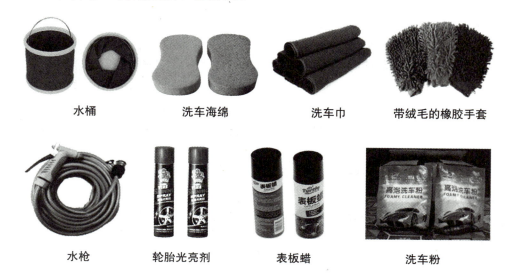

水桶　　洗车海绵　　洗车巾　　带绒毛的橡胶手套

水枪　　轮胎光亮剂　　表板蜡　　洗车粉

3. 洗车流程

第一步：很简单，冲湿车身，目的在于冲走车漆表面的部分灰尘和杂质。没有特别需要注意的地方，只要按照从上到下的顺序就可以。

第二步：用洗车粉上泡沫，很多自己洗车的朋友在第一步后就直接用洗车手套开始洗车了，此时车漆表面还有很多杂质，在洗的过程中很容易弄伤车漆，造成划痕。所以先上一层泡沫，等待5分钟左右再冲走，可使大部分杂质脱离车漆表面，使后面的步骤容易进行。

第三步：冲干净泡沫后就开始真正的洗车了。用洗车手套，干净的水桶，洗车粉和水的比例按个人喜好，笔者喜欢调配得比较浓一些。用力均匀地搓揉车身，注意不需要用太大的力气，利用浸湿手套的自重就可以，一切都是为了减少划痕。如果发现车漆里有小黑点洗不掉，不要使劲来回搓，我们可以在第四步把它解决。顺序依旧是从上往下。

第四步：重复第三步，注意要用干净的水桶和干净的洗车手套，尽量避免二次污染。然后用洗车巾擦干车身。洗的步骤基本到此为止，可以看到车已经相当干净。

第五步：强烈推荐，每次洗车后必须打蜡，以最简单最有效地保护自己的劳动成果。固体蜡和液体蜡的效果和持久性基本相同。就相同品牌相同级别而言，固体蜡较为便宜，但使用起来比较烦琐；液体蜡价格相对较高，但使用起来比较省心。

注意不要等蜡完全干透了再擦，在快干以前就要擦拭干净，这样可以省不少力，对车漆也有一定的好处。

要想好好保养车漆，其实只要每个月抽出1天就行，等车用了3～5年，漆面和新车仍不会有太大的区别。

4. 洗车小技巧

技巧一：不锈钢饰条有锈斑时，可用去污黏土除去锈斑，再用除垢剂擦亮。

技巧二：当车身上沾有泥污时，应在洗车海绵上涂清洗剂擦洗全车，再用清水冲洗后擦干。

技巧三：若轮胎、钢圈上沾有油污，可先用除垢剂或清洗剂清洗，再喷上轮胎保养剂。

技巧四：当车身上沾有油污时，可将除

垢剂喷在油污处，溶化后再用清洗剂清洗即可。

技巧五：清洗干净车身后，不要忘了用湿毛巾沾上保养乳液擦拭全车，这样再用干毛巾擦拭就可使车身亮丽光滑。

技巧六：若保险杠上沾有油污或出现泛白现象，可先用清洗剂以硬刷清洗，待干后再喷上皮革保养剂。

技巧七：洗车前先使发动机熄火，避免发动机过热而烘干擦过清洁剂的地方。在烈日下或高温天气下，应避免一下子清洗太大的面积。在使用清洁剂后，应马上用水冲洗车身，以免清洁剂被烘干后在车身上留下痕迹。

技巧八：若车身表面摸起来有粗糙感，则表明已被炭粒或污粒所黏附，此时可使用去污黏土来清除。

技巧九：当车窗上有污粒时，可先用去污黏土处理，再用玻璃清洁剂擦拭。

技巧十：平时每周用清水清洗汽车1次。如遇下雨天，则须每天清洗1次，或在天晴后清洗。

5. 洗车频率太高好不好

一般情况下，1周洗1次车最好。洗车不宜过频，否则会加速漆面氧化。但如果遭遇了灰尘、泥泞路面、大雨等，应尽快清洗车辆。

6. 车辆太脏如何处理

车辆太脏时应使用中性清洁剂，先用高压水枪将车轮、车轮罩内侧及底盘冲干净，然后由车顶往下冲刷泥沙，在用水管淋水的同时用干净毛巾从上到下擦洗整个车身。

7. 洗车用水有哪些技巧

专业洗车店决不会一上来就用高压水枪狂喷，一般第一遍用细水慢流，从上往下把车上粘的灰尘颗粒冲走。要是一开始就用高压水枪冲洗，那就等于让灰尘颗粒在车漆表面做"摩擦运动"。

8. 汽车清洗有哪些注意事项

应经常对汽车进行清洗和上蜡，尤其是冬季结束后应对车底面进行彻底清洗。清洗汽车时，应注意以下几点。

① 盐、尘土、昆虫、鸟粪等杂物粘在汽车上的时间越长，对汽车的破坏性就越大，应及时进行清洗。

② 用水冲洗汽车时，注意不要将水喷进锁孔。

③ 用自动洗车机洗车时，装有车顶天线的汽车，要把天线拆下。

④ 车身粘有沥青、油渍、工业尘垢或昆虫等时间过长，会损坏油漆。可使用

沥青清除剂、昆虫去除剂等去掉污点。

⑤ 清洁车身油漆表面时，切勿使用刷子、粗布，以免留下擦伤痕迹。

⑥ 清洗时，用分散水流喷射，使坚硬的尘泥被浸润，再用海绵从上而下地擦洗，最后用麂皮擦掉水迹。

⑦ 清洗发动机室时，注意不要将水溅到分电器、点火线圈等电气系统的零件上，否则会使发动机不易启动。万一把水溅到电气零件上，应用干布擦干，或用压缩空气吹干，并将分电器盖内的水分擦净。

擦拭车漆及玻璃后几乎不留水痕

⑧ 洗车或行驶过深水区之后，因制动部位被浸湿，有可能使制动效果降低，应轻踩制动踏板判断制动效果。如制动不正常，应边踩制动踏板边低速行驶一段时间，使制动器干燥。

> **误区提示**
>
> **烈日下洗车伤车漆**
>
> 很多人喜欢在烈日下洗车，认为这样很快就能将车身晒干。实则错了，在烈日下洗车，水滴所形成的凸透镜效果会使车漆的最上层产生局部高温现象，时间久了车漆便会失去光泽。若是在此时打蜡，也容易造成车身色泽不均匀。所以，洗车打蜡最好是在有遮蔽的条件下进行；如果无法保证，则最好选在阴天或是晴天的早晨、傍晚时分进行。

技巧 4　新车贴膜技巧

1. 什么是汽车贴膜

汽车贴膜就是在车辆前后风窗玻璃、侧窗玻璃以及天窗上贴一层薄膜状物体，即太阳膜或防爆隔热膜。它的作用是阻挡紫外线、阻隔部分热量以及防止玻璃突然爆裂导致的伤人，同时通过太阳膜的单向透视性能达到保护个人隐私的目的。在某些层面，它还能达到节省燃油消耗的功效。

2. 新车贴膜有哪些作用

（1）**隔热防晒**　贴膜能很好地阻挡红外线产生的大量热量。

（2）**隔紫外线**　紫外线中的中波、长波能穿透很厚的玻璃，贴上太阳膜能隔断99%的紫外线，防止皮肤受伤害，也能减轻汽车内饰的老化。如3M的晶锐70前风窗太阳膜能隔断99.9%的紫外线，相当于防晒霜SPF40的56倍，因此成为美国防皮肤癌协会推荐产品。

（3）安全与防爆　膜的基层为聚酯膜，有非常好的耐撕拉防击穿功能。加上膜的胶层，贴膜后玻璃强度能增加100倍，可防止玻璃意外破碎对驾乘人员造成二次伤害。

（4）营造私密空间　贴膜后，车外看不清车内，保护隐私和安全。

（5）降低空调消耗　贴膜后空调制冷能力损失可以得到弥补，瞬间降低车内温度，空调消耗降低近15%。

（6）增加美观　根据个人喜好，通过贴膜能美化爱车。

（7）防眩目　保持眼睛舒适，降低因为眩目造成的意外情况。

3. 如何辨别太阳膜的真假

购买太阳膜前，可向商家索取车膜质保卡，质保年限通常为8～15年；且正规品牌太阳膜都有防伪水印，应注意查看。如果条件允许，还可以取一小块车膜，撕开透明层闻一闻，假膜通常有刺激性气味。

这两招是应对假冒产品最基本的方法。下面重点介绍三招操作简单却很有效的防假方法。

（1）太阳膜的透明度及颜色　透明度是指透过车窗从车内看车外的透明度。优质膜的透明度高，接近于全透明；而假冒车膜透明度通常不达标，贴上后从里往外看雾蒙蒙一片。

（2）颜色误区　有的太阳膜颜色较深，为谨防受骗，可以索要一小块该车所贴太阳膜检验。用指甲或钥匙在撕开的车膜上来回刮划，如出现掉色就是假膜。因为真膜有防刮伤层不易掉色，而假膜没有。此外，很多车主对太阳膜颜色有这样的误区，即太阳膜的颜色越深越好。事实上，颜色与质量无关。不管颜色深浅，透明度高才是衡量标准。

（3）贴膜隔热性能当场测试　一般汽车美容店中都有一个模拟阳光照射车厢环境的灯箱，将太阳膜置于灯箱附近，用手隔着膜感觉透热性即可。优质膜能明显地阻挡热量。

1. 真防爆膜色泽均匀柔和　无波浪身前不均的色差　普通色膜用力刮粘膜面就会颜色脱落
2. 真防爆膜无论颜色深浅　透视性都非常高　而普通色膜由于采用的是普通的染色工艺靠颜色隔热　所以颜色较深　从车内向外总会有种雾蒙的感觉
3. 劣质的膜把透明胶层撕开后其气味刺鼻　此种膜在长期日晒氧化后会产生毒性

（4）务必选择专业门店　有些车主经常去非专业小门店贴膜，这些店通常在裸露的室外进行贴膜作业。因为贴膜应尽量避免灰尘多的室外环境，通常都在封闭的环境中进行。所以，建议去有专业封闭车间的维修店贴膜。

4. 为什么阴天更利于贴膜

贴膜前，专业装饰店还会适当保持室内的湿度，避免灰尘造成沙砾、气泡和划痕。很多车主并不知道，阴天时空气湿度较大，静电减少，室内外的灰尘也明显减少，是贴膜的最好时机。

5. 劣质太阳膜为何会危害身体健康

劣质太阳膜的材质稳定性很不好，在强光照射下，很容易分解、老化，不仅会影响车的美观，还会危害驾乘人员的健康。

因为劣质太阳膜的用料低廉，材质与黏合剂中往往含有甲醛、苯等高危物质，在开车过程中，这些有害物质会逐渐分解挥发，危害驾乘人员的健康。此外，劣质的太阳膜防眩目、阻隔紫外线的作用非常有限；并且透光率低很容易使驾驶员眼睛疲劳，严重的还会发生交通事故。

6. 贴膜的程序是什么

内饰电气保护是一个重要的过程，万一有水渗入内饰造成电气短路或内饰发霉就麻烦了

清洁汽车表面灰尘和细小颗粒是非常重要的，细小颗粒会影响膜与玻璃的贴合性（即会引起褶皱）

贴膜算是一项对环境条件要求较高的工艺，清洁玻璃表面非常重要，也是为了贴膜后更好的质量与效果

玻璃是有曲面的，但膜是平面的。所以需要烘烤，使膜与玻璃完全贴合（重要程序）

收起已经成型的膜，然后在玻璃内侧开始贴膜。因为需要调整膜的位置，所以需要涂上大量的水起润滑作用

膜定好位置之后是赶水，顾名思义，就是把起润滑作用的水赶走，以便玻璃与膜能够完好地贴合（重要程序）

最后，冲洗车身

013

> **提示**
>
> 贴膜后，可以在显著位置贴上提示不干胶，以警示3天内不要摇下车玻璃。由于太阳膜是贴于车窗内侧的，贴膜前，应在车内空间喷洒清水，使尘粒尽快沉坠；贴膜时，尽管车内温度较高，也不要使用空调。

7. 贴膜时如何对比配色

有些车在太阳膜完全贴好以后，才发现膜纸颜色深了，或者红色的轿车不小心配了泛绿的膜纸。贴膜前，应该在膜颜色对比房进行对比。膜颜色对比房准备了四大基本色系——蓝色、红色、黑色、灰色，车主可以根据车的颜色选择一种色系，然后不断更换对比房贴好膜的玻璃来进行搭配。

8. 如何选择膜纸

膜纸要从隔热率、透光率和紫外线率三方面进行综合考虑。专家建议前挡风窗玻璃应选用隔热率高、透光率高的膜纸，不过价格也会高一些；车门玻璃则根据情况而定。

9. 如何选择贴膜地点

贴膜地点最好是在室内，因为贴膜讲究空气的纯净，否则贴膜后会有气泡和尘点。贴膜时，水的使用非常频繁。因此专家建议最好使用纯净水贴膜，这样可以保证贴膜质量。

新车车膜选择的四大误区

（1）未必一定要选择品牌膜　目前有些消费者认为，汽车窗膜对质量要求不高，没有必要选择品牌膜。实际上，汽车窗膜不同于其他玻璃窗膜，不但要求膜材本身具备相当强的韧性，具有极高的透光度、紫外线阻隔率、隔热率和防爆性能，在黏胶方面还要求具备相当高的胶粒精细度、涂布均匀度及黏度，更要求具备抗磨、抗划伤的功能。

（2）在哪家店贴膜无所谓　很多车主知道选择一些有名气的品牌车膜，然而对选择在哪家店贴膜却没有概念，有的为了省钱，甚至选择了一些路边小店。其实，贴膜对技术及软硬条件要求都很高，比如无尘的贴膜环境（无尘车间）、专用设备、规范的操作流程以及熟练的技术等。

（3）贴膜会损坏车玻璃　一些劣质膜或不规范的贴膜操作的确有可能造成不好的后果，不过如果车主细心选择品牌膜和品牌授权店就完全可以避免。

（4）膜的颜色越深，隔热效果越好　有些消费者认为膜的颜色越深,隔热效果越好。其实,这是一种错觉。目前的最优质车膜都是由高分子复合材料和金属涂层构成,其透光率和隔热率同膜色的深浅并没有绝对的正比关系。

技巧 5 新车磨合技巧

磨合较好的新车一般都很有力,挡位清楚,加速踏板、制动踏板、离合器踏板踩起来也很舒服;磨合不好,短期内开着不会有什么感觉,但随着里程的增加,发动机的寿命也会减少,可能10万千米或20万千米后就要大修。

新车上路第一步,好车是"磨"出来的。

1. 新车磨合前应做哪些检查

购买零里程新车后,应特别注意开始磨合前的检查和保养工作。

① 清洁车辆,整理车容。

② 检查汽车各部件的紧固情况,检查和紧固各连接部分的螺栓、螺母,特别注意转向、制动、传动等安全机件以及悬架、车轮等连接件。

③ 检查发动机的运转情况及限速装置,并查听其运转时有无异响。

④ 检查发动机、变速器、后桥、转向器的油面高度,检查冷却液、制动液以及各润滑点的注油是否达到规定的要求。

⑤ 检查全车是否有漏油、漏气、漏水和漏电现象,如有,则予以排除。

⑥ 检查变速器各挡能否正确变换,检查转向器有无松旷和发卡现象,检查调整轮胎气压,如发现变速器或转向系统等有故障,应及时将车开到维修站维修。

⑦ 检查电气设备、灯光和仪表工作是否正常,并检查蓄电池电解液相对密度与液面高度。

⑧ 检查制动系统的性能,试车检查制动系统的制动距离,有无跑偏和制动发咬等现象。如不符合要求,应查明原因,及时排除。

2. 新车要做隔声吗

用隔声材料去挡噪声会有一点效果,代价是将车大卸八块,对所有的内装饰

"伤筋动骨"。虽然原来的噪声降低了,但新噪声可能会随着时间的增加而越来越明显。因此,专家建议新车切莫做隔声施工。

3. 为什么汽车加低音炮不好

低音炮一般都要加功放,而功放的瞬间电流很大,这对蓄电池来说是很大的负担。如果不启动发动机用低音炮,那么蓄电池的电很快就会放完,而放完后再充电对蓄电池是种极大的伤害。

4. 为什么新车油耗较高

一般新手不仅对路线了解不够,对车辆脾性的认识也不够。

开手动挡车,经常低挡高速或是高挡低速行驶,都会对发动机和油耗造成很大的影响;开自动挡车,新手又不了解如何利用加速踏板的深浅控制挡位,油耗居高不下也在情理之中。

5. 为什么新车不宜跑高速

新车里程在2000千米内不宜跑高速,因为轮胎、制动器还没磨合好,会影响制动效果。

非跑不可时也最好不要长时间连续跑,连续行驶15分钟后跑一段非高速,之后再跑高速。

6. 既省油又省车的车速是多少

一般道路最经济省油的速度应尽量保持在40~65千米/小时的范围内。因为在此范围内的时速不但不浪费汽油且空气阻力不大。在高速路段时,90千米/小时左右的速度最省油,也最省车。驾驶时,应尽量合理控制车速,不要人为地过高或过低地控制车速和转速。

7. 为什么新车要减载

汽车在磨合期内装载量不能超过额定载荷的75%,所以新车在装载时应低于规定的载重量或人数,更不能超载。超载会加重发动机、变速器、传动系统、悬架系统等部件的负担,加重磨损,对车辆造成损坏。

8. 为什么新车不能猛踩加速踏板

由于新车机件之间尚属于磨合期,过大的负荷和过高的速度都会加剧对零件的冲击。这不仅无法降低零件的表面粗糙度，还会对零件造成损伤。猛踩加速踏板急加速，实际上是让发动机瞬间工作在大负荷下，很容易由于冲击造成磨损。

9. 为何自动挡车不易启动

开自动挡车时，将挡位放在D、R位上启动车辆，会发现怎么都启动不了。这是车辆的安全设置，自动挡车一定要在P位启动，并且要踩下制动踏板才能启动；一般来说，不将变速杆移回P位是无法拔出车钥匙的。

此时如出现上述启动不了的情况，则要看一下挡位。

10. 为什么新车制动器总发出"咔咔"声

新车挂D位等红灯时，制动器会发出"咔咔"声。通常，装有盘式制动器的自动挡车辆发现类似情况比较多。

与手动挡车不同，自动挡车当变速杆位于D位时，不踩加速踏板，车子会缓慢地向前溜。如果制动踏板没有踩紧，则制动钳与制动盘之间会产生摩擦，发出"咔咔"声。这完全不是什么毛病，再高档的车也会遇到这种情况。

11. 磨合期如何正确选择机油

磨合期选用正确黏度的机油对发动机非常重要，甚至在磨合期过后，适当让发动机拉高转速时，也不能用黏度过高的机油。

大多数车主都直接用厂家推荐的机油。需要注意的是，如果购买的新车卖出前已经在车库放了很久，这时候机油的功效已经大大下降，或者装入的机油适合在夏天使用，而买到新车时已是冬天，这些机油并没有积极的磨合意义。所以，要看新车的出厂日期，机油在停置半年后也应该换新。

12. 机油的选择

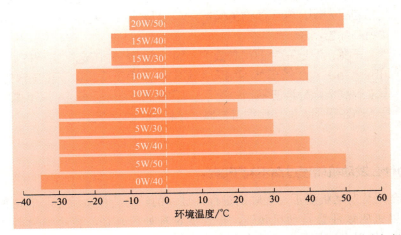

注：W代表冬天（WINTER），W前面的数字代表低温时的流动性能，数值越小低温时的启动性能越好；W后面的数字代表机油在高温时的稳定性能，即变稀的可能性，数值越大说明机油高温的稳定性能越好

（1）夏天该选用什么黏度的机油　要满足汽车厂家的使用要求，而对于黏度，在夏天应该选用10W/30或15W/40等较稀机油。发动机在磨合期轴瓦间隙比较小，而且易产生金属磨屑和大量的热，这就要求加入的机油有更好的流动性，即较小的黏度，这样更容易带走金属磨屑，使之沉淀在油底壳。另外，黏度小的机油能起到更好的冷却作用，避免温度过高。

（2）冬天该选用什么黏度的机油　北方的冬季可以选用0W/30或者5W/30的机油，总之要注意一点，磨合期不能用黏度太大的机油，否则流动性不好，启动瞬间易造成发动机各个零件间缺少机油，导致机件的摩擦，这对发动机损伤很大。要知道，启动瞬间的磨损比发动机正常行驶500千米的磨损量还要大。毕竟，在磨合期发动机更依赖机油，也更考验机油。

13. 新车如何选择汽油

汽油标号高低只代表汽油的抗爆燃能力，和质量好坏无关。较科学的选择是，压缩比在7.5～8.0时，应该选用90～93号汽油；压缩比在8.0～8.5时，最好选用93号汽油；压缩比在8.5～9.0应选用93～95号汽油；压缩比在9.5～10.0时，用95～97号汽油。而这些相关数据在每辆车的说明书上都会很清楚的注明，新手买车后一定要仔细阅读说明书。

如果加入抗爆燃性能差一些的89号汽油，那发动机会在高转速和大负荷时出现爆燃、积炭、抖动等现象，这不利于发动机的寿命和经济性。

> **误区提示**
>
> **汽油油品标号越高对车越好**
>
> 一些朋友在日常生活中对自己往往是高标准、严要求的，其所使用的物品也均为顶尖级，当然在选择车用物品方面也是尽可能地高端。以汽油油品为例，为了所谓的保护汽车以及提高性能等，一些车主会刻意使用高标号汽油。
>
> 其实，这是完全没有必要的。对于汽油标号的选择主要依据是发动机的压缩比，而各车型的用车手册中也标明了符合该车型的燃油标号，车主只需按照标准去执行就好了。如果使用高标号汽油，不仅将花费更多的燃油费用，而且也很难发挥出高标号的优势来。

14. 为什么发动机转速过高不利于磨合

磨合期是发动机磨平、磨顺的过程，过高的转速会使本就不平的轮轴表面受损。所以更应该注意发动机转速，不管变速杆处于几挡，转速一般都不要超过3000转/分钟以上，如是自动挡汽车，不要超过3500转/分钟。但是，有很多车的五挡甚至六挡在3000转/分钟时车速已经很高了。

15. 为什么发动机不能长时间保持在同一挡位

如果为了让车尽快度过磨合期，常挂五挡或四挡，就会导致发动机快速老化。正确的做法是，每一挡位都要照顾到，各种路况都要跑。

16. 为什么磨合期内不能长时间低速行驶

在磨合期内，最好不要长时间用一挡或二挡行驶。低速行驶时间长会给变速器带来损坏，可以选择高低挡位相互配合进行磨合。

误区提示

磨合期车速越慢越好

磨合期是要在一段时间内将摩擦部件的配合间隙磨到一个合理的范围，才能实现较好的润滑。若磨合期发动机转速过低，则曲轴连杆轴瓦承受的冲击较大；转速过高，则汽缸壁容易拉伤，造成早期磨损。所以磨合期应参照发动机转速而不是车速，汽油发动机转速在2000～3000转，柴油发动机在1000～2000转。

对于新车来说跑跑高速还是有好处的。在高速上使用4挡4000～5000转左右跑上5～10分钟足够

17. 新车磨合有哪些注意事项

（1）里程0～500千米　初期磨合，车速尽量不要太高，一般在80千米/小时以下。在上班途中或路况好的情况下，可以有意地将车速控制在30～40千米/小时。注意转速不要高于2200转/分钟。

（2）里程500～1000千米　此时也是初期磨合，可以适当提升一些速度，但是也要控制在90千米/小时左右，转速控制在2500转/分钟。里程在0～1000千米时，注意不要急踩加速踏板和制动踏板。有高低不平的路况时，尽量减速通过，不要让爱车颠簸。

（3）里程1000～2000千米　中期磨合，车速可以适当提升到110千米/小时左右。有条件时，可在高速路上以100～110千米/小时的速度匀速跑一段时间。里程达到2000千米后，进4S店保养的前几天，也可以上高速，把车速提升到120千米/小时左右，下了高速直接进4S店进行首保。注意，转速尽量不要超过3000转/分钟。

（4）里程2000～2500千米　去4S店进行首次保养后，更换机油和机油滤清器。机油建议更换为合成机油，因为合成机油比全矿物机油对发动机好。

（5）里程2000～5000千米　中后期磨合，开车尽量稳，不要急踩加速踏板、制动踏板。有机会可以拉高速磨合，将转速拉升到3000转/分钟以上，按照3000转/分钟、

3500转/分钟、4000转/分钟、4500转/分钟进行适当的高速磨合。

（6）里程5000千米后 若条件允许，每2500千米进行1次保养，一直到1万千米。以后，按照每5000千米进行1次保养。

18. 汽车在磨合期必须遵守哪些使用规定

汽车在磨合期的使用正确与否，直接关系到新车后期的工作可靠性和经济性。使用不正确，会使汽车早期损坏或缩短发动机使用寿命。为此，汽车在磨合期必须遵守下列规定。

① 发动机刚启动时，不要猛踩加速踏板急剧增加其转速。当发动机冷却液温度上升到50～60℃时，再平稳起步。避免在高速或低速连续运转，以中等转速运转发动机。

② 汽车在行驶中，不允许长时间的高速行驶或低速挡时加速行驶，不要以单一速度长时间快速或慢速行驶，也不要在高速挡情况下缓慢驾驶。

③ 尽量选择良好的路面行驶。根据道路条件的不同及时换挡，充分估计发动机动力，提前换低速挡，不要勉强用高速挡行驶，以免发动机负荷过大；同时，汽车在磨合初期（500～800千米）不要满载。

④ 控制车速，注意路面状态，避免紧急制动，以免损坏机件。

⑤ 保持发动机工作温度在一定范围（80～90℃）内。

⑥ 选用品质好的燃油和机油。机油必须按照厂家规定的标号选用。

⑦ 加强各润滑部位的润滑，及时对螺栓、螺母进行紧固。

19. 发动机为什么要磨合

发动机磨合实际上是指磨合高速接触的机械部件，主要是气缸壁和活塞壁之间的磨合。新零件由于表面微观粗糙和各种误差，装配初期彼此间的实际接触面积仅为设计面积的1/1000～1/100，于是作用在机件上的实际载荷超过设计值成百倍，如不加以"打磨"，这些微观接触面产生的形变和黏着将有可能引发更进一步的毁坏性故障。因此，让新零件在特定的"速度"和"强度"范围下运动，将微观接触面不断切削打磨，就能逐步扩大实际接触面积，形成适应正常工作条件的表面粗糙度以及间隙，逐步减小摩擦阻力与摩擦热。磨合使机件间隙增大到适应正常工作条件的配合间隙，逐步将间隙内机油量增至适应工作条件的程度，充分发挥机油的泵送性能，改善润滑效能，有利于保持正常的工作温度和配合面清洁。

20. 发动机磨合有哪些过程

从微观角度看，发动机的磨合过程大概分成三个阶段。

第一阶段：微观几何形状的磨合期。微观粗糙表面因切削作用逐渐展平，配合间隙增大；同时表面金属被强化，显微硬度成倍提高，形成适应摩擦状态的表面质量。

第二阶段：宏观几何形状的磨合期。零件表面误差部分逐步消除，机械损失减弱。

第三阶段：适应最大载荷的表面准备期。零件磨损、发动机动力性、经济性都趋于稳定。

目前，国内的轿车出厂前在台架上基本都已经完成了第一阶段的磨合，而第二、第三阶段要驾驶员进行磨合。

21. 如何磨合底盘及制动系统

发动机磨合结束后，紧接着就应该对底盘及制动系统进行磨合。

在制造过程中，由于材料和加工精度的限制，制动片和制动蹄的接触面都不是十分平整和均匀，接触面积只有50%左右，而磨合的作用就是使制动时制动片和制动蹄全部以最大面积贴合，确保良好的制动效果。车辆行驶里程为1000～3000千米过程中，车速可以提到最高，车辆的载重量可以达到其最大载重量的75%。在行驶时尽量分多次制动，让制动片和制动蹄得以磨合。这一点，在更换新的制动片后同样适用。

二、车辆不同时期的养护

技巧 1　汽车的周期保养

1. 汽车周期保养的内容

（1）汽车上路前的检查

① 车灯的检查。检查大灯、雾灯、方向灯、刹车灯、高位刹车灯及倒车灯是否正常工作。

② 刮水器的检查。检查刮水器的刮除效果是否良好、刮水器喷嘴的喷出效率够不够。如果长时间不用，可能会堵塞。

③ 轮胎的检查。检查四个轮子的胎压值是否正常，一般为30磅力/平方英寸左右。备胎是最常忽略的一环，有空应检查一下其胎压够不够。

④ 制动踏板的检查。检查制动踏板的压力够不够，如果不够，可能是制动管

路出了问题。

⑤手制动的检查。检查手制动有没有作用，如果没有，赶快找一家最近的保养厂调整一下。

⑥配件的检查。检查一下换胎帮手——千斤顶在不在。如果买的是二手车，没有千斤顶的话就赶快补一个吧！

（2）每天的保养内容

①检查车漆。从车门起，看看全车漆面有无新的划伤、玻璃状态、后视镜、前后车灯的状况等。

②检查轮胎。目视四个轮胎的胎压情况，如果某一轮胎胎压低，应及时补充并查明原因。

③检查地面。目视车下的地面上是否有油、水迹，一旦发现有，应查明原因修复后再行驶。

④检查车身。检查车身是否倾斜，灯光装置是否完好。

⑤检查后备厢。检查后备厢盖和发动机盖，以及车门和玻璃状况；检查是否存在泄漏（漏水、漏油）。

⑥检查仪表盘。进入驾驶室，启动发动机后，需要观察仪表盘上指示灯的工作情况，有无警告灯闪烁或常亮。

⑦检查刮水器。检查刮水器工作是否正常。

⑧检查燃油。检查油量表的指示，及时补充燃油。

⑨检查发动机。发动机属汽车的主要部位，平常检查与保养应慎之又慎，发动机外部污液要清洗干净，内部如在工作中产生积炭、胶质物等杂质，可以清洗燃油系统。还要检查在启动过程中和着车后，发动机是否有异常声音。

⑩检查制动踏板。行车前，应先踩几下制动踏板，感觉制动踏板高度是否正常。

（3）每周的保养内容

①轮胎气压。检查调整轮胎气压，清理轮胎上的杂物。另外，不要忘记对备胎的检查。

②发动机及各种油液。检查发动机各部件的固定情况，查看发动机各接合面有没有漏油、漏水的情况；检查调整皮带紧度；查看各部位的管路和导线固定情况；检查补充机油；检查补充冷却液；检查补充电解液；检查补充动力转向机油；清洁散热器外表；补充风挡玻璃清洗液等。

③清洁。清洁汽车内部，清洗汽车外表。

④检查全部车灯。检查全车内外部的灯光情况，特别是后部制动灯，如有灯泡不亮，应及时更换。

（4）每月的保养内容

①外部检查。巡视汽车，检查灯泡及灯罩的损坏情况；检查车体饰物的固定情况；检查倒车镜的情况。

②轮胎。检查轮胎的磨损情况，清理后备厢；接近轮胎的磨耗记号时应更换轮胎，检查轮胎有没有鼓包、异常磨损、老化裂纹和硬伤等情况。

③ 清洁打蜡。彻底清扫汽车内部；清洁水箱外表、机油散热器外表和空调散热器外表的杂物。

④ 底盘。检查底盘有没有漏油的现象，发现有漏油痕迹，应检查各总成的齿轮油量并进行适当的补充，对底盘所有的油嘴进行充分的补脂作业。

⑤ 其他。细致地重复每周的保养内容。

（5）每半年的保养内容

① 发动机外部。清洗发动机外表时，注意对电气部分的防水处理。如果电气部分对防水要求较高的话，应避免用高压、高温的水枪来冲洗发动机，可以用毛刷沾清洗剂清洗发动机外表。

② 分电器。用干净的抹布擦净分电器盖内的污物，清除分电器触点处的污物，消除触点烧蚀的斑痕，检查高速触点间隙或电子点火系统的磁极间隙，润滑分电器各润滑点。

③ 三滤机油。用压缩空气吹去空气滤清器的灰尘；适时更换燃油滤清器并清洗管路接头的滤网；更换机油及机油滤清器。对于国产车还应清洗机油粗滤器、燃油预滤器和离心式细滤清器。

④ 电瓶。检查蓄电池接线柱部分有没有腐蚀的现象，用热水冲洗蓄电池外表，清除蓄电池接线柱上的腐蚀物。另外，测量调整蓄电池的电解液比重。

⑤ 冷却液。检查补充冷却液、清洁水箱外表。

⑥ 轮胎轮毂。检查轮胎的磨损情况，对轮胎实施换位。检查轮毂、轴承预紧情况，如有间隙应调整预紧度。

⑦ 制动系统。检查调整手制动杆工作行程；检查调整鼓式手制动器的蹄片间隙；检查调整脚制动踏板的自由行程；检查车轮制动器蹄片磨损情况，如果达到磨耗记号应更换；检查调整制动蹄片间隙；检查补充制动液等。

⑧ 紧固。检查底盘重要螺栓或螺母的紧固情况，特别是转向系统的重要螺栓和螺母，发现有松动或缺损情况，应补齐拧紧。

⑨ 底盘。检查底盘各部分管路情况，查看有没有泄漏；检查紧固所有金属连接杆件，并检查橡胶轴套有没有损坏的情况，对底盘所有润滑点进行补脂润滑。

⑩ 灯光。检查修理汽车灯光，检查维护制冷、取暖装置，清洁音响系统等。

（6）每年的保养内容

① 点火正时。检查调整汽车发动机的点火正时情况，对柴油机供油正时的检查与调整最好到修理厂进行。

② 气门间隙。对装有普通气门的发动机，应检查高速气门间隙。

③ 清洁润滑。清洁发动机盖、车门和后备厢的铰接机构的油污，重新调整并润滑上述机构。

（7）每2年的保养内容

① 防冻液。防冻液一般的使用年限为2年，届时应在年度保养中予以更换，并对冷却系统进行彻底的清洗。

② 制动系统。由于制动系统的吸湿性，制动液每2年更换1次。

温馨提醒

延长保质期真的省钱吗?

很多车主认为,汽车厂家延长保修期,自己用车的成本就会大幅度降低。事实上,保修就像保险,只有当车出现问题时,才能得到这一政策所带来的实惠。当然,动力总成的维修费用是非常昂贵的,通常一辆车的动力总成系统的费用要占到整车费用的35%~40%。因此,动力总成系统一旦需要更换,对消费者而言将是巨大的花费。保修期的延长,无疑避免了消费者自己承担这样巨额开销的风险。

其实,延长保修期的主要目的在于引导车主养成良好的定期、定程养护习惯,将车况保持得更好。等到车主换车时,会发现其残车价值的提高远胜过养护时的花费,其实这才是真正保障了消费者的利益。

2. 汽车部件更换周期

发动机部分

- 正时皮带(胶带)5万~6万千米
- 传动三角皮带4万千米
- 机油及滤清器5000千米~1万千米
- 防冻液2年
- 火花塞2万千米
- 汽油滤清器8万千米
- 空气滤清器滤芯4万千米
- 分电器触点4万千米清洁、检查,必要时更换
- 汽化器8万千米
- 解体清洗调整,必要时更换包件
- 汽油软管8万千米冲洗、放出沉淀物
- 汽油箱16万千米冲洗、放出沉淀物

底盘及车身部分

- 鼓式制动片每1万千米检查使用厚度极限1毫米
- 盘式制动片每1万千米检查使用厚度极限1毫米
- 制动鼓磨损极限2毫米
- 制动盘磨损极限2毫米
- 制动总分泵橡胶件及防尘套8万千米或3年
- 制动系统软管8万千米或3年
- 制动液8万千米或2年
- 离合器助力系统橡胶件及防尘套8万千米或3年
- 离合器助力系统油液8万千米或3年

- ◇ 动力转向油液8万千米或2年TⅡ或同等品
- ◇ 自动变速箱油4万千米TⅡ或同等品
- ◇ 手动变速箱油6万千米或3年APIGL4或GL-5
- ◇ 差速器油6万千米或3年APIGL4或GL-5新车需在第一次换油时更换
- ◇ 轮胎花纹深度不小于1毫米
- ◇ 上下控制臂球头节及防尘套8万千米检查必要时更换
- ◇ 转向杆球头节及防尘套8万千米检查必要时更换
- ◇ 离合器摩擦片8万千米检查换铆钉深度不小于0.3毫米

注：汽车齿轮油（GL-5），GL-5的性能水平最高。API为美国石油学会。

电器及其他附件
- ◇ 蓄电池每周检查补充电瓶液；液面高出极板10～15毫米通气孔畅通
- ◇ 起动机8万千米解体检查更换损坏部件
- ◇ 发电机8万千米解体检查更换损坏部件
- ◇ 空调机干燥罐8万千米或3年
- ◇ 风挡玻璃清洗液每月检查冰点-10℃以下

温馨提醒

　　发动机属汽车的主要部位，平常检查与保养应慎之又慎。其外部可用引擎清洗剂清洗干净，至于内部则会在工作中产生积炭、杂质、胶质物等废物，如果对发动机比较熟悉，可打开机盖进行清洗，也可使用免拆清洗机在不解体的情况下清洗内部，而内部故障应交给修理厂。

　　平时汽车在行驶中需注意观察发动机的水温，水温如突然升高，原因大多是冷却系统严重缺水。此时应立即停车，保持发动机怠速运转一段时间后，加注冷却水。除此之外，还要注意发动机的声音、排气颜色。发动机的正常水温应在80～90℃，水温过高或过低都会使机件磨损加剧，油耗增加，减少发动机寿命。冬季使用时，应使发动机水温超过50℃。节温器是调节水温的重要部件，如发现水温异常，还应检查节温器。节温器的阀门常开或常闭，会造成发动机温度过低或过高。

技巧 2　汽车的四季养护

1. 春季汽车的养护

　　（1）如何检验车内空气循环　　在封闭的车厢内同时点燃多根有烟蚊香，2分钟后车内弥漫出浓浓的烟雾。此时，启动车内的空气循环系统，如果在不到30秒的时间内，车内已经看不到烟雾的踪迹，那么说明该车的空气循环速度极佳。

（2）如何去除爱车划痕　汽车表面的深浅划痕总是相伴产生的，划痕的深浅取决于划伤部位是否露出底漆。露出底漆即称为深划痕，否则称为浅划痕。若出现深划痕，其金属裸露处很快会产生锈蚀并向划痕边缘扩展，从而增加修复难度。目前，对油漆划痕修复最基本的方法如下。

① 漆笔修复法。用相近颜色的漆笔涂在划伤处即为漆笔修复法。此法简单但修复处漆附着力不够，易剥落而难以持久。

清除污垢
用砂纸将刮伤处的油污、车蜡、铁锈等清除干净

对色
利用车门缝比对色卡颜色，选择与车身颜色相同的补漆笔

摇匀
使用前请将产品充分摇匀（上下摇晃45～50次）

上漆
用瓶内笔刷将油漆一点点涂上，重复多次，使油漆凸出平面，必要时可用胶布遮护四周

水研磨
1周后用2000号的研磨水砂纸，沾水轻轻研磨凸出部分至平滑

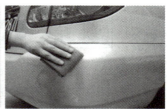

上光、上蜡
涂上一层"亮光金油"即可光泽如新。若无"亮光金油"，也可以通过上蜡抛光获得相同的效果

② 喷涂法。采用传统补漆的方法来修复划痕。缺点是对原漆损伤面积过大，修补的时间过长，效果难尽如人意。

工人正在喷漆

喷漆后的效果

③ 电脑调漆喷涂法。这是一种结合电脑调漆并采用新工艺方法的深划痕快速修补技术。它要求颜色调配准确，修补的面积尽可能缩小，再经过特殊溶剂处理

后，能使新旧面漆更好地融合，达到最佳附着效果。

（3）春季如何洗车更科学　可以用水将车各部分都冲洗一遍，让污物预先湿润。对黏结坚固的泥块、鸟粪等脏污，用毛刷刷洗并用水冲干净。用高压水枪按从上到下的顺序冲洗车的每个部位，冲洗底盘时水压应大一些。

洗车时应使用专用的洗车液，长时间使用洗衣粉或肥皂洗车将导致漆面失去光泽，严重的还会腐蚀漆面。用洗车液洗车后，应再把车从头到尾用清水冲洗一遍，以洗去残渍。

（4）春季如何清洁内饰　用洗车巾或洗车海绵沾上肥皂水或清洗剂，擦洗仪表板的每个角落。

清洗化纤表面前先用吸尘器将灰尘吸掉，然后用专用纺织品清洁剂浸润几分钟，待灰尘溶解后，再用洗车巾擦洗干净。若没有专用清洁剂，可换用肥皂水或餐具洗涤液。

真皮制品可用洗车巾沾少许清水擦洗，注意小心使用皮革防护品，劣质的防护品不仅不会起到防护作用，反而还会对皮革造成损伤。

冬春之交正是细菌活跃的时候，经常清洁有助于抵挡细菌的侵袭。

如果想要彻底清洁内饰，工作量就很大了。彻底清洁内饰的步骤与方法如下。

第一步：清洗外观。

第二步：拆卸座椅。

第三步：清洗。

第四步：清洗门窗。

第五步：清洗拆卸下来的座椅。

第六步：清洗车内地毯。

第七步：清洗后备厢。

第八步：安装座椅。

（5）春季如何清理杂物　春季气温升高，再加上空气潮湿，是各种病菌繁衍生长的黄金季节，因此要特别注意汽车内的防菌工作。要注意保持爱车内饰的干爽卫生，特别是汽车坐垫、脚垫、地毯、出风口这些卫生死角都要做好清洁工作。另外还要定期清扫整理后备厢中的杂物，因为有些杂物放置时间长了会产生霉变进而出现异味。

（6）春季如何防潮　打开冷风，这样做不仅可以除去雾气，还可以除湿防潮。另外，要保持通风管路畅通，也不易滋生异味，最好买一个简易除湿盒，这样车内部件在隔夜后不易受潮。最简单的方法是把报纸卷成一捆放在前后脚垫上或后备厢中，同样也有除湿的效果。除此之外，还可以在车内放置一些干燥剂、竹炭包和除湿剂等物品。

除湿盒

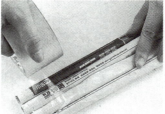
报纸卷

干燥剂

除湿剂

竹炭包

（7）春季如何让柳絮逃之夭夭　检查散热器，看是否被杨絮、柳絮覆盖了，一旦发现，要立刻清洗。可千万别等到车子出现"病症"了才想起去修理，既多花钱，又损坏车子，实在是得不偿失。

大风天里，如果杨絮、柳絮到处飘散，最好用压力风枪吹一下散热器前方。

（8）春季如何防静电　汽车静电来源于纤维织物的摩擦，特别是化纤产品更易摩擦起电。因此在选择坐套、坐垫及脚垫等用品时，最好使用真皮、毛料或纯棉制品。

车蜡具有防静电作用，当然种类不同不防静电能力也不同。现在市场上有一种专门的防静电车蜡。要想防静电，还要尽量少用化纤产品，不穿此类衣服，不用此类坐垫等。

除此之外，还可以采用以下几个技巧"对付"静电。

① 打开车门前，可以先拿钥匙的金属部分触碰一下车门；下车时，先用手触碰一下车门的金属部分，然后开门。

拿钥匙金属部分触碰一下车门

用手触碰一下车门的金属部分

② 尝试保留车内的"水分"。平时只需要在仪表台上放一块湿毛巾，或者定期用喷雾器在车内喷洒一点水，就能达到增加车内湿度、减少车内静电的效果；用车时，少开空调内循环，也可以保留车内水分。

③ 善用工具消除静电。可利用相关工具除电，如车蜡和静电放电器。有些车蜡具有一定的防静电能力，车主可以根据车蜡的不同效果来选用防静电产品。此外，部分车辆的尾部有一种天线状物体（空气放电器），或固定在车尾垂在地面与地表接触的条状物体（搭链式放电器），都是专门针对静电设计的静电放电器，可以防止汽车上的大部分静电。

防静电车蜡

静电放电器

电压高、电量低、小电流和作用时间短是静电的特点。静电通常是由于摩擦和分离造成的。摩擦产生热，使材料内部分子活跃，然后分离两种物质，电子就有可能从一种物质转移到其他物质了。

当电子转移后，电子缺乏或过多会创造一个电场，这个电场就是静电。

在静电的作用下，不论导体还是绝缘体都可能带电荷。

人体自身的动作或与其他物体的接触、分离、摩擦或感应等因素，产生的静电可达几千伏甚至上万伏。

（9）春季如何使空调传送清香 当空调风道和蒸发器表面尘土和杂质过多时，长时间使用就会发生霉变，在天气转暖的情况下会滋生大量细菌，打开还会有异味。因此在使用空调前，除了清洗散热器冷凝器表面，还要对空调系统进行清洁除菌，更换空调滤芯。空调滤芯的更换步骤如下。

打开发动机盖，注意支撑杆一定要插到位，不要让发动机盖中途砸下来

用对角的方式，将空滤盒上盖的四枚固定螺栓用螺钉旋具拧开

打开空滤盒的上盖

然后直接取出空滤滤芯

将滤芯上面的密封圈取下装在新的空滤上

将发动机盖放下固定

（10）如何做好蓄电池的定期维护 蓄电池是汽车的重要电器设备，其性能的好坏直接影响车辆能否正常运行。因此在日常的运输、存储、更换等过程中，都要采取正确的维护和使用方法。

蓄电池的定期维护主要分为以下几个步骤。

① 电解液液面与蓄电池盖底部的距离不能大于0.125英寸（1英寸=25.4毫米）。为避免蓄电池的损坏，一定要确保电解液液面不低于极板的顶部；同时，也要避免因蒸馏水加注过度而导致电解液溢出情况的发生。另外加注时，一定要使用蒸馏水，而不能使用普通自来水。

如果是因为挥发而导致电解液液面过低，则一定不要补充蓄电池电解液。此时酸液仍留在蓄电池中，如果加入酸液，则会改变电解液的化学成分，并导致蓄电池很快失效。只有在电解液意外溢出的情况下，才可以加入电解液。另外，也不要使用不是蓄电池生产商推荐的补偿方法。

② 检查蓄电池的接线柱和导线。如果它们已经脏污或被腐蚀了，则应使用刮片或钢丝刷清理连接处。如果腐蚀得非常严重，则需要查找出造成腐蚀的原因，一般可能是由于蓄电池电解液溢出造成的。

③ 保持蓄电池顶部的清洁。用质量比为1∶1的碳酸氢钠和水的溶液去除蓄电池顶部厚厚的灰尘和腐蚀物的聚集物。为了进行彻底的清洗，可能还需要使用钢丝刷或专用的蓄电池接线柱清洗工具，最后用干净的水冲洗蓄电池顶部区域，并完全晾干。

④ 检查蓄电池的安装紧固部件。蓄电池必须安装牢固，以防车辆运行时蓄电池出现松动。以下几种情况是不允许发生的。

首先，蓄电池的正极接线柱可能会与车身上的接地搭铁部件接触，从而造成电路的短路。

其次，经常性的振动和晃动对蓄电池是不利的，会缩短蓄电池的使用寿命。

最后，蓄电池松动会给接线柱和接线夹施加额外的重负并导致接线夹失效，进而可能导致发动机意外失速。

（11）如何自己动手更换蓄电池 蓄电池按质量和使用状况，寿命一般为1.5～3年。通过蓄电池上方的小窗可以观察蓄电池的状态，呈绿色为可用，呈白色则需要更换。此外,通过对蓄电池电压的检测也可以判断其状态是否正常。更换蓄电池是一件很简单的事,以下是具体步骤。

第一步:检查蓄电池是否需要更换。

轿车的仪表盘上都有蓄电池的警告灯,在正常情况下,发动机启动后就会熄灭。但如果在发动机运转的情况下警告灯亮起,说明蓄电池需要检查或更换了。更直接的方法是,打开发动机盖观察蓄电池。一般免维护的蓄电池都有一个观察孔,绿色表示正常,黑色表示正在充电,而白色表示蓄电池必须更换了。

通常情况下,应该先对外观进行检查,以确保没有外伤。因为蓄电池电解液中含有一定量的硫酸,如果漏出来接触到皮肤或者车漆就得不偿失了。另外,还要注意远离诸如打火机、香烟、烟花之类的火源,否则蓄电池有爆炸的危险。总而言之,安全第一。

蓄电池漏液,接头锈蚀,需更换

第二步:准备拆卸工具和新蓄电池。

拆卸工具有钳子和螺钉旋具,新蓄电池的规格必须符合车型要求。

钳子   **螺钉旋具**

第三步:先拆负极后拆正极。

这一点非常重要。因为蓄电池负极与车身相通,如果先拆正极,金属工具在操作时就有可能因为接触到车身而造成短路。如果蓄电池与其他的车载电器连接,则电器也要一并拆除。

第四步:压紧夹持器螺栓。

拆卸蓄电池要压紧夹持器螺栓,然后拆卸夹持器及蓄电池。如果蓄电池有隔热材料,也要一同拆卸。如果螺钉已经锈蚀无法拆卸,可以滴一点除锈剂。

第五步：取出蓄电池且倾斜不能超过40°。

取出蓄电池时倾斜不能超过40°，防止一些干荷式蓄电池电解液渗流；同时要戴手套操作，防止电解液溅到手上。

第六步：清理电极插头。

蓄电池的电极插头长期暴露在空气中，会产生氧化物、硫酸盐等，可用细砂纸打磨干净，然后涂抹凡士林，以防再受锈蚀。

第七步：安装新蓄电池。

将规格合适的蓄电池安装在蓄电池架上，先安装负极后安装正极。注意紧固螺钉，否则行车时产生的振动会造成蓄电池的电极损坏，缩短蓄电池的使用寿命。

新蓄电池

安装新蓄电池

拧上螺钉

蓄电池安装完毕

第八步：注意蓄电池的绝缘。

最后是安装音响系统等其他电器的连线。特别要注意蓄电池正极的绝缘，正极端子裸露在空气中，容易引发蓄电池短路。所以，安装工作的最后一步是把正极端子上的橡胶皮套盖上。

 小贴士

第一次充电对蓄电池的使用寿命和电荷容量有很大的影响。若充电不足，则蓄电池电荷容量不高，会缩短使用寿命；若充电过量，虽然蓄电池电气性能好，但也会缩短使用寿命。

（12）**春季如何为制动器除水**　雨水多、空气湿度大，汽车制动液就很容易吸收水分。有些制动液吸水较严重的车辆，在制动液油杯盖上就能看见水珠。由于轿车制动系统大多是双管路真空助力液压制动，传递制动力的制动液具有极强的吸水性。如果有水进入制动液，在制动的过程中，摩擦产生的高温会使水汽化。而气体具有可压缩性，在制动液中被压缩，就会造成制动失灵甚至失效。一旦发现汽车制动液吸水严重，就应该送专业维修店除水。

 小贴士

车主可以采用三种方法判断制动系统出问题，制动踏板需踩得很深、踩制动踏板听见有响声、制动距离比以前有所延长。出现这三种情况中的一种，就要进修理厂检查。

（13）**春季如何清理空气滤清器**　汽车空气滤清器可过滤空气中的风沙及一些悬浮颗粒物，从而使进入发动机的空气比较纯净。而潮湿天气容易使灰尘和细小的沙砾粘在空气滤清器上，出现堵塞，这时发动机就会出现不易启动、怠速不稳等症状。一般汽车的空气滤清器为2万千米换1次，平时最好每行驶2000千米自行清洁1次，这样对发动机也有好处。

 小贴士

可把空气滤清器盖打开，将滤芯拿出来，往地上一摔，把灰尘打掉。洗车时，可请洗车工人用压缩空气吹一下滤芯。

（14）**春季如何检查空调滤清器**　为了使空调在天热的时候能够顺利启动，应及早对空调滤清器进行检查。如发现问题，应及早修理，以免影响使用。

车主也可以通过感温器对空调的极限制冷进行测试，只要能和正常温度持平即可；还可以通过自己的感觉来粗略地测定，空调的风量与温度和以往使用时差距不大就可以，否则就要请专业人士进行处理。

（15）春季内饰清洗宜选用何种清洗剂 选用中性的界面活性剂，如皮革、绒布清洗剂可清洁表面，柔化纤维，且无副作用。要用牙刷一点点刷洗，过脏的地方需用渗透剂进行清理。空调出口、音响等细小部位清洗比较烦琐，但也要耐心处理。一般来说，拆下清洗会比较彻底。最后，皮革部分还要使用皮革保护剂，以增加亮度，延长其使用寿命。不过值得注意的是，要使用水性的保护剂，油性的易招灰尘，并弄脏衣物。

（16）春季如何防锈 春季车辆长期停在露天的停车场，除了车门、车体焊接部分容易生锈腐蚀外，车门内部的铰链、锁扣等铁质零件因被门饰板遮住，也容易受潮。因此天晴时车主可找一个阴凉的地方，将所有的车门及后备厢全部打开，让车内的湿气排出、通风。然后将车内的脚踏垫、椅套拆下来，清洗晾干。

（17）春季如何保护车漆 春季要多为汽车打蜡，给汽车的漆面多一些爱护。但在选择车蜡时要注意，在普通的蜡中，含有细小的、肉眼看不到的研磨颗粒。将车漆打亮就是依靠这些颗粒在车漆上反复研磨，从而去除车漆表面的氧化层。由于打蜡的手法是转圈打磨，经常使用普通车蜡会对车身造成细微的划痕。

可以做一次漆面封釉，将类似瓷釉的车漆保护剂用振抛机压入车漆内形成保护层，以彻底隔离紫外线、酸雨和风沙的侵蚀。此外，釉剂中还含有紫外线吸收剂和增艳剂，可保护车漆不会褪色，使旧车的漆面也能光艳照人。

误区提示

新车封釉能保护车漆

有些车主买了新车，怕车漆受损就去维修店做了整套的打蜡和封釉。其实打蜡和封釉能让车子看起来光鲜亮丽并非车漆得到了保护，而是车漆的细微划痕被填平，从而减少了光线漫反射，给人一种车漆焕然一新的感觉。"封釉"前要对车身进行多次抛光和研磨，无论使用何种工艺和材料都会对车漆造成损伤。因此，新车并不适合做"封釉"。

（18）春季如何检查轮胎 建议当汽车行驶到6000千米时，进行1次四轮调整；8000千米时，做1次四轮定位；并且在车主觉得轮胎有振动等问题时，做1次四轮平衡。最后，检查轮胎胎面是否有损伤、胎体是否被钉扎、胎侧是否有鼓包、胎身是否被划破、橡胶是否老化龟裂等。这些潜在的隐患都可能导致轮胎漏气，造成车胎被轮辋碾裂甚至切碎，从而引发交通事故。

轮胎划伤　　　　　　　轮胎扎伤　　　　　　　轮胎鼓包

另外，春季雨水多，轮胎和地面的附着力会因为水而大大降低，这就是为什么雨天车子容易打滑。所以在雨季到来前如果轮胎磨损严重、胎纹消失一定要更换。春季如何使轮胎直面雨天呢？有人每逢雨季便将胎压降低一些，目的是使轮胎和地面间摩擦面积增大，进而增大附着力，其实适得其反，这样更容易造成车胎打滑，保持正常胎压十分重要。

（19）如何正确使用刮水器　　春季是雨水多发季，刮水器经常使用，对刮水器的保养显得尤为重要。车主可用面纸或棉布沾水，顺着橡胶条擦拭，将黏附在橡胶条上的灰尘清除。避免刮水器长时间接触玻璃，晴天时玻璃上的温度是相当高，高温对橡胶的弹性有着致命的伤害，容易使橡胶提早硬化。

使用和保养刮水器时，应注意以下几点。

① 开车前，拉拉刮水器使其上附着的沙砾掉落，并将风窗玻璃表面擦洗干净，以延长刮水器的使用寿命。

② 路经工地或尘土路段时，到达目的地后，务必清洗玻璃以免泥浆牢牢凝结在风窗玻璃上，磨损刮水器胶条。

③ 风窗玻璃长久未洗或沾染汽车所排放的废气油污时，只喷玻璃水是洗不干净的，且还会导致刮水器跳动或异响，清除污垢建议使用能去除油污而不伤刮片的清洁剂，各车厂均有无副作用的玻璃清洁剂。

④ 自动洗车设备的水均含有水蜡，会造成玻璃表面干涩，产生异响。

⑤ 刮水片会因扫动次数的增加和环境污染而加速老化，尤其是经常停放于室外烈日下的车辆，约3个月就会劣化，刮水片为橡胶制品，属于消耗品，应适时更换，以维护行车安全。

（20）如何科学选购刮水片

① 胶条平整才可以将玻璃上的水推开，如果胶条上有刮伤、破裂或缺口时，玻璃上就会出现水纹。而玻璃上的各种污物就是造成胶条损伤的元凶。

② 胶条必须有适度的弹性才能平顺地滑过玻璃表面，不可以太软，否则推不开雨水，不可以太硬，否则会在玻璃上弹跳。好的胶条在制造过程中必须严格地管控生产条件，才能生产出合格的产品。

（21）下雨天刮水器坏了怎么办　　刮水器的构造简单，由刮水片和电动机组成，故障相对比较少。即使刮水器有了故障不能动，大多也是因为熔丝熔断，只要更换熔丝盒内的熔丝即可。

玻璃管式熔丝烧断后,可以用香烟盒内的锡箔纸来临时应急(但绝不能用铝箔代替),方法是把锡箔纸向外在玻璃管上绕几圈。

若雨天恰好遇到刮水器坏了,在风窗玻璃上面抹一层肥皂,可以维持30～40分钟的清晰视线;同时还可以将肥皂涂抹在后风窗玻璃上,以改善后视不良的状况。

刮水片是铁皮包着橡胶片,以嵌入的方式插在摇臂的末端。因此,时间长了刮水片就会掉下来,致使摇臂末端直接摩擦风窗玻璃,不但刮不净雨水,反而会刮伤玻璃。两个刮水片同时掉下来的情况不是很多,如果掉的是左边的,可以用右边的代替,再找块布将右边的刮水器头包好。如果嫌麻烦,干脆把摇臂拆掉,以避免刮坏风窗玻璃。

(22)如何自己更换刮水片

① 将刮水器立起来

② 按住图中所示的卡子

③ 从一边取下原车的刮水片,但千万要小心别让摇臂弹回损坏风窗玻璃

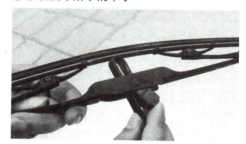

④ 把中间的卡子前端翘起来一些,这样容易安装

⑤ 插入中间的卡子后,拉紧,听到"咔嗒"一声,刮水片就入位了

⑥ 有些车型的驾驶座和副驾驶座的刮水片尺寸不同,一般都是驾驶座的长,副驾驶座的短,别装反了

⑦ 安装副驾驶座的刮水器,看好方向,同样拉紧,听到"咔嗒"一声

（23）底盘封塑有哪些作用 底盘封塑是在底盘表面喷涂具有防水、耐酸碱和耐高低温等特性的特殊弹性胶，将底盘和四轮支撑体部位完全包裹住。它有如下作用。

① 防腐蚀。汽车的锈蚀均从底板开始，每次洗车污水会残留在底部，久了就会形成潜在的腐蚀因素，对车辆造成伤害。如果对车辆底盘进行封塑，那么即便是酸雨、融雪剂、洗车碱水都无法侵蚀这层防护膜。

② 防石击。车辆行驶过程中溅起的小石子冲击底板的力量与车速成正比，一般10克的小石子速度达80千米/小时时冲击力会达到自身重量的100倍，足以击破30微米以下的漆膜。漆膜一旦被击破，锈蚀便会从疵点开始缓慢扩大。如果汽车进行了底盘封塑，即便砾石以5千克的力冲击都不能击破它。

③ 防振。发动机、车轮均固定在汽车底盘上，它们的振动在某一频率上会与底板产生共振，使人产生很不舒适的感觉，而底部防护会消除一定的共振。

④ 隔声降噪。车辆快速行驶时，车轮与路面的摩擦声与速度成正比，而车辆具有完好的底部防护能大大降低车内的噪声。

⑤ 防拖底。底部封塑材料的厚度可达1.5～2.5毫米，当底部被路面凸起剐蹭时，底盘封塑可减轻凸起物对底盘的损伤。

（24）如何进行底盘封塑

① 用举升机将汽车举起，拆掉轮胎

② 用高压水枪对底盘大梁、传动轴、转向臂、挡泥板等部位反复冲刷，清洗后擦拭干净

③ 局部包裹。必须先用遮盖纸（多用报纸）和胶带，遮盖轮胎和排气管周边，尤其注意车身上的传感器和减振器要遮盖好。另外，需要注意高温散热的部位不能喷涂

④ 调好封塑专用胶，注意各种材料的配合比

⑤ 仔细喷涂。底盘防锈胶经高压喷枪喷出，均匀覆盖在车辆底盘上。一般来说，底盘封塑的厚度为1～3毫米，不能太薄，也不要太厚（浪费材料）。全面喷完后，对局部进行修整，保证遮蔽性越强越好

⑥ 干燥后，将底盘擦拭干净

（25）如何对汽车底盘进行防潮处理 大雨过后，应及时清洗汽车底盘。针对底盘容易遇水和潮湿的问题，可以对底盘进行封塑。底盘封塑能使底盘与空气隔绝，达到防腐、防锈、隔声的效果。底盘封塑一般要由专业的汽车维修人员来做，效果可保持3个月甚至更长时间。需要注意的是，底盘封塑前要使用专用的去污剂去除底盘上附着的沥青、油污，对传动、排气系统的散热部位进行遮拦，这样才能起到良好的防护作用。

（26）春季如何对车内空气进行消毒 在车内无人的状况下，用紫外线灯照射车厢内部，对车内进行消毒，消毒完成后开窗通风5～6分钟。也可使用无腐蚀作用的消毒剂进行喷雾消毒。

另外，也可采用化学消毒剂气溶胶喷雾消毒方法，使用2%过氧乙酸按8毫升/立方米的量，进行气溶胶喷雾消毒1小时，消毒结束后通风换气。过氧化氢复方空气消毒剂以50毫克/立方米的量，采用喷雾法消毒30分钟，消毒结束后通风换气。对车厢内的设施消毒后应用清水擦拭，再用清洁的棉布擦干，以便去除残留的消毒剂。

要使消毒达到理想的效果，还需特别注意掌握消毒药剂的浓度与时间要求，这是因为各种病原体对消毒方法的抵抗力是不同的。由于街边店缺乏一定的医学常识，在消毒药剂的配比上缺乏一定的针对性，消毒效果不理想，故车主应选择那些比较正规的、声誉较好的装饰店进行消毒杀菌。

车内喷空气清新剂清洁空气

空气清新剂是由乙醚、香精等各种化学成分合成的。它并没有分解有害气体，只是通过散发香气来掩盖异味，混淆人的嗅觉，当气味分解之后，反而加剧了车内空气的污染程度。

（27）为什么春季要时刻留心制动液 制动液有极强的吸水性，如果有水进入制动液，在制动的过程中，摩擦产生的高温会使水汽化。而气体具有可压缩性，在制动液中被压缩，就会造成制动失灵甚至失效。

入春以后，雨水越来越多，空气的湿度也越来越大。如果制动液在雨季到来之前就有少量水分，那将是很危险的。有些制动液吸水较严重的车辆，在制动液油杯盖上就能看见水珠。所以在保养时必须检查制动液，以保证驾乘者的生命安全。

（28）如何检查空调

① 望。就是目测空调系统管路的管道、各个接头和压缩机油封等地方有无油渍。若有，说明该处密封不严有制冷剂泄漏。

② 闻。开空调时，要听发动机的转速，如果转速有变化说明压缩机离合器工作正常。接着要观察制冷剂的运行状况，如果玻璃窥视镜不断出现气泡并且出风口不冷，说明制冷剂已经大量泄漏；如果玻璃窥视镜出现雾态的油状条纹流动，说明制冷剂已全部泄漏。

③ 问。汽车空调不制冷的原因较多，如压缩机磁吸离合器故障、电控件故障、传动带打滑等，自己在诊断时要多询问有关专家的意见。

> **误区提示**
>
> **空调不凉就添加冷媒**
>
> 发现空调不凉，车主的第一反应就是"缺氟"，于是把车直接开到4S店或者维修站要求添加冷媒。但实际上，如果未经检测盲目添加冷媒，有可能造成空调管路中的冷媒超标，反而会使系统散热不良，即空调更加不凉。
>
> 其实空调不凉除"缺冷媒"之外，还有着其他很多可能的原因，如空调滤芯堵塞、变脏就会造成空调不凉、风量减小。
>
> 各品牌空调滤芯都有固定的更换周期，及时更换可以提高风量和气味驱除能力。如果车主觉得空调有异味吹出，可能是空调的风道长霉等所致，这时需对空调的风道进行清洁。

④ 切。就是手摸空调系统的管路表面感觉温度的差别。手摸冷凝器出口管道至膨胀阀入口之间的管道和部件，温度应一样，哪里出现温差哪里就有堵塞故障。

（29）车窗突然凝雾应对技巧

① 窗内除雾。如果车外温度低而车内温度高，很容易遇到车内起雾的现象，且在气温低时比较常见。此时，可利用车内空调的除雾键直接操作。但很多新手平时可能不太关注除雾键，所以应对照车辆说明书，认识除雾键的标志。

② 窗外除雾。当车内温度过低而车外

温度与湿度相对较高时，雾气会在车窗外面而非车内。这时，最直接的方法是打开刮水器，以最快的速度增加前风窗玻璃的能见度，然后适当打开车窗，使车内外的温度尽快平衡。最后还应配合空调，利用除雾键使前后风窗玻璃保持最佳的温度，以彻底去除雾气。

2. 夏季车辆的养护

（1）夏季如何检查车胎 夏天胎压最好控制在2.3千帕左右，车主可买个胎压计测试，还可每次出行前用扳手敲打轮胎，如果轮胎发出"嘭嘭"声则表示胎压正常，如果是闷声则表示充气不足。此外，应检查轮胎是否有破损或老化，千万不要让轮胎"带病"上路。

（2）夏季如何防爆胎 夏天轮胎温度高，橡胶易软化，严重时会出现烧胎现象。车辆高速行驶中遇到坚硬物极易爆胎，因此要随时检查轮胎气压。发现轮胎过热，气压过高，应将车停在阴凉处降温，不可用冷水泼冲，也不可放气，否则会导致途中爆胎和轮胎的早期损坏。

（3）夏季行车爆胎如何处理 行驶中遭遇爆胎，要紧握方向盘稳住方向，要松开加速踏板，不要采取紧急制动，让减速行为被掌握在受控制的过程中并努力保持原来的行车轨迹。发生爆胎时，驾驶员靠边停车后，应在车辆后方150米处设置警示标志。

特别注意： 高速公路上车辆多、车速快，为了确保安全，千万不要下车自己更换轮胎，而应该拨打高速公路报警求助，等待施救车辆前来救援。

（4）夏季如何防气阻 由于夏天气温高，散热受到限制，汽车行驶速度慢，发动机转速高，易出现"气阻"。有时发动机稍停熄几分钟就难以启动，导致供油中断。一旦发生气阻，驾驶员应立即停车降温和采用冷却降温措施，排除故障。如果车是液压制动，在高温高速下行驶，制动液易出现空气"气阻"，使制动器突然失灵造成事故。

（5）夏季如何防散热器缺冷却液 高温天气行车，散热器内的冷却液蒸发很快，要时刻注意检查冷却液量，注意冷却液温度表。当发现缺冷却液时要立即停车，但不可马上加冷却液，而应等怠速运转降温后再补充；同时注意不要马上打开散热器盖，以防烫伤。

（6）夏季如何防打滑 经常检查水泵工作情况和风扇传动带张力。风扇传动带不可沾油，以防止打滑。经常注意水泵漏水情况，同时要注意将百叶窗充分打开。

（7）夏季如何防止蓄电池电解液泄漏 夏季气温高，蒸发量大，蓄电池电解液水分会随着蒸发的加剧而不断减少。因此要及时补充蒸馏水，注意蓄电池电解液的密度和数量，保持电解液的密度不变，以免缩短蓄电池的使用寿命。

（8）夏季如何处理发动机不易启动 这种毛病最大的原因是点火系统因潮湿而漏电。一旦发现是因为点火系统潮湿而造成点火不良、发动机性能下降，可以暂时用干纸巾或干布把分电盘内外及电线等擦干；如果是因为电线老化漏电，则一定要及时更换电线。

（9）夏季发动机"发烧"如何处理　汽车发动机很怕热，但是并不代表它就不怕冷。如果冷却液温度过低，会出现燃油燃烧恶化、油耗增加、磨损加剧、发动机功率降低等问题。所以，发动机冷却液的温度并非越低越好，一般应控制在80～90℃。

除此之外，在夏季到来之前，应用高压水枪把附着在发动机表面的泥土冲洗干净，这样可以适当地降低发动机的温度。

（10）夏季如何防止混合气过浓　由于气温高，汽油容易流动，还因量孔膨胀，使汽油流量增加，且汽油容易挥发，导致混合气过浓。因此，应调小量孔，调整加速装置与节气门摇臂的连接位置，适当降低浮子室油面高度，以减少供油量。

（11）夏季如何防油及水的蒸发　高温下，油及水的蒸发都会增加，油箱盖要盖严，以防止油管渗油；经常检查散热器的冷却液液位、曲轴箱的机油油面高度、制动总泵内的制动液液面高度及蓄电池内电解液密度和液面高度等。不合规定时，要及时添加和调整。

（12）夏季如何防润滑不良　机油易受热变稀，抗氧化性变差，易变质，甚至引发烧瓦、抱轴等故障。因此，应为曲轴箱和齿轮箱里换上夏用机油，经常查机油量、油质情况，并及时添加或更换。

误区提示

夏季用润滑油越黏越好

炎炎夏日，更换黏度较高的润滑油成为了广大车主夏季养护爱车的重点之一。然而，有些车主由于缺乏对润滑油黏度的了解，或过分追求更换极高黏度的润滑油，甚至把机油倒出来亲"手"验证黏度；还有一部分车主更换润滑油后发现油压表升高了，但是吸膜油泥却增多了，动力也明显下降了。

本想好好护理爱车，没想到反而增加了爱车的负担，让爱车"心力交瘁"。这使得很多车主百思不得其解：到底夏季用润滑油是不是越黏越好？到底夏季该如何选用润滑油？

（1）润滑油并非黏度越高就越好　润滑油的黏度对发动机的正常运

转无疑是至关重要的。为了防止发动机运动零件间的接触面磨损，润滑油必须有足够的黏度，以便在各种运转温度下都能在运动零件间形成油膜，从而使得汽车发动机顺畅运转。

然而养护专家却说，使用黏度过高的润滑油则至少会存在两个层面的弊端。首先，当黏度过高而影响发动机启动的时候，很有可能造成发动机启动时的严重磨损。由于润滑油黏度过高，流动缓慢，油压虽高，通过量却不多，不能及时补充到摩擦表面。润滑油的循环速度也变慢了，其冷却与散热效果会变得很差，从而导致发动机过热；同时通过润滑油滤清器的次数也就变少了，因此难以及时将磨损下来的金属末屑、炭粒、尘埃从摩擦表面清洗掉。

其次，使用黏度过高的润滑油很耗能。由于黏度过高，机件摩擦表面间的摩擦力增大，为克服增大的摩擦力，则要消耗更多的燃料，从而造成能量的巨大浪费。据了解，目前在国外，润滑油低黏化已经成为了国际趋势。在国内，润滑油节能方面虽然还没有强制性的要求，但是低黏化将是未来的发展趋势。

因此提醒广大车主，不要使用黏度过高的润滑油，更不要认为黏度越高就越好。

（2）夏季应正确选择润滑油黏度级别　专家建议，在保证润滑的条件下，根据使用时的气温范围、发动机温度以及实际车况，尽可能选用黏度小的润滑油。对车况较好、磨损比较小的发动机，可以选择黏度小的润滑油；而对磨损比较严重、间隙已比较大的发动机，则可适当选用黏度稍大的润滑油。

此外，夏天油压表普遍偏低。但是，只要处于厂家行车手册上规定的合理范围，均属于正常现象，广大车主没有必要为此事过度恐慌。如果油压表比正常情况偏离太多或者不在合理范围之内，那么就需要彻底检查一下，看看是不是发动机出了什么问题，比如传感器坏了、油路堵了等。切忌看到油压表偏低，就拼命选用黏度极高的润滑油。

一般情况下，好的机油随着温度的升高，黏度的变化会比较平缓，而且不会迅速变稀。如长城、壳牌、美孚等知名品牌，虽然表面"看"起来黏度并不是非常高，但是使用起来黏度表现非常突出；而有些品牌则表面"看"起来非常"黏"，但使用起来却不尽如此，出现了强烈的反差。看来，广大车主选用润滑油还是得认牌子。一般知名的润滑油厂家都会提供产品比较齐全的、不同黏度级别的润滑油供各种各样的车型选用，只要按照正常的使用习惯选择适当质量级别和黏度级别的润滑油品即可。

（13）夏季如何防爆漆 车漆长期暴晒会发旧、起皱。普通的美容保护洗车打蜡虽然有些作用，却不会保持长久。因为车蜡中都含有矽，久经紫外线照射会锈蚀车漆，留下点点黑斑；同时，车蜡中的研磨颗粒还会在光亮的车漆上留下道道细痕。车蜡本身起不到增强硬度、抗紫外线的作用，且会因温度过高而很快流失。因此，应当把车停放在阴凉处。

（14）夏季如何做专业消毒 勤开冷气，可加强车内空气流通、改善车内空气质量。不过适时的专业车内护理也不可少，做好爱车内饰出风口、座椅角落等卫生死角的清扫工作。

最好到专业的汽车美容店去进行1次车内清理，通过蒸气、紫外线、光触媒等消毒手段让爱车内部干爽洁净。

（15）夏季如何给爱车晒"日光浴"
日光中含有紫外线、红外线和可见光。和人一样，爱车也喜欢晒日光浴，尤其是在阴雨潮湿的季节，被晒热的车身会很快排除内部淤积的水汽。

另外，车内地毯、坐垫等棉麻制品更易受潮霉变，滋生细菌。因此，车主最好对这些物品进行晾晒或定期更换。也可以选择一个艳阳天，用中性清洗剂清洗车内，并开启所有门窗，通过阳光照射和通风等达到消毒效果。

（16）夏季车身元件受潮后如何处理 在多雨的夏季，最好能在雨后及时检查电路，避免因潮湿引起的短路或漏电故障。此外，在闲暇时可定期开开暖气，以烤干车内多余的水分，避免空气不易流通的死角的车身元件受潮。若遇到晴天，更可以将车子停在太阳下"享"受一会儿日晒，并打开车窗让车内空气自然对流。

（17）夏季散热器漏水的应急技巧 汽车行驶过程中因振动或事故，使散热器水管破裂漏水时，可依据具体情况采取措施。

① 漏水处为不超过1毫米裂缝或2毫米的孔洞时，向散热器中加入一瓶散热器强力止漏剂（如美国威力狮散热器高效止漏剂），启动发动机运转，冷却液开始大循环后5～10分钟，冷却系统中不论是散热器还是橡胶管及各处衬垫，有漏水（或防冻液）处都会停止泄漏，止漏后不需要放出，不会影响散热，也不会再发生堵塞。

② 无止漏剂时，对个别散热管轻微漏水，可临时用散烟丝放入散热器内，利用水循环压力，使烟丝堵塞在散热管的漏水处，以暂时应急。

③ 散热管漏水较严重时，可将漏水的散热管从漏水处剪断，用涂上肥皂的棉花团堵住被剪断的散热管，而后用钳子把被剪断的散热管头部夹扁再卷边压紧即可制止漏水。

④ 橡胶管接头漏水时，可及时用螺钉旋具将橡皮管接头卡子在橡皮管接头缠两圈，而后用钳子拧紧。如橡皮管损坏，可用胶布把破裂之处包紧应急。

3. 秋季爱车的养护

（1）秋季为什么要更换冷却液 在天气渐凉的秋季，如果不能及时更换汽车专用的冷却液，一旦温度骤降极有可能影响到汽车冷却系统的正常工作。通常情况下，汽车冷却液的使用周期为2年。如果车主在夏天使用的就是冷却液，只要不超过使用期限，就不用急于更换；如果使用的是自来水，则需要立即更换。

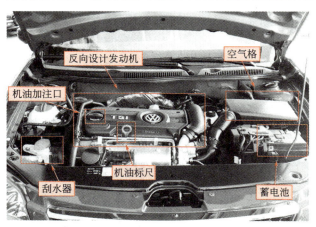

（2）秋季如何保养发动机舱 进入秋季，应经常检查发动机舱内的机油、制动液和防冻液，看油液是否充足、是否变质、是否到了更换周期。这些油液如同爱车的血液，到更换周期一定要换掉，以保证油液循环的通畅。

（3）秋季如何保养制动系统 要经常检查制动有无变弱、是否跑偏，制动踏板的蹬踏力度是否有变化，必要时应清理整个制动系统的管路部分。

（4）秋季如何保养蓄电池 秋天，汽车蓄电池的电极接线处是最容易出问题的地方。检查时，如果发现电极接线处有绿色氧化物，一定要用开水冲掉；否则会引起发电机电量不足，使蓄电池处于亏电状态，严重时还会引起蓄电池报废或者使车子无法启动。

（5）秋季如何养护底盘 为了防止漏油、底盘变形等，要及早地给爱车做个底盘封塑。

另外，门轴、导轨由于受到风沙的侵袭及洗车的影响容易生锈，开关门时会发出异响，这种问题只要定期涂上防锈油即可解决。

（6）秋季如何保养点火系统与充电系统 点火系统保养关乎车辆能否启动，因而应仔细检查插头部位，看是否生锈。一旦生锈，就要使用专业清洗剂处理。此外，对于火花塞的保养也不能掉以轻心。

充电系统的保养要着重检查发电机传动带是否在经过雨打、高温后有老化现象或者开裂情况发生。如果没有发生上述情况，还要看传动带的松紧度。传动带过松，会引起传动带的嚣叫，使传动带早磨损；传动带过紧，又会造成发电机轴承的偏磨。

（7）秋季多跑高速可减少积炭 到了冬季，汽车会产生提速慢、急加油回火、启动困难等现象，这说明气门可能积炭了。因此，秋季就应对气门多做检查，看看是否存在积炭现象，并及时到维修站检测、维修。此外，还可以多跑高速，尽量提高手动挡车的换挡转速，以防产生积炭。

（8）秋季汽车美容不可少　秋天的早上露水较多，汽车表面往往很潮湿，如果爱车表面有明显的剐痕，应该及时做喷漆处理，以免因受潮而锈蚀。换季之时，最好为爱车的表面做1次从清洗、抛光到打蜡、封釉或镀膜等一系列美容养护。

（9）秋季电子扇进风口的保养　要经常检查这些部位是否有杂物，如果有，可以用压缩空气清除。另外，在发动机冷却状态下，可以用水枪从里向外冲洗以上部位。

4. 冬季爱车的养护

（1）冬季如何选择机油　冬季应尽可能选择黏度小的机油，但必须根据当地的气温和汽车级别来确定。中高级轿车的机油一定要依据厂家要求来选择，不可随意选用。

5W/40的机油比15W/40的机油在低温下黏度更低，更容易在冷启动的瞬间为发动机提供保护。如果选择的机油黏度过高，会使发动机冷启动产生困难、冷启动磨损加剧。

建议车主选用原厂机油，因为发动机制造工艺不同，而厂家指定的机油是通过多次试验才选定的。

（2）冬季如何检查暖风系统　暖风系统在停用很长时间后也会出现故障，所以要先试一下有没有热风、风机运转有无异响、风管是否通畅。有时会遇到暖风水管中的防冻液长期不流动，凝结堵塞了循环管路的情况，最好去4S店检修。

（3）冬季如何保持风窗玻璃清洁　冬季，风窗玻璃保持清晰是安全行车的基本条件。因此应定期擦洗刮水器，雪天确保可刮净风窗玻璃。内部可擦涂"雨敌"防止玻璃起雾。有条件的可换用防冻型风窗玻璃，以免冬季结冰。另外，玻璃水中可加些风窗除冰剂。同时重点检查加热装置，如风窗玻璃、侧窗出风口、后窗电热器等，使之处于良好状态。

（4）冬季如何护理车门　冬季要防止车门冻结，以免使用时打不开。为此，可事先向车门锁孔内注入少许机油，并在车门四周的密封条上抹一层薄薄的油脂。

冬季洗车后应及时打开车门擦干水迹，防止门缝处残水结冰冻住车门。车窗被冻住时不要强行开关，电动车窗尤其要注意，待自然融化后再使用。

（5）冬季如何养护羊剪绒坐垫　目前各零售商家均不负责清洗羊剪绒坐垫，而一般的干洗店即使采用干洗手法进行洗涤，也很难恢复原有的光泽。以常用梳子整理皮毛，以保持原色泽和形态；用小棒轻敲毛皮表面，可以打落灰尘。如果是轻微的灰尘，用干净的棉布蘸少量用温水化开的中性洗涤剂，或用挥发油轻轻擦拭；如果污渍过于严重，就要送专门的干洗店清洗。保存期间，如使用防虫剂或樟脑丸，要对其用透气的绵纸加以包裹，避免直接接触毛皮。

（6）冬季如何用空调除雾　将空调风口调到风窗挡，打开空调开关，让压缩机工作，以便除湿。不过，此时如果将温度控制旋钮调到冷风挡，车内乘员肯定会冷得受不了，所以可以将温度旋钮调在暖风挡，达到既除雾又制热的目的。

自动空调除雾操作很容易，即打开自动空调，把模式开关调到除雾挡，这时空调自动转换为外循环，外面新鲜空气进入驾驶室，就开始除雾了。如果是手动空调，首先应把风向开关调至除雾挡，启动外循环让新鲜空气吹进，压缩机和风速调到最高可以加快除雾速度。如果感觉两侧玻璃除雾不够快，最好关闭两个中央出风口，使两侧出风口气流快速吹散雾气；也可以适当开窗来加快除雾。

（7）冬季停车如何除霜　停车后，不要立即锁车走人，而要耐心等一会儿，将两侧车门打开通风，等车内外无温差时，打开电源，用刮水器将前风窗玻璃上残留的雪水刷干净再离开。第二天清除完积雪，就不用为恼人的霜犯愁了。

（8）如何科学清除车身积雪

① 雪后车身积雪及时扫。大雪过后，很多车被厚厚的积雪笼罩。看似洁白的雪中却含有大量的酸性、碱性或盐类等腐蚀性物质，若不及时清除，会侵蚀车漆，使外部亮釉失去光泽。此外，雪后天气转冷，积雪容易结冰，冻住窗户、喷水孔、钥匙孔等处。

当车辆风窗玻璃积雪较厚时，不要直接打开刮水器，最好用汽车专用的除雪铲将雪铲除。如果没有除雪铲，则可以先用掸子将车顶、车门等处的大面积积雪初步清除，然后用柔软的塑胶片或抹布小心地将车窗、后视镜以及门把手等处的雪铲掉。

② 雪后洗车不能用冷水直接冲洗。发动机升温后，车前部温度较高，用冷水清洗会造成急速降温，对表面油漆很不利。更不能直接冲洗发动机，容易导致发动机爆缸。当然，也不能使用热水冲洗，这样做实际上是对爱车的摧残，因为温度的骤然变化会损伤车漆，使它逐渐失去光泽，而车的风窗玻璃也有可能在倾泻的热水中炸裂。

正确的洗车方法是：启动汽车打开暖风，然后用温水洗车。

没有洗车经验的车主，最好到专业的洗车店通过洗车机大量的流动清水及水中添加的中性清洁剂，温和冲洗车身；同时，专门清洗车轮的轮刷会把轮毂缝隙里的污泥刷洗得非常干净。

③ 雪后洗完车要及时把车烘干。洗车后，如果无法做到烘干，也要打开车门和车窗，及时擦干水，以防止门缝、窗缝和后视镜等处的残水结冰。如果冻住了，也不要着急，可以把车开到地下室、车库等温度稍高的地方，停放十几分钟后就自然化开了。

使用电脑洗车机洗车，自动风干程序可以把存留在车身缝隙里的水全部吹出来。在室内将车完全擦干，避免低温将水渍冻在玻璃上影响观察视线。如果用水枪冲洗，清水很容易灌进锁眼将其冻住。因此，洗车前最好用胶布把锁眼贴住，防止进水。

（9）冬季胎压过低怎么办 冬季，受热胀冷缩的影响轮胎气压会降低。这时，如果不适当地增加胎压，不仅会增加汽车的油耗还会加速汽车轮胎的磨损。

轮胎气压不足会导致轮胎过热。低压使轮胎的接地面积不均匀，胎面或帘布层脱层、胎面沟槽及胎肩龟裂，帘线断裂，胎肩部位快速磨耗，缩短轮胎的使用寿命；增大胎唇与轮辋之间的异常摩擦引起胎唇损伤，或者轮胎与轮辋脱离，甚至爆胎；同时会增加滚动阻力、加大油耗，而且影响车辆的可操控性，严重时甚至会引发事故。长途高速行车应适当提高轮胎的压力，比正常胎压高出5%～10%。

（10）冬季胎压过高怎么办 冬季气温低，根据热胀冷缩的原理，轮胎的胎压也会有变化。因此，应该适当增加胎压减少轮胎磨损消耗。但与此同时，如果在路面结冰打滑的情况下，胎压高会影响轮胎的附着力。所以为了增加轮胎的附着力，可以适当减小胎压。也就是说，胎压什么时候增、什么时候减，车主应该根据路面情况而定。另外，路面没有积雪、结冰时，不需要减胎压，否则会影响轮胎的制动性。

（11）冬季如何正确预热爱车 车辆要预热后再起步。预热期间不可猛踏加速踏板，不可让发动机转速过高。预热不必等发动机温度上升到最佳温度再起步，只要温度表的指针开始上升就可以了。冷机状态下应避免多次启动，因为多次启动会加剧运动部件的磨损程度，缩短机件乃至发动机的整体工作寿命。

最好的启动方法是：先把车子预热1～2分钟，然后慢慢起步，边开车边温车，再达到正常的行驶速度。总之，要尽量比平时的挂挡时间稍长一些。建议北方热车3分钟左右，温度表一动，或者怠速降低到1000转/分钟以下可以慢速行驶，待冷却液温度升高后就可以提速了；在南方，热车1～3分钟即可慢速行驶。

误区提示

原地热车

原地长时间怠速热车不仅效果有限，而且还会加速三元催化转化装置等部件的老化。

正确的热车方式应是在汽车发动之后，只要机油灯熄灭即可慢慢行驶，但不能猛踩加速踏板，一直要等冷却液达到正常温度时才可加快速度。

（12）冬季汽车不易启动怎么办　冬季最好不要将汽车停放在露天场所，而应停放在有取暖设备的车库内，如果不得不在露天停放，也应该放在阳光容易照到的地方，这样升温比较快，容易启动。

此外，冬季汽车难以启动时还应注意以下方面。

① 启动发动机后，再打开车灯、收音机等电器设备；停车之前，要先关掉这些电器设施后再熄火。

② 冬季到来时提早检查蓄电池，且蓄电池应坚持2个月检查1次。

晚上车辆熄火以后，蓄电池还处于一种放电的状态，会产生静态放电电流。它的值非常小，一般在0.1安以下，属于正常放电。在冬季到来时，要提早将车开到维修站检测这个参数。

一般每2年更换1次蓄电池。平时要注意检查蓄电池电解液的高度是否充足，不足时可以补充蒸馏水或蓄电池补充液，但不要超过蓄电池刻度指示的高度。这种检查至少要每2个月进行1次。

③ 第1次无法启动时，最好等30秒，再尝试启动。启动后不要急于高速行驶，而要有预热时间，这样车辆才不易磨损而且可以提高燃油经济性。一般来说，当车辆冷却液温度至少达到40℃时再起步行驶。

④ 用推车的方法启动汽车。如果尝试了好几次依然无法启动，此时可以用推车的方法启动汽车。首要的条件是有电，可以按喇叭进行检查，只要听到声音就证明蓄电池还有电，就可以用推车的方法启动。

⑤ 借用拖绳，让一辆车在前方拖动，带动亏电车辆启动。当然如果有电线，也可以借其他车辆的蓄电池为自车蓄电池充电，此时注意正极接正极、负极接负极，不要弄错方向。

三、车辆"360°"全方位养护

技巧 1　发动机的养护技巧

1. 发动机由哪些系统构成

（1）排气系统　它的日常维护工作主要是检查排气管接口垫的密封性、排气管道有无外部损伤、排气是否通畅以及排气管是否固定牢靠。

（2）**供油系统**　其保养包括定期更换汽油滤芯、清洗喷油器以及供油管路。

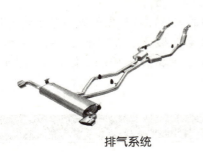

排气系统　　　　　　　　　供油系统

（3）**润滑系统**　其保养除了定期更换机油和滤芯外，还要检查曲轴箱通风情况及定期清洗油底壳。

（4）**冷却系统**　好的防冻液有防冻、抗腐蚀的作用，因此即使不是冬季也要坚持使用防冻液。这样才能保证散热器内部不受腐蚀，保持冷却液循环畅通，提高冷却效率。防冻液通常每年更换1次，以保护、延长冷却系统。

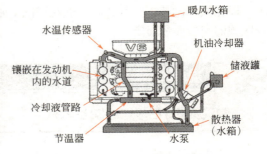

润滑系统　　　　　　　　　冷却系统

2. 哪些因素会导致爱车患上"心脏"病

春夏之交，由于湿度较大，而且气温时高时低，容易对发动机造成损伤。因此，保养的好与坏直接影响着汽车的性能和使用寿命。专家表示，车主们最爱犯的八大毛病是直接导致爱车患"心脏"病的原因。

（1）**不按期保养发动机**　据统计，车辆因发动机保养不良造成的故障占总故障的50%。可见，发动机保养对延长车辆使用寿命起着至关重要的作用。

温馨提醒

不仅仅是在常规的保养期限内要进行发动机的养护，在驾驶经过一些特别潮湿或者粉尘特别大的地区时，也要对发动机的相关部件做一些检查保养。

（2）机油变质及机油滤芯不畅　不同等级的机油在使用过程中油质都会发生变化，使车辆性能恶化。为避免这些故障的发生，应该结合使用条件定期给汽车换油，并使油量适中，以在机油标尺上下限之间为好。

机油从机油滤芯的细孔通过时，把油中的固体颗粒和黏稠物积存在滤清器中。如滤清器堵塞，机油则不能顺畅通过滤芯，会胀破滤芯或打开安全阀，从旁通阀通过，仍把脏污带回润滑部位，促使发动机磨损加快、内部污染加剧。因此，机油滤芯的定期更换同样重要。

温馨提醒

机油不要加少了，但也不要加多了；机油不是越贵就越好，适合爱车的才是最好的。

（3）空气滤芯堵塞　发动机的进气系统主要由空气滤芯和进气管道两部分组成。根据使用情况，要定期清洁空气滤芯。方法是用高压空气由里向外吹，把滤芯中的灰尘吹出。由于空气滤芯为纸质，所以吹的时候要注意空气的压力不能过大，以免损坏滤芯。空气滤芯一般在清洗3次后就应更换，清洗周期可以由日常驾驶区域的空气质量而定。

温馨提醒

购买质量好的原厂滤芯比较好。

至各气缸
进气

（4）进气管道过脏　如果车辆经常行驶于灰尘多、空气质量差的区域，就应该注意清洗进气管道，保证进气的畅通。进气管道对于发动机的正常工作非常重要，如果进气管道过脏，会导致效率下降，从而使发动机不能在正常的输出功率范围内运转，加剧发动机的磨损和老化。

温馨提醒

尽量少走灰尘多的区域，同时也要注意更换空调格栅。

（5）曲轴箱油泥过多　发动机在运转过程中，燃烧室内的高压未燃烧气体、酸、水分、硫和氮的氧化物经过活塞环与缸壁之间的间隙进入了曲轴箱中，使其与零件磨损产生的金属粉末混在一起，形成油泥。少量的油泥可在油中悬浮，但量较大时会从油中析出,堵塞滤清器和油孔,造成发动机润滑困难,从而加剧发动机的磨损。此外,机油在高温时氧化会生成漆膜和积炭黏结在活塞上,使发动机油耗增大、功率下降,严重时使活塞环卡死而拉缸。

温馨提醒

要减少油泥产生,使用高质量的燃油是十分有必要的。所以,建议车主尽可能到正规加油站加油。此外,使用质量过关的机油以及按照厂商规定的保养周期对机油以及机油滤清器进行更换也是很关键的。另外,请经常检查爱车的机油油位,不足时应尽快补充。

(6)燃油系统保养不善 燃油在通过油路供往燃烧室燃烧的过程中,不可避免地会形成胶质和积炭,在油道、喷油器和燃烧室中沉积下来,干扰燃油的流动,破坏正常空燃比,使燃油雾化不良,造成发动机喘抖、爆燃、怠速不稳、加速不良等问题。

温馨提醒

要定期清除油箱、燃油滤网中的沉淀物,妥善保养空气滤清器、油箱和管路。在清洗发动机燃油系统时,要用发动机免拆清洗剂,这样不需要拆解燃油系统就可以彻底清洗燃油系统,有利于保护发动机的燃油系统。

(7)散热器生锈、结垢 锈迹和水垢会限制冷却液的流动,降低散热的作用,导致发动机过热,甚至造成发动机损坏。冷却液氧化还会形成酸性物质,腐蚀散热器中的金属部件,造成散热器破损、渗漏。定期使用散热器强力高效清洗剂清洗散热器,除去其中的锈迹和水垢,不但能保证发动机正常工作,而且可延长散热器和发动机的整体寿命。

温馨提醒

许多车主不重视冷却液的使用及质量,往散热器中加水。这样容易生锈、结垢,造成腐蚀等。好的冷却液不仅凝点低,而且有其他添加成分,能抑制泡沫、防锈、防电解和防水垢等,所以提醒广大车主要慎重选择冷却液。

(8)冷却系统状况不良 活塞拉缸、爆燃、噪声、加速动力下降等,都是由于发动机的工作温度异常、压力过大、冷却系统状况不良造成的。冷却系统状况不良直接导致发动机不能在正常温度下工作,从而产生上述严重的故障现象。

3. 发动机保养有哪些要点

① 注意磨合使用。无论是新的还是大修后的发动机，都必须按规范进行磨合后，方能投入正常作业。

② 检查紧固部位。发动机在使用过程中受震动冲击和负荷不均等影响，螺栓、螺母容易松动，要仔细检查以免损坏机件。

气门间隙、配气相位、供油提前角、喷油压力以及点火正时等都应及时检查、调整，以保证发动机经常处于良好的技术状态，从而节省燃油，延长使用寿命。

③ 保持油、水、气充足，保持机体干净。

④ 要勤观察、勤检查，发现故障及时排除；要做好发动机的保养工作，使机器始终保持在良好的技术状态运转。

4. 发动机保养要遵循哪些原则

① 在冷车状态下启动发动机，需对发动机进行预热。发动机在正常的工作温度下，其零件之间的运转阻力、磨损、工作稳定性等方面是最佳的，所以进行预热是必要的。

② 在安静的状态下启动发动机，让发动机怠速和加速运行，听发动机的声音是否正常，正常运行声音应该是比较低沉而有规律的。如果出现比较尖锐的声响，请立即去汽车维修厂进行诊断、维修，以避免故障造成更大的损坏。

③ 行驶中尽量让发动机转速在转速表的红刻度以下区域内，以避免发动机超负荷运行。另外，手动挡的车辆尽量不要拖挡。

④ 油箱中燃油尽量保持在剩下1/3时即进行加油，以使油箱中的汽油泵能良好地散热，延长汽油泵的寿命。

⑤ 定期保养发动机，按时、按里程对发动机进行保养、维修，选用合适的发动机机油。保持冷却液的清洁，定期对发动机的油路和气路进行清洗。另外，保证发动机有畅通的进油、进气通道。

⑥ 在驾驶车辆的过程中，注意观察仪表上的有关指示，时常观察冷却液温度表、机油灯、充电指示灯的提示。发现有不良现象，立即处理、维修。

⑦ 使用符合规定的燃油。劣质汽油会使燃烧室、喷油器、进气道及气门等处产生大量的积炭和胶质，使发动机怠速不稳、加速困难。

5. 怎样保养涡轮增压发动机

（1）**不能着车就走** 特别是在冬季，发动机启动后，应让其怠速运转一段时间，以便在增压器转子高速运转之前让机油充分润滑轴承。所以刚启动后千万不能猛轰加速踏板，以防损坏增压器油封。

（2）**不能立即熄火** 发动机长时间高速运转后，应怠速运转3分钟以上再熄火。因为发动机工作时，有一部分机油供给涡轮增压器转子轴承用于润滑和冷却。发动机突然停机后，机油压力迅速下降为零，增压器涡轮部分的高温传到中间、轴承支承壳内的热量不能迅速被带走，而同时增压器转子仍在惯性作用下高速旋转,会引起涡轮增压器内滞留的机油过热而损坏轴承和轴。特别要避免猛轰加速踏板后突然熄火。

（3）**保持空气滤清器清洁**　按时清洁空气滤清器,防止灰尘等杂质进入高速旋转的压气叶轮,造成转速不稳或轴套、密封件严重磨损。

（4）**经常注意检查增压器的运转情况**　在出车前、收车后,应检查气道各管的连接情况,防止松动、脱落而造成增压器失效和空气短路进入气缸。当发现机油突然变脏,曲轴箱压力迅速升高,机油的过度消耗等现象时,很可能是涡轮增压器有故障,必须拆下检修。

6. 更换发动机油液时有哪些注意事项

（1）**使用凝点低、流动性好的燃油**　低温时燃油的黏度增加,流动性变差,雾化不良,容易使燃油的燃烧过程恶化,造成发动机的启动性、动力性明显下降。因此,应选用凝点较低的燃油。一般选用原则是,燃油的凝点比环境温度低5℃左右。

（2）**更换机油**　在低温条件下,应选用黏度较小的发动机机油。

（3）**更换冬季用的各种机油和润滑脂**　进入冬季应把变速器、主减速器、转向器等的机油或润滑脂换为冬季专用油脂,轮毂轴承换用低凝点润滑脂。

7. 机油液位超过油尺刻度上限怎么办

如果在凉车的状态下机油液位已经超过了油尺刻度上限,那么应将机油液位调整至上限以下适当的液位。机油过多将会造成发动机的运转阻力增大进而导致动力输出降低,所以应将多余的机油放掉或使用吸油器从油尺导管处吸出机油。

温馨提醒

机油添加过多,会造成发动机在工作时曲轴柄、连杆大端产生剧烈的搅动,不仅会增加发动机内部功率损失,还会使溅到缸壁上的机油增多,产生烧机油现象。

8. 怎样保养发动机的冷却系统

（1）**检查节温器工作状况**　这样可保证节温器工作良好,防止发动机冷却液温度过低或过高。如发动机经常低温运行,会导致机件的磨损。

（2）**清除水套内水垢**　对发动机水套进行清洗,防止水垢积聚过多,影响发动机散热使机温过高。如水垢堵塞放水开关,会导致放水不净。

（3）**加注防冻液**　在气温过低而条件又允许时,可使用防冻液。在使用前应对冷却系统进行彻底清洗,并应选择质好、腐蚀性低的防冻液。

9. 如何用免拆清洗机清洗冷却系统

冷却系统的水垢和杂质能被发动机冷却系统免拆清洗机清洗干净。

（1）发动机冷却系统免拆清洗机的工作参数，电压220伏；频率60赫兹；容量5升；质量16千克；冲洗方式为气压冲洗；加水方式为电动加水。

（2）操作步骤

①把适用的三通接头固定在汽车冷却回路的水管上。

②把清洗机清洗液桶打开，添加清洗液。

③连接自来水管与清洗机入口。

④连接出水管与车上三通接头。

⑤接上气压快速接头。

⑥接通电源。

⑦把三通电源转至冲水位置，然后将汽车散热器盖或储液罐盖打开。

⑧打开自来水开关进水，水从散热器盖冒出即旋开调压器，此时开始产生脉冲。30～60秒后，把气源关掉，待自来水补满后再开，到完全冲洗干净为止，水压为49～98帕即可。

⑨冲洗干净后，关闭自来水，打开气源，冲出管内残留的水，直到管内无水垢为止，关闭气源。

⑩把三通开关转至添加位置，将电源打开即开始加防冻液。防冻液从三通接头进入，等它从散热器冒出时，即可关闭电源。

⑪在完成工作后，要完全锁紧三通接头的固定盖，启动发动机检查散热器液位。

10. 路途中遇到"开锅"现象怎么办

（1）**不要立即加水**　散热器内冷却液沸腾后，内部有一定的压力，此时若立即打开散热器加水口，热气会向外喷出，造成人员烫伤。正确的做法是发现"开锅"后，立即全部打开百叶窗以增加空气流量，待温度有所下降不再沸腾时，再用湿毛巾垫手，先把散热器加水盖拧开一挡，放出水蒸气，稍待片刻全部打开；同时脸部要避开加水口上方，防止被热气喷出烫伤。

（2）**不要立即熄火**　若此时熄火，机件都处于膨胀状态，各配合间隙很小，停机后会造成有些软金属脱落，有的甚至会造成粘缸。

温馨提醒

如果行驶途中发现车辆"开锅"，切忌向发动机缸体、缸盖上浇凉水降温。这种做法可能会导致发动机缸体由于骤冷而炸裂，酿成不可修补的后果。

11. 如何清理散热器中的水垢

（1）**人工清理法**　需把汽车散热器拆卸下来，由人工锤、刮、铲清除水垢。这种方法除垢效率低、劳动强度大，不易清除干净，易造成散热器二次损坏。

（2）**普通水垢清洗剂**　需拆卸散热器，清除不彻底、异味大、腐蚀性强，易造成散热器老化，缩短其使用寿命。

（3）**专业汽车散热器除垢剂**　不需拆卸即可清洗，还可在不停车的条件下清洗。可直接将专用的水垢清洗剂倒入汽车冷却系统中，浸泡、怠速循环或行驶20～30分钟后，将散热器及系统内部的除垢剂排放掉，加水反复冲洗即可有效清除发动机冷却系统中的水垢、锈、泥及各种有害物质。

有时外表看着不算特别脏，其实里面已经"藏污纳垢"了

12. 发动机何时大修好

一般汽车在没加养护剂的情况下，行驶的里程数和年限明显偏短；而且由于发动机内部零件的严重磨损、老化，动力性能会明显下降，此时就需要给发动机更换气门、活塞、缸套、镗缸、磨轴等。国产车一般行驶10万千米左右要大修，进口车一般要行驶10万千米以上才大修。经过大修之后，发动机性能可恢复到先前的90%以上。发动机何时大修好，分三种情况。

（1）**机油严重减少，冒蓝烟，但没有漏油**　机油冒蓝烟分两种情形：一是可能气门油封老化，这种情形不需要大修，更换气门油封即可；二是可能活塞与缸壁间隙过大，这种情形必须大修。上述两种情形通过内窥镜可确定。

（2）**发动机严重冒黑烟**　这种情况可通过气缸压力表测量气缸压力，如果气缸压力低于正常值，就必须大修。

（3）**发动机有异响**　发动机有异响时，可通过发动机异响检测仪测量。如果是下列两种情形，就必须大修。

① 大小瓦响，发动机小瓦烧得严重并且曲轴严重磨损。

② 拉缸的响声，通过解体发动机发现活塞和缸壁严重拉伤。

13. 如何自己动手更换火花塞

火花塞属易消耗件，一般行驶2万～3万千米即应更换。火花塞更换的标志是不跳火，或电极放电部分因烧蚀而呈圆形。另外，如在使用中发现火花塞经常积炭、断火，一般是因为火花塞太冷，需换用热型火花塞；如有炽热点火现象或气缸中发出冲击声，则需选用冷型火花塞。

取下发动机盖,注意把气管拔下来

需用到扳手一只

四个点火线圈和机油口已经露了出来,火花塞就在点火线圈的下方

首先把固定在点火线圈线上的卡子打开,小心不要让它断裂

用螺钉旋具(改锥)轻敲点火线圈边缘,直到能拔开

将四个点火线圈都拔出来

新旧对比

在安装时,先用套筒将火花塞对准螺孔,用手轻轻拧入,拧到约螺纹全长的1/2后,再用套筒紧固

将四只火花塞都装好

安装完火花塞后，如果在没有扭矩扳手只能用普通套筒拧时，拧到火花塞垫片刚接触到底部不能转动的时候，再拧1/3圈就行了

安装时注意将盖子装好，别忘了插上气管

14. 拆卸火花塞有哪些注意事项

将火花塞上的高压分线依次拆下，并在原始位置上做标记，以免安装错位。在拆卸时注意事先清除火花塞孔处的灰尘及杂物，以防止杂物落入气缸。拆卸时用火花塞套筒套牢火花塞，转动套筒将它卸下，并依次排好。

15. 如何检查火花塞

火花塞的电极正常颜色为灰白色，如电极烧黑并附有积炭，则说明存在故障。检查时可将火花塞与缸体导通，用中央高压线触接火花塞的接线柱，然后打开点火开关，观察高压电跳位置。如电跳位置在火花塞间隙，则说明火花塞作用良好，否则需换新。

16. 如何清理火花塞

火花塞用久了，都有积炭产生，间隙也会变大，可以自己动手清理积炭并调整间隙，这样比较省油。把火花塞拆下，电极周围有积炭的，要用尖铁片清理掉。

17. 如何检查火花塞间隙

各种车型的火花塞间隙均有差异，一般应为0.7～0.9毫米。检查间隙大小，可用火花塞量规或薄的金属片进行。准备一个塞尺，因为火花塞的间隙是0.8～0.9毫米，所以选用0.10+0.75=0.85（毫米）的塞尺片即可。

18. 如何调整火花塞的间隙

把选好的两个塞尺片放到火花塞的间隙里量一量，如果间隙大了，就可以轻轻敲低一点，调整到塞尺片拿出来时不松也不太紧；如果间隙过小，则可利用起子或金属片插入电极向外扳动。

19. 如何清理发动机积炭

积炭是火花塞放电加工不正常的一种表现。积炭分为两种，即气门燃烧室积炭、进气道积炭。下面以富康1.4发动机为例给大家展示清理积炭的全过程。

拆下后发动机缸盖，发现非常脏，气门磨损严重，导致发动机功率下降、怠速不稳、爆燃，而且直接影响到了发动机的使用寿命。

进气道积炭

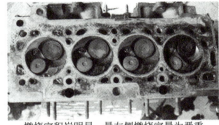

燃烧室积炭明显，最右侧燃烧室最为严重

（1）进气道积炭 发动机熄火时，有些气缸的进气门不能完全关闭，一些未燃烧的燃油不断蒸发氧化，会在进气管中尤其是节气门后方产生一些较软的黑色积炭。

（2）气门积炭 当气门形成积炭以后每次喷入气缸的燃油就会有一部分被吸附，使得进入气缸的混合气浓度变稀，导致发动机工作不良，出现启动困难、怠速不稳、加速不良、急加速回火、尾气超标、油耗增多等异常现象。如果再严重会造成气门封闭不严，使某缸因没有缸压而彻底不工作，甚至粘连气门使之不回位。此时气门与活塞会产生运动干涉，最终损坏发动机。

多跑高速且手动挡汽车尽量提高换挡转速，目的就是要利用气流对进气道的冲刷作用来预防积炭产生。另外，提高换挡转速也与多跑高速有着异曲同工之妙，不但可以有效预防积炭的生成，还可提高汽车的动力性，也可以避免换挡转速过低带来的爆燃，保护发动机。

如果车的"心脏"是发动机，那么发动机的"心脏"就是活塞，承受交变机械负荷和热负荷，是发动机中工作条件最恶劣的关键零部件之一。活塞的功用是承受气体压力，并通过活塞销传给连杆驱动曲轴旋转。活塞顶部还是燃烧室的组成部分。

气缸垫是用来密封水套和缸套的。安装缸垫最容易装反，从而造成水套和缸套不密封，水套里的水会进入缸套，缸套里的气体也会进入水套。一方面水会减少；另一方面缸套里面的气体温度很高，当气体进入水套中，会使冷却液温度升高。这样气缸垫被冲坏了，打开散热器盖就会有大量的气泡冒出。

建议车主在常规保养都满足的条件下每2万～4万千米时做一下进气系统的免拆清洗，也就是在发动机不解体的前提下用专用设备、专用方法对车辆的进气道、气门、油路等部位进行清积炭的操作。这样能有效减少积炭对发动机性能的影响，使汽车的"心脏"保持在最佳状态。

20. 如何清理节气门

虽然有空气滤清器过滤空气，但是节气门还是很容易脏污。如果节气门叶片脏污，就会使发动机怠速不稳。虽然目前发动机有的有电子节气门来控制怠速，不过定期清洁仍有必要。

首先,如果发动机上面有塑料隔热罩盖,需要先行拆除

拆除了发动机罩盖,一般情况下便能看到节气门了。节气门四周连接着一些空气管路,需要拆除并记清楚各管路的位置

拆除节气门上的空气管路后,便可以拆下整个节气门了。骐达的节气门通过四个螺栓固定在发动机缸体上,使用合适的工具很快便能卸下

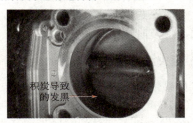

节气门靠近燃烧室的一侧一般会比较脏,有黑色的积炭的痕迹,是主要要清洁的部位

清洁节气门主要是清除上面的积炭,可以使用专用的节气门清洗液或者化清剂。这里要注意一下,此类清洗剂的清洁原理是溶解积炭,其成分对人体伤害较大,在清洁时最好戴上手套和口罩

把清洁剂喷到节气门积炭较多的位置,等待溶解积炭,时间为5~10分钟。使用刷子能加快积炭清除的速度

当看到节气门上的污渍已经被完全溶解后,便可以使用干净的毛巾擦干净节气门内部的清洁剂。上图是清洁干净的节气门背面,已经完全看不到积炭的痕迹

把清洁好的节气门按照原本的位置装到发动机本体上,然后装好所有空气管路便完成了整个清洗节气门的过程

清除完毕后，将软管装回去时也要注意，软管一定要安装牢靠，因为涡轮增压车型进气压力过大有可能发生漏气或软管脱落的现象。刚启动的瞬间也不要猛加速，一方面是车子尚在冷车范围未达到工作温度；另一方面如果内部没安装好也能及时发现，不致引发更大的故障。

21. 节温器的检查与保养

节温器发生故障，会导致发动机升温变慢，低速行驶时温度偏低，这一现象在冬季尤为突出。节温器阀门不开启所造成的表面特征为水箱上水室烫手而下水室很凉，此时应予以检查、更换。

平时在进行冷却系统的保养时，应注意清洗节温器上的水垢及污物，如发现破损，应及时更换。

22. 点火线圈要注意防潮

如果使用方法不正确，会造成点火线圈损坏。因此应注意以下几点。
① 防止点火线圈受热或受潮。
② 发动机不运转的时候不要开点火开关。
③ 经常检查、清洁、紧固线路接头，避免短路或搭铁。
④ 控制发动机性能，防止电压过高。
⑤ 火花塞不得长期"吊火"。
⑥ 点火线圈上的水分只能用布擦干，绝不能用火烘烤。

23. 分电器的清洁

平时应用抹布擦拭分电器盖及分火头，并检查有无破损或龟裂。如中央电极的炭棒或弹簧发生损坏或失效，应更换分电器盖。

技巧 2 制动系统的养护技巧

很多车主更关心发动机与变速器的状况，常忽视制动系统的养护。往往等到发现制动系统工作不正常才进行检查维修，这样很有可能由于突发故障而导致制动失灵酿成事故。对于行驶中的车辆，停不住远比跑不动可怕。因此，只有经常对制动系统进行维护和保养才能保证它正常工作，进而保证行驶安全。

1. 制动系统需要维护的基本部件有哪些

（1）制动片　制动片是制动系统中最为重要的部件之一。由于制动片属于磨损件，在保养方面需要格外注意。通常汽车都会设计制动片过度磨损提示功能，当制动片磨损至接近使用极限时，会亮起故障灯或发出尖锐刺耳的金属声来提示车主及时更换，但此时制动片的制动性能已经远不如新车状态，尤其是紧急制动时的稳定性也无法得到保障。所以等到制动片磨损严重时再更换，将存在一定的安全隐患。

正确做法是常规保养时让维修技师对制动片进行检查，如果磨损接近极限就要换新件。日常驾驶时要留意制动系统的状况，如果感觉制动力度不如从前，或是制动踏板行程变长，都说明需要维护制动系统了。

（2）制动盘 与制动片一样，制动盘也属于磨损件，通常更换2次制动片，需同时更换制动盘。当然不同车型由于制作成本与性能取向的差别，制动盘的磨损速度也是不一样的。

在日常行驶中，一些小技巧也可以更好地保护制动盘。例如，新车磨合阶段，制动系统同样也需要磨合，这时就需要温和地制动、慢慢进行磨合。如果新车状态下就粗暴驾驶，大力制动，很容易造成制动盘硬伤，影响使用寿命。

磨损严重或磨损不均的制动盘都应及时更换。长时间高速行驶后，制动系统温度很高，若马上洗车也会对制动盘造成一定的损伤。制动盘在冷水的冲刷下易产生轻微变形，对材料的刚性和强度也会有致命影响，经常以此方式洗车必然会对制动性能造成不良影响。

由于制造工艺与成本等问题，不少车型在行驶一定里程后制动盘在制动时会出现抖动。尤其是高速行驶中，抖动更严重。长期抖动的制动盘也会对悬架与底盘造成损伤。

此时，最简单的方法就是对制动盘进行升级。制动盘升级通常分为原尺寸替换盘与加大盘。原尺寸替换盘的更换更为方便，由于使用同样的孔距与盘体直径，更换时只是一拆一装这么简单。高性能制动盘通常采用开坑（画线）或者打孔形式，这种设计可以使制动过程中制动片掉下的粉末顺着坑孔迅速排除，减少因粉末造成的打滑现象，从而提高摩擦力。

而加大盘由于盘体直径变得更大，即便使用同样的制动系统，最终得到的制动力度也会增强。但在换装时由于需要改变制动分泵的位置，就得额外安装转接桥甚至更换整个轴承座，同时也要配合更大的轮圈。

制动液

更高级别的制动盘采用分体式结构、陶瓷碳纤维复合材料材质等，在得到极致性能的同时价格也令人咋舌。而对于原厂升级与街道行驶来说，简单的升级已经足够应付日常使用，所以在这里不做过多介绍。

（3）制动液　由于制动片与制动盘的摩擦会产生大量热，致使制动液的温度升高。一旦温度超过制动液的沸点，就会产生气泡，掺杂在油管当中。而气体具有可被压缩的特性，最终将导致制动时出现制动失灵。而制动液具有吸湿特性，随着时间的增加其沸点会降低。所以在检查制动液量的同时，也不要忘记对制动液进行定期更换。制动液壶上设有油位标识，一旦制动液低于下限就需要补充。切记，制动液不可混用。

常用的制动液有DOT3、DOT4两种。DOT后的数字越大，级别越高。DOT3与DOT4的不同之处主要在于沸点不同，DOT4比DOT3更耐高温。虽然制动系统进不了水分，但由于制动液具有吸湿性，使用一段时间以后会吸收水分。制动液中水分越多，沸点也就越低。DOT5级别的制动液多用于赛车，虽然沸点很高，但吸湿性更强，更换周期会大大缩短，不适合一般民用汽车。

目前在市面上的乘用车绝大部分使用的都是DOT3以上的制动液。购买时尽量使用原厂指定产品，或是选择质量有保障的正规厂家所生产的制动液。

（4）制动液管　对于注重制动脚感的驾驶员来说，更换制动液管也是一个极具性价比的升级项目。升级制动液管在橡胶管外侧包裹了一层结实的金属丝，也称制动钢喉。在更换制动钢喉后制动踏板的回馈力度会明显增强，给人一种顶脚的扎实感。

2. 制动片养护有哪些要点

制动片在使用中会逐渐磨损，当磨损到极限位置时必须更换，否则将降低制动效果，甚至造成安全事故。

大多数轿车采用前盘后鼓式制动器结构，一般前制动蹄片磨损得相对较快，后制动器制动片使用的时间相对较长。在日常的检查维护中，应重点注意以下几个方面。

刹车蹄片

① 正常行驶条件下，每行驶5000千米检查1次制动蹄片，不仅要检查剩余的厚度，还要检查磨损的状态、两边磨损的程度是否一样、回位是否自如等，发现不正常情况必须立即处理。

② 制动片一般由铁衬板和摩擦材料两部分组成，一定不要等摩擦材料部分都磨没了才更换蹄片。

③ 更换时要选择原厂件，这样才能使制动片和制动盘之间的制动效果最好。

④ 更换制动片时，必须使用专用工具将制动分泵顶回。不能用其他撬棍硬压，否则易导致制动钳导向螺钉弯曲，使制动片卡死。

⑤ 更换制动片后，一定要踩几下制动踏板，以消除蹄片与制动盘的间隙。

⑥ 更换制动片后，需磨合200千米方能达到最佳的制动效果。

3. 如何自己动手检查制动系统

制动系统自我检查步骤如下。

（1）**检查制动液液量**　发现制动液量不足应及时添加。

（2）**检查液压制动系统制动踏板的"脚感"**　踩下制动踏板，首先应能感觉出踏板的微小自由行程（符合各车型的要求），自由行程应在6～20毫米。继续踩下踏板，应有明显的阻力直至踩不动为止。如果踏板踩下去软绵绵的，没有明显的阻力，说明制动系统有故障，应进行修理；如果踩下踏板时，第一脚踏板非常低，而第二脚又恢复正常，但用力踩下踏板有微量的弹性，则表明制动管路里有空气。制动踏板踩到底时，应与驾驶室地板之间保持一定的距离，该距离应符合车型的要求。距离过小说明车轮制动器蹄片间隙过大，应进行调整。

（3）**检查制动系统泄漏情况**　检查制动系统的技术状况，排除各连接部位的松动、漏油或漏气现象。

（4）**行驶状态下的检查**　启动发动机，松开驻车制动杆，使汽车以20～30千米/小时的速度行驶，在干燥平直的路面上踩下制动踏板，汽车应迅速减速及停车，且无跑偏现象。汽车制动后，当松开制动踏板并继续行驶时，应能顺利起步和行驶，而且在行驶中不转动方向盘时，汽车应保持直线行驶而不跑偏。当汽车行驶一段距离（不踩制动）后，要停车检查制动鼓（制动盘和制动片）的温度，应不烫手。

检查调整驻车制动杆工作行程

检查调整鼓式驻车制动器的蹄片间隙

检查调整制动踏板的自由行程

检查补充制动液

4. 如何使用和更换制动液

为了保证行车安全，对制动液的使用和更换千万不能马虎，应注意以下几点。

① 如果不小心将汽油、柴油或机油混入使用合成制动液的制动系统，由于油液之间的不相容性，会降低制动效果。

② 车辆正常行驶4万千米或制动液连续使用超过2年，就要更换制动液。

③ 有些车辆装有制动液液面报警装置，应随时观察报警指示灯是否闪亮，报警传感器性能是否良好。当制动液不足时应及时添加，应该保持在标定的最低容量刻度和最高容量刻度之间。

④ 在车辆正常行驶中，若出现制动忽轻忽重，要更换制动液，且更换前先用酒精将制动系统清洗干净。

⑤ 当车辆出现制动跑偏时，要对制动系统进行全面检查。若发现分泵皮碗膨胀过大，说明制动液质量可能存在问题。这时应更换制动液，同时更换皮碗。

⑥ 换季时，尤其在冬季，如果发现制动效果下降，则可能是制动液的级别不适应冬季气候，此时应更换低温黏度偏小的制动液。

制动液的更换方法与步骤如下。

更换制动液之前，首先要对车辆可能接触到制动液的部件做一定的保护，以防损伤车漆

其貌不扬的制动液更换器，要价不菲。一般这样一台设备的市场售价在5位数左右

专业人员向制动液更换器内加注制动液，并检查整个管路，以确保没有漏油或漏气的情况

将制动液更换器的接口与车辆上的制动液储液罐连接并拧紧，打开制动液更换器的电源，就正式进入更换制动液的过程了

设备连接完之后，用升降机将车辆举升上去，之后则需要有经验的维修工进行操作

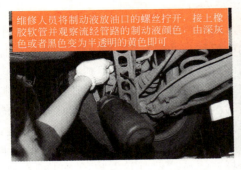

维修人员将制动液放油口的螺丝拧开，接上橡胶软管并观察流经管路的制动液颜色，由深灰色或者黑色变为半透明的黄色即可

前轮更换制动液的过程与后轮一样，重点工作就是放油和排气

5. 制动系统常见故障及原因有哪些

（1）**制动效果不良（制动偏软）** 汽车在行驶中制动时，制动减速度小，制动距离长。通常是由于分泵或总泵渗油，不能保证足够的油压；制动器有故障；制动管路破裂或其中渗入空气。

（2）**制动突然失灵** 汽车在行驶中，制动踏板踏到底。制动突然失灵的原因有制动总泵或分泵严重漏油；制动总泵或分泵活塞密封圈破损，或制动管路中有过多的空气。如发生此情况，驾驶员应迅速连续踏制动踏板。发生制动失灵的故障，应立即停车检查。首先观察制动液罐中的制动液有无亏损，然后观察制动总泵、分泵、油管有无泄漏。

（3）**制动跑偏** 制动时跑偏，特别是没有装ABS的汽车，控制不了方向，其原因为制动器磨损不均，总泵一个活塞油封膨胀、一个分泵漏油。

（4）**制动抖动** 制动时摆振、方向盘弹手的原因为制动盘摆差超限，制动钳变形，制动片磨成锥形。发生此类情况，必须进厂检修。

（5）**制动时有吱吱的响声** 一般为制动盘、制动片或制动鼓、蹄片磨损不平所致。

（6）**无制动自由行程** 踏下制动踏板时感到既高又硬或没有自由行程，汽车起步困难或行驶费力，需判断制动液是否缺失；制动分泵、管路及接头处是否漏油；总泵、分泵零部件是否损坏。

6. 汽车制动系统常见的预警信号有哪些

启动汽车处于静止状态时，汽车信号指示盘上的BRAKE灯提示没有放下驻车制动杆（Park Brake）。如果车在行驶时BRAKE灯亮，而驻车制动杆已经放下，此时制动系统可能有比较严重的问题，如某个制动器可能松动，需要及时检修。

严重的摩擦声表示制动系统需要检查，或需更换制动片。特别是对于大多数盘式制动器（Disc Brake）来说，制动时的尖叫声提示要更换新的制动片。

另外，制动时的感觉非常重要。正常的制动系统在制动时，会感觉踏板坚实，车子应立刻平滑地沿直线停下来。严重的抖动，朝一侧斜行，或者感觉踏板反应不灵敏，这些现象都应该引起车主的重视。

7. 驻车制动器的检测和养护有哪些注意事项

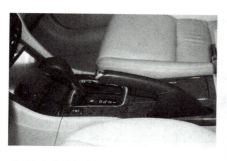

与制动踏板一样，驻车制动杆也有一个拉动的行程。通常规定，当驻车制动杆提拉到整个行程的70%时，驻车制动系统就应该处于正常的制动位置了。所以在检查驻车制动器的制动力之前，应该先找出这个70%的工作点，它可以通过数棘轮的响声来确定。把汽车停在比较安静的地方，慢慢拉起驻车制动杆，边拉边数棘轮发出的"咔嗒"声，直到驻车制动杆拉到尽头为止。然后算出响声总数70%的位置，即驻车制动杆的有效工作点。

把汽车开到坡度较大、路面状况良好的斜坡上，踩住制动踏板，挂空挡，将驻车制动杆拉到刚才确定的工作点位置，然后慢慢松开制动踏板。如果汽车没有滑动，就说明驻车制动器的效能良好。由于制动器内存在间隙，有时在松开踏板后，汽车会轻微滑动，然后才停住，只要这个滑动的距离很小，驻车制动器的效能就属正常。上坡和下坡应各做1次。

除了制动效能外，还应该检查驻车制动器的灵敏度。在没有坡度的路面上慢速行驶，缓缓地提拉驻车制动杆，感觉一下它的灵敏度和接合点。这种检查方法会磨损驻车制动器，所以次数不宜太多。

很多人以为，如果遇上制动系统失灵，可以拉动驻车制动杆来减速。其实这种做法是错的，因为驻车制动器并不精密，左右两侧的制动力分布不均，在高速行驶时拉动驻车制动杆很容易使其中一边的后轮抱死，发生侧滑，十分危险。正确的做法是通过降挡来减速，到车速很低时才拉驻车制动杆将车子停住。

此外，有些动力较大的汽车，在驻车制动器工作的情况下仍可起步。这样就会造成驻车制动器和制动器的磨损，发现后应该马上检查其效能。

技巧 3 "三滤"的保养与更换

1. 什么是"三滤"

"三滤"是指空气滤清器、机油滤清器和燃油滤清器。它们用于去污存清，因此及时清洁将有利于改善汽车机体内部的工作环境。

空气滤清器的作用是在空气进入气缸前对其加以过滤，去除其中夹带的杂质、灰尘、沙砾等异物。

通常，空气滤清器的清洁保养间隔为6000～8000千米。有时虽然更换时间或里程未到，但滤芯内侧已沾满了灰尘或油污，必须立即换新。

机油滤清器可去除机油中的各种杂质，保证润滑系统的正常工作。机油滤清器可在换机油时一并进行。注意：安装新滤芯时，不要用滤清器扳手拧得过紧，以防造成损坏。

机油滤清器堵塞后，可以更换，也可将脏滤芯洗干净晾干后重新使用。如滤清器衬垫损坏漏油，也需更换，或用厚度相当的布剪出圆垫形状代替。

燃油滤清器每周应进行1次放除滤清器的水分及沉淀物的工作，清洁更换间隔一般为2000～3000千米。

误区提示

"三滤"一起更换

汽车三滤完全不需要一起更换，并且使用寿命和周期都是不一样的。除非特殊情况，否则同时更换就是浪费。每辆车都会附带一个保养单，上面会详细记载到什么里程应该更换什么保养件。除了以里程数作为参考外，也要考虑当地的天气情况。例如，春季大风多，可以适当缩短空气滤清器的更换间隔；油品质不好时，燃油滤清器的更换间隔也要缩短。

2. 空气滤清器有何作用

空气滤清器的功用主要是滤除空气中的杂质或灰尘，让洁净的空气进入气缸。实践证明，发动机不安装空气滤清器，其寿命将缩短2/3。另外，空气滤清器也有降低进气噪声的作用。

空气滤清器位于发动机进气系统中，是由一个或几个清洁空气的过滤器部件组成的整体机构。空气滤清器有干式和湿式两种，多数汽车上使用的是干式。

干式空气滤清器是通过一个干式滤芯（如纸滤芯）将空气中的杂质分离出来的滤清器。轻型车（含轿车、微型车）所用的空气滤清器一般为单级。过滤材料为滤纸或非织造布。滤芯端盖由金属或聚氨酯固定，外壳材料为金属或塑料。在额定空气体积流量下，滤芯的原始滤清效率应不低于99.5%。

湿式空气滤清器包括油浸式和油浴式两种。油浸式是通过一个油浸过的滤芯，将空气中的杂质分离出来，其滤芯材料有金属丝织物的，也有发泡材料的。油浴式是将吸进的含尘空气导入油池而滤除去大部分灰尘，再在带油雾的空气向上流经一个由金属丝绕成的滤芯进一步过滤，油滴和被拦住的灰尘一起返回到油池。油浴式空气滤清器一般用于农业机械和船用动力上。

3. 如何自己动手更换空气滤清器

汽车需要定期维护和保养，其中更换空气滤清器相对比较简单，动手能力强的车主完全可以自己更换。更换步骤如下。

打开发动机盖,注意支撑杆一定要插到位

用螺钉旋具按对角的方式,将空气滤清器盒上盖的四枚固定螺栓拧开

打开空气滤清器盒的上盖,滤芯没有其他的固定机构,直接取出即可

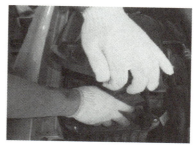

取出滤芯后,清洁空气滤清器盒内部

从上端开始,将安装在滤芯上面的密封圈取下,装在新的空气滤清器上

将装好密封圈的空气滤清器装入盒中

注意要安装到位,不能错位、倾斜或留有缝隙

将空滤盒盖上的螺栓拧紧。拧紧的顺序依然是对角线的方式,每个螺栓不要一次拧到位,而要逐步逐个渐次拧紧

4. 机油滤清器有哪些作用

一般情况下，发动机内各零部件是通过机油的润滑来实现正常工作的。但是零部件运转时所产生的金属碎屑、进入的尘土、高温下被氧化的积炭以及部分水汽会不断混入机油中，时间长了会缩短机油的使用寿命，严重时有可能影响发动机的正常运转。

机油滤清器的作用主要是过滤机油中绝大部分杂质，保持机油的清洁，延长其使用寿命。另外，机油滤清器还应该具有过滤能力强、流通阻力小、使用寿命长等性能。

机油滤清器主要由滤纸与壳体两大部分组成。当然，其中还有密封圈、支撑弹簧、旁通阀等辅助部件。

5. 如何更换机油和机油滤清器

机油储存在油底壳内，发动机运转带动机油泵，将机油从油底壳中抽出，经机油滤清器，再经机油管道送到需润滑的机件处，如曲轴、凸轮轴、摇臂等，最后流回油池。不管什么车型的车主，都必须按照说明书规定的里程更换机油。

（1）提前准备 油底壳底部的放油螺栓是带有磁性的，能够把沉淀下来的金属碎屑吸附在上面。把机油尺拔出，接着举升车辆，拧开放油螺栓放油，必须等机油不再滴了，才能把放油螺栓拧回，而且拧之前必须把油污擦拭干净。

通过机油尺可以查看机油余量

检查机油尺
机油刻度应在这两个位置之间

（2）选择油品及更换机油 车辆用户手册中有建议正常行驶条件下应使用的油品级别以及更换机油可以行驶的里程数（最大消耗间隔）。然而如果在极端路况下行驶，诸如极端温度、经常短途行驶，则需要更频繁地换机油。一般每3000千米或每3个月就应更换机油和机油滤清器滤芯。

（3）排出废油 找到位于车辆底部的排油塞，位于发动机油箱的后部。请不

取下排油塞

排放旧机油

要误将传动液的排放塞松开，通常位于更后面的地方。将排放桶放置在排油塞下面，并稍微向后。使用扳手，逆时针转动塞子直到它能轻松旋转，然后用手打开塞子。这时要小心里面的机油，因为它会快速流出来并有可能很烫。放完机油，擦净排油塞，并安装好。

（4）取下机油滤清器滤芯　接下来用扳手逆时针旋松滤芯，滤芯有可能是温的。把滤芯拿下来，注意不要碰到热的排气管。滤芯中可能充满了机油，感觉有点重，所以应当小心取下并远离发动机，再把油倒入排放桶。

用扳手拧松机油滤清器

拆卸旧的机油滤清器。清洁与机油滤清器密封圈相接触的滤座密封面

（5）更换机油滤清器滤芯

在新的机油滤清器密封圈表面涂抹一层机油，然后拧紧

把新机油滤清器拧在支座上，直到密封圈与安装表面接触，再用扳手拧紧。为了恰当地拧紧机油滤清器，注意识别密封圈与安装表面初始接触的精确位置

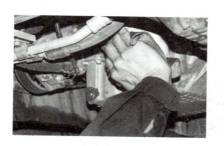

与安装表面接触后，再用扳手把滤清器拧紧3/4圈。拧紧力矩为15牛·米；擦干安装好的机油滤清器，以便测试是否漏油；启动发动机，看密封面处是否有漏油现象，如有，请停机后进一步拧紧，重复上一步直至不漏油

（6）加入新机油　在发动机上方有"油"字样的盖子，打开这个盖子注入一定量的机油，检查机油尺看是否已经装满。然后盖上盖子，擦去溢出的油。启动发动机时，油灯应当熄灭。发动机运转几分钟然后关闭，再次检查油量是否与前一次一样。如果不一样，可能存在机油泄漏。

注入新的发动机机油，每注入2升后用机油尺测量液面高度

6. 更换机油和机油滤清器有哪些注意事项

（1）**警告** 发动机运行后，排气管会很烫，在排气管周围工作时一定要小心。发动机熄火后很烫，此时最好不要松开排油塞，因为机油的温度很高，可能把人烫伤。

要妥善处理废油及旧滤清器。具有强烈毒性的废油决不可与生活垃圾一同丢弃，更不可排入下水道。

（2）**注意** 机油滤清器种类很多，但只有高品质的滤清器才能保证维修质量，所以必须使用优质正品。特别提醒，更换新机油滤清器前必须更换气缸体上的滤清器橡胶垫圈。

7. 如何保养燃油滤清器

燃油滤清器的作用是过滤燃油中的杂质，使供给发动机燃烧的燃油更纯净。一般燃油滤清器每隔20000千米更换1次。

技巧 4 变速器的养护技巧

1. 自动变速器的保养里程是多少

一般需要每2年更换1次自动变速器油（ATF），每行驶4万千米需要对自动变速器进行清洗维护。

超过99%的自动变速器失效都是由于过热和自动变速器油久未更换而出现杂质引起的。对于自动变速器的保养，合理更换自动变速器油是关键。如果自动变速器油老化、衰变，将会使内部的传动机件抗磨能力下降，缩短自动变速器的使用寿命；自动变速器中的油泥、杂质会直接影响到系统油压和动力传递，使其提速减慢或失效，甚至使某个挡位失灵。

如果保养使用正确，自动变速器的平均寿命在70万千米左右。

2. 如何养护自动变速器

（1）**要经常检查自动变速器油液位是否正常** 自动变速器油的检查方法与发动机机油不一样，发动机机油在冷车状态下检查，而自动变速器油是需要将油预热到50℃左右，再将变速杆在各挡位停留2秒后置于停车挡，此时油尺正常油面应位于最高线与最低线之间。

（2）**掌握好更换自动变速器油的周期** 大部分厂家建议自动变速器换油周期为2年或4万～6万千米。在正常使用的过程中，自动变速器油的工作温度为120℃左右。因此对油品的质量要求很高，还必须保持清洁。

（3）**正确更换自动变速器油** 目前较好的换油方法是动态换油，采用专用的自动变速器清洗设备，在自动变速器运转的过程中，将旧油充分循环，排放干净后再加入新油，从而使换油率高达90%以上，保证良好的换油效果。

误区1：车辆长时间停车时，变速杆仍处在D位。

装备自动变速器的车辆在等待信号灯或堵车时，一些驾驶员常将变速杆保持在D位，同时踩下制动踏板，若时间很短，这样做是允许的。但若停车时间长，最好换入N位（空挡）并拉紧驻车制动杆。因为变速杆在D位时，汽车一般有微弱的前移。若长时间踩住制动踏板，等于强行制止这种前移，使得自动变速器油温升高，油液容易变质。尤其在空调系统工作时，发动机怠速较高的情况下更为不利。

误区2：车辆高速行驶或下坡时，把变速杆拨在N位滑行。

有些驾驶员为了节油，在高速行驶或下坡时，将变速杆拨到N位滑行，这样很可能会烧坏变速器。

误区3：在自动变速器P或N以外挡位启动发动机。

有些驾驶员在P或N以外挡位启动发动机，虽然发动机不能运转（只能在P位和N位启动），但有可能烧坏变速器的空挡启动开关。

误区4：装备自动变速器或三元催化转化器的汽车用推动车辆法来启动发动机。

因为采用上述方法不能把动力传递到发动机上，反而会损坏三元催化转化器。

误区5：自动变速器车辆坡道停车时不使用驻车制动器。

因为虽然装有自动变速器的汽车在P位设有停车锁止机构，而一旦失效就会造成意外事故。因此在坡道停车时，还是应该使用驻车制动器。

误区6：自动变速器汽车只要D位起步，一直踩加速踏板就可以换到高速挡。

> 这种做法是错误的。因为换挡操作应是"收加速踏板提前升挡，踩加速踏板提前降挡"。也就是在D位起步后，保持节气门开度5%，加速到40千米/小时，快松加速踏板，能提高到一个挡位，再加速到75千米/小时，松加速踏板又能提高一个挡位。降低时按行车车速，稍踩加速踏板，即回到低挡。但必须注意，加速踏板不能踩到底，否则会强行挂入低速挡，可能造成自动变速器损坏。

3. 手动变速器有打齿声怎么办

车辆换挡时，有时会听到"咔咔"的打齿声。如果长期频繁打齿，就会损坏同步器环上的棘齿。很多人换挡时图省事，离合器还没有踩到底就挂挡，这样会导致离合器分离不彻底，因此要避免。

变速器内的同步器环损坏，车未停稳就直接挂倒挡，也会造成打齿。日常驾驶的不正确操作，也会对变速器造成不必要的损坏。我们要做到了解和善待变速器，如在不需要换挡时手不要扶在变速杆上。因为手部的压力通过变速杆拨叉传递到变速器内的齿轮上，会造成齿轮磨损。另外，对没有同步器的车，减挡时要踩一脚油门，以提高输入轴的转速，减少输入轴和输出轴之间的转速差。这样换挡更容易，可避免打齿发生。

4. 如何养护手动变速器

变速器在一辆车的动力系统中占很重要的地位，它的好坏能直接影响到驾驶的舒适性和可操控性。如何才能在日常使用中呵护变速器，延长其使用寿命呢？

首先，变速器油的性能对变速器至关重要，而且必须定期更换。一旦发现变速器有漏油和渗油情况，应立即查明原因并及时检查维修。如果变速器内机油低于正常范围，就无法通过齿轮旋转将机油飞溅到各个齿轮表面。由于失去油膜保护，齿轮高速旋转，这时金属表面产生巨大热量，很容易把齿轮表面磨坏，严重时还会把齿轮表面烧蚀，使齿轮无法旋转。

另外，不同的变速器油对于变速器的性能也会有不同的影响。一般来说，手动变速器的变速器油黏度较高，因为它需要较好的吸附性。但黏度过高会加大变速器中部件的运转阻力，因此选用黏度低的变速器油有利于减小这些阻力。两者是矛盾的，但高品质的全合成齿轮油能做到两者性能的兼顾。

5. 如何更换自动变速器油

① 举升车辆，把大器皿放在车底接废油。用合适的螺钉旋具拆下变速器内、外壳，这时会有变速器油流出，要注意躲避。

② 当部分油快流净之后，取下最后一个油槽，并用手小心托住，这里还有大量油。

③ 小心地卸下变速器油过滤器，这时可以清晰地看到用于控制挡位切换的电磁阀。

④ 摘下油底垫圈，去除周边的污渍，如果缝隙清洁不干净可以借助工具。

⑤ 用棉丝将所有清洁过的变速器油过滤装置擦干净，然后逐一安装。这里要提醒大家，过滤器一般都是一次性使用，换油的同时也要换新的过滤器以及垫圈。

⑥ 将更换部件的表面擦拭干净，不宜有水渍、油渍，否则容易造成漏油。将清洁干净的油槽以及垫圈安装好，注意密封以免漏油。清洁过滤器壳并擦拭干净，将清洁后的壳安装好，先固定对角螺栓，然后全部拧紧。

⑦ 从加油观察孔来测试油是否装满，如果油加满，就会从观察孔中流出。最好使用原厂油，因为换油时有一部分油不能放干净，仍然留在变速器内，加注其他品牌的油可能会起反应导致损坏变速器。

6. 如何更换手动变速器油

一般来说，汽车制造厂推荐的换油期为30000～48000千米。下面介绍一下如何更换手动变速器油。

第一步：放油。首先把车举升一定的高度，然后松开排油塞（在变速器底部）和加油螺钉（在变速器的中部或上部）让旧油自然流出，着车挂一挡怠速30秒让旧油尽可能地流净，随后用一条干净的毛巾挡在高压气泵或强力吹风机上（作用是挡住高压气体的水分），最后把高压气泵或强力吹风机向着加油孔使劲吹以让旧油彻底流出来。

第二步：清洁。把排油塞拿起来用高压气泵或强力吹风机对着黑色的一边（黑色的是磁石，专门用来吸变速器磨出的铁粉的）使劲吹3分钟，直至把铁粉全部吹走。

排油塞上带一块磁铁，上面吸附满了铁屑

排油塞清理干净后的样子

第三步：加油。打开发动机盖，把软管从发动机舱插进加油口就可以加油了。这时只需要把手动变速器油倒在漏斗就可加油，直至加油口有油溢出来，再把加油螺钉装紧。

技巧 5 "三水"的养护技巧

1. 为什么散热器冷却液中添加原液效果好

在散热器中添加防冻原液的主要目的是防冻、润滑及防腐蚀。加入防冻原液让散热器冷却液变成混合溶液,以达到降低凝固点的作用,从而不容易结冰;同时,它的沸点也相对提高了。在夏天使用,也可以减少散热器冷却液的蒸发,增强冷却发动机的效果。

此外,防冻原液具有防腐蚀的作用,可避免散热器腐蚀;同时也有润滑作用,可润滑水泵的轴承。

误区提示

不同品牌冷却液混合添加

谁都知道发动机冷却液不足时应及时添加,但你是否把不同品牌的冷却液混在一起使用了呢?如果是,劝你还是趁早把冷却液放掉,重新添加同一品牌的。因为不同品牌的冷却液其化学性能可能相差悬殊,比如对黑色金属有效的防腐剂,却常常对铝制品有腐蚀作用;而适用于铝合金的防腐剂,则对铁合金有害。由于不同品牌的冷却液所用的防腐剂不同,所以不能混合使用。

2. 为什么散热器过热时不能随意打开盖子

当发动机和散热器过热时,取下散热器盖可能会使得蒸汽及冷却液喷出,发生危险。

3. 为什么散热器冷却液不能用自来水

检查散热器里的水位,如有不足应添加纯净水,因为矿物质含量高的自来水容易在管路内形成水垢。

4. 如何添加玻璃水

添加玻璃水时,最好添加一点风窗玻璃清洗剂,而且最好添加去油膜的清洁剂,因为只用清水洗刷风窗玻璃效果并不太好。

误区提示

添加不同品牌的玻璃水

不同的品牌玻璃水不可混用,否则可能会产生凝结物而阻塞了喷孔。

5. 如何检查蓄电池电解液

虽然部分蓄电池为免保养蓄电池，也就是不需要加电解液，但夏季炎热地区仍有部分蓄电池需要加电解液。当蓄电池电解液不足时，只加蒸馏水即可。蓄电池电解液在夏天会蒸发得比较快，因此每到夏天就要多多检查，以防蓄电池电解液过少对蓄电池造成损坏，缩短蓄电池的寿命。

6. 添加蓄电池电解液时有哪些注意事项

靠近蓄电池时，请勿使用打火机，以免发生爆炸，如果需要照亮发动机室，也请使用手电筒；若蓄电池不是免保养蓄电池，则必须经常检查蓄电池电解液是否足够，若不够须及时添加。

7. 如何根据颜色更换蓄电池电解液

一般的车用蓄电池可加蒸馏水，而现在多数车都配备免保养蓄电池，只需检查视窗里呈现的颜色即可，绿色代表充电良好，白色代表充电不足，黑色代表需要换新蓄电池。

8. 纯净水也可以用作蓄电池电解液吗

根据测试，市场上出售的太空水、纯净水可用于补充蓄电池电解液，所以也可随时用于补充蓄电池电解液，以防液面高度过低造成硫化，影响蓄电池的使用和寿命。

9. 为什么要时刻留意车内警示灯

汽车仪表板上的警示灯有黄色与红色之分，黄色提醒轿车出现故障，需要检查。如果情况严重，最好不要继续行驶，而将车停在安全位置，等待服务站的工作人员来处理。红色警示车主要特别重视，应马上将车送进就近的售后服务站维修。

如果冷却液温度警示灯亮，表明冷却液温度高，机油会变稀，活塞环密封性不好。如果车主不及时进行处理，后果将是发动机无力，造成拉缸和轴瓦抱死。

技巧 6 轮胎的养护技巧

1. 如何看轮胎的保质期

轮胎是橡胶制品，橡胶会老化，因此轮胎也是有保质期的，为 3～5 年。轮胎库存每超过 1 年，就意味着使用寿命缩短 1 年。要检验轮胎的质量，最简单易学的办法是观察轮胎的生产日期，一般轮胎上会有几位数字。例如，"0907"它的意思就是该轮胎的生产日期为2007年第9周，大概就是2007年3月初生产的。这是现在轮胎厂家标示生产日期的普遍方法，如果消费者知道了这几位数字的含义，就有助于购买到新胎。

生产日期
10年第15周生产的轮胎

2. 如何定期保养轮胎

（1）**要保证胎压** 胎压过高，容易磨损胎面中间，也容易造成爆胎；胎压过低，容易磨损胎面两边，造成轮胎异常磨损，缩短使用寿命。

（2）**正确放置轮胎** 四个轮子最好停在同一平面上，不要倾斜停放，否则处于最低处的轮胎会受到过高的压力，造成轮胎内部钢丝变形从而导致轮胎损坏；也不要让轮胎压在块状物上，因为容易被挤变形或出现鼓包。

（3）**要时不时地检查轮胎的外观** 轮胎胎面上有个带状的标志，那是胎纹磨损的极限记号。如果轮胎胎面已经磨损到这个极限，就需要更换新胎了。

总之，平时定期检测胎压，两三万千米做1次四轮定位等，都能防患于未然。

温馨提醒

胎压必须定期检查，除了备胎以外，其他的轮胎最少2周检查1次。而胎压的检查必须是在轮胎冷却的情形下进行，否则高温会使胎压升高，量得不准。但也没有必要过度地为轮胎充气。

3. 如何更换轮胎

① 将汽车停放在水平且坚固的地面上。

② 打开危险报警器并旋转点火钥匙至"LOCK"位置。

③ 拉起驻车制动杆，将变速杆移至P（停车）位置。

④ 在离汽车足够远的地方设置三角形警告牌。

⑤ 为防止汽车被顶起时发生滚动，要用轮挡或垫木把被更换轮胎对角位置的轮胎挡住。在支起汽车时，一定要在正确轮胎上使用轮挡。如果没有轮挡，可用石头或其他足够大的物体使车轮保持在原位；否则万一汽车在顶起过程中移动，千斤顶滑出原位就会发生事故。

⑥ 将备用轮胎、千斤顶、千斤顶手柄和轮胎螺母扳手准备好，并将备用轮胎

放在坏轮胎附近。

⑦ 用轮胎螺母扳手松开轮胎螺母,但不要拆下轮胎螺母。

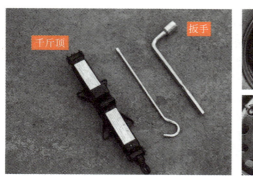

⑧ 找到离漏气轮胎最近的顶起位置,然后放置千斤顶并顶起汽车直到轮胎稍微离开地面。

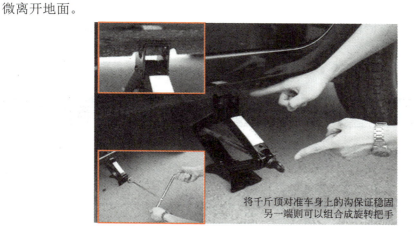

⑨ 用轮胎螺母扳手拆下轮胎螺母,然后取下轮胎。更换轮胎时,要小心避免剐伤其表面。

⑩ 清洁轮毂表面、轮毂螺栓,然后安装备用轮胎。装配备胎时,应使气门嘴杆一侧朝外。如果看不到气门嘴杆,则说明装反了。在备胎装反的情况下,驾驶车辆可导致车辆损坏及事故发生。

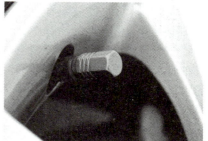

⑪ 在装有钢制车轮的汽车上，安装轮胎螺母（锥形螺母），其锥形端向内，然后用手拧紧直到车轮不再松动；在装有铝制车轮的汽车上，临时拧紧轮胎螺母（法兰螺母），直到其法兰部分接触到车轮且不再松动为止。

绝对不要在轮胎螺栓或螺母上涂抹油脂，否则将会被过度拧紧。

a. 法兰螺母可以临时用在钢制车轮上，但是要尽快换回最初的车轮和轮胎。

b. 如果四个车轮都更换为钢制车轮，则要使用锥形螺母。

⑫ 将车辆缓慢放下，然后分2～3步交叉地将螺母拧紧，直到每一个螺母都被固定。紧固力矩为98～118牛·米（通过在随车提供的轮胎螺母扳手根部施加370～430牛顿的力来达到），不要用脚或加长管对轮胎螺母扳手施加额外的力，否则将使螺母拧得过紧。

⑬ 降低并拆下千斤顶，然后收起千斤顶、千斤顶手柄、轮胎螺母扳手、坏轮胎和垫块，尽快对受损轮胎进行维修。

⑭ 检查轮胎的充气压力。

a. 轮胎压力应定期检查并在装载时保持在规定压力下。

b. 在更换轮胎后使汽车行驶约1000千米，重新拧紧轮胎螺母并确认它们未松动。

c. 如果更换轮胎后方向盘在行驶中发生振动，要在授权的经销商处检查轮胎的平衡。

d. 不要混用各种轮胎或使用非规定尺寸的轮胎，这样会导致过早磨损和可操控性变差。

4. 更换轮胎有哪些注意事项

注意一：轮胎正反面。

所谓轮胎正反面，具体说就是哪面需要朝向外侧。看似正反一样的花纹其实也是有方向的，如果装反则可能导致磨损不均匀。在安装轮胎时，将带有数字的一侧朝向轮毂的正面安装即可。不过各厂商的标注方式有所不同，比如米其林轮胎则会在轮胎的侧壁标明"OUTSIDE"的字样。

装轮胎的时候请注意正反面

安装完轮胎，还有一个必须做的项目就是调整动平衡。车轮是由轮胎、轮毂组成的整体，但制造上的原因会使得车轮各部分的质量分布不匀。当汽车车轮高速旋转起来后，就会形成动不平衡的状态，造成车辆在行驶中车轮抖动、方向盘振动的现象，甚至危及行车安全。为了避免这种现象或是消除已经发生的这种现象，需要使车轮在旋转的情况下通过增加配重的方法使车轮校正各边缘部分的平衡。这个校正的过程，就是人们常说的动平衡。

在动平衡中配重是通过增加铅块来进行的。而铅块分为内贴式和外挂式两种。因为进行动平衡的时候需要将车轮内外两侧重量平衡，所以要通过这两种形式的铅块进行配置。

注意二：新旧轮胎的区分。

新轮胎和旧轮胎放在一起差异尽显眼底，花纹深度和橡胶颜色的区别都很明显。新轮胎上的小颗粒和侧壁上的胎毛表明此轮胎没有经过行驶，是全新轮胎的标志。

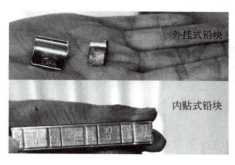

外挂式铅块

内贴式铅块

没有使用过的新胎在胎面和胎侧都有胎毛

此外为了避免买到翻新轮胎，还可以通过轮胎侧面的标示来检查。一般翻新轮胎的标志都是翻新后重新贴上去的，而新轮胎的这些标志则是和轮胎一体的。因此，可根据是否能抠下胎侧标志来鉴别是否为新轮胎。

5. 怎样养护汽车轮毂

提起爱车的保养，车主们往往会首先想到车漆和发动机，而最容易忽视轮毂。但要知道轮毂外观给人的视觉印象是第一位的，正是这看似不起眼的地方却能恰到好处地流露车主的品位，所以装备爱车时千万别忽视了轮毂。

当轮毂表面有难以清除的污渍时，要选用专业的清洗剂。这种清洗剂往往能够温和有效地去除污渍，减少对铝合金表面的损坏。此外，轮毂本身就存在着一层金属保护膜，所以清洗时还应特别注意不要使用油漆光亮剂或其他研磨材料。在行车过程中也要小心，避免剐蹭给轮毂造成"硬伤"；一旦有了划痕或变形，应该尽快对其进行修复和重新喷漆处理。

6. 如何正确使用与养护备胎

很多车主常常忽视对备胎的保养，等到需要使用备胎时才发现已经无法使用。

（1）**定期检测备胎** 日常保养或长途出游前，要对备胎进行检测。备胎检测主要是检查胎压、有无磨损和裂痕，在胎纹磨损到磨损标志线之前，要尽早对轮胎进行更换。

温馨提醒

如果胎侧有细小裂纹，就不能用它跑长途或高速行车。因为轮胎侧壁较薄，高速行车容易发生爆胎。

（2）油品与备胎不能放在一起　轮胎的主要成分是橡胶，而橡胶最怕各种油品的侵蚀。如果车主经常在后备厢内存放机油等油品，一旦沾到轮胎上，会使轮胎发生胀蚀，将大大缩短轮胎的使用寿命。

温馨提醒

如果轮胎沾到油，要及时用中性的洗涤剂冲洗。

（3）备胎寿命为4年左右　很多车主认为，只要把备胎一直放在后备厢里不使用，就可以"长命百岁"，这是不对的。轮胎是橡胶制品，其寿命为4年左右，因此到4年之后就应该更换备胎。

（4）备胎不应长时间使用　换上备胎后，四只胎的摩擦系数不同，地面附着力不同，气压不同，长时间使用会对车辆的制动系统、转向系统及悬架产生一定的影响，给行车安全带来隐患，还会使同向的其他轮胎产生摩擦不均匀等现象。

温馨提醒

有的备胎采用比较鲜艳的颜色，目的就是提醒车主及时更换。另外，使用备胎尤其是小尺寸备胎时，要注意车速不能超过80千米/小时。

（5）修补的轮胎作为非驱动轮　修补过的轮胎再次使用时，一定要作为非驱动轮。一般中级及以下的车辆都是前驱车，而且由于前轮爆胎后汽车的方向更不容易控制，所以修补的轮胎要作为后轮。

7. 如何减少轮胎的日常磨损

良好、熟练的驾驶技术能有效地减少轮胎的磨损，延长轮胎的使用寿命，同时提高行驶的安全性。那么，怎样开车才能减少轮胎的磨损呢？

① 起步不要过猛，以免因与地面拖曳而加速胎面磨损。

② 下坡应根据坡度的大小、长度及路面情况，适当控制车速。这样可以避免或少用紧急制动，减少轮胎磨损。

③ 转弯应根据弯道路况、转弯半径，适当减速，以免由于惯性和离心力的作用，加速单边轮胎的磨损。

④ 在凹凸不平的道路上行车，一要选择路面，减轻轮胎与路面的碰击，避免机件及轮胎的损坏；二要减速缓行，避免轮胎颠簸和强烈振动。

⑤ 在拐弯会车、超车、通过交叉路口、

狭窄路面、铁路道口等地段时，应适当控制车速，且要特别注意路面、行人和其他车辆的动态，做好制动准备，减少频繁制动，避免紧急制动，从而减少轮胎磨损。

⑥ 在公路维修施工地段行车时，应低速缓行选择路面通过，避免轮胎受到过度碰击，甚至被刺伤或划伤。

⑦ 通过泥泞地段，应选择较坚实、不打滑的地方通过，以免轮胎下陷、原地空转、剧烈振动造成轮胎及胎侧严重割伤、划伤。

⑧ 在行驶途中停车和到站停车，应养成安全滑行的习惯。

8. 如何避免轮胎鼓包

轮胎鼓包现象绝大部分是由于使用中出现意外的强烈冲击，从而导致轮胎在冲击物和轮辋凸缘之间产生严重的挤压变形，造成胎壁帘子布断纱。这时轮胎内部的空气就会从断纱处顶起，形成鼓包。其中，不正确的气压、恶劣的路况、意外的撞击以及疏忽驾驶方式等综合因素是造成轮胎鼓包现象的主要因素。另外，经常上马路路肩和停车时轮胎剐蹭障碍物也有可能造成胎壁受损，出现"鼓包"。

轮胎侧面出现"鼓包"，不但影响行车，而且有爆胎危险，是车辆行驶的重大事故隐患。因此，如果出现了鼓包情况，一定要马上到正规的轮胎店里进行专业检测和更换。

如何避免鼓包现象的发生？

① 安装轮胎时，请到专业的轮胎店，使用轮胎专业安装设备及专业安装程序来操作。

② 尽量避免长时间在恶劣的路况上行驶，如果无法避免则车速越慢越好。

③ 养成良好的轮胎保养习惯。

9. 汽车轮胎保养应注意哪些问题

（1）**轮胎的选配和安装** 更换新轮胎时，由于不同类型和花纹的轮胎实际尺寸和负荷能力不同，一定不可以任意混装。

（2）**工作气压** 如果轮胎气压过低，其径向变形增大，胎壁两侧变形过度，出现胎冠两肩磨损现象，使轮胎的温度升高，将严重缩短轮胎的使用寿命。

（3）**轮胎负荷** 车辆的负荷越大，轮胎的寿命越短。在超载的情况下，更加凸显。

（4）**行驶速度** 正规轮胎厂家生产的轮胎都标有速度级别指数，应在指定的速度级别指数所对应的最高行驶速度内使用。

（5）**轮胎温度** 行驶过程中，轮胎由于受到伸张、压缩和摩擦会引起胎温升高。过高的温度容易加剧轮胎磨损，甚至发生爆胎。

（6）**底盘状况**　前后车轴的平行度、四轮定位、制动装置工作状况以及底盘其他机件技术状况都会不同程度地影响到车辆轮胎的寿命。

（7）**道路条件**　如果车辆长时间在砂石路面或恶劣的路况下行驶，轮胎使用寿命肯定会缩短。这一点对于越野车轮胎也不例外。

（8）**驾驶习惯**　起步过猛、骤然转向、紧急制动、在路况不好的地段高速行驶、经常上下马路路肩和停车时轮胎剐蹭障碍物等，都会导致轮胎的严重磨损，进而缩短其使用寿命。

（9）**轮胎维护**　轮胎适时换位、选用合适的胎纹、日常勤维护、定期检查胎压、及时修补并且勤挖胎纹中的石子、异物等，都是延长轮胎寿命的重要方法。

10. 如何快速鉴别翻新胎

（1）**观察轮胎的花纹色彩和光泽**　从纹路上来看，一般劣质翻新胎加工很不规范，所以纹路相对较浅。在颜色方面，劣质翻新胎看起来颜色鲜艳，光泽非常亮，而正规的相对较暗。

（2）**观察胎面和胎侧的搭接部位**　首先，看胎侧各种标识是否齐全。各轮胎厂家都有轮胎花纹代码标识，看花纹代码是否与轮胎花纹对应。其次，看胎肩处胎面与胎体接合部是否平顺。翻新胎都是自制胎面贴合在老的胎体上，胎面和胎侧之间搭接处不如新胎平整圆顺，有接合痕迹。

（3）**轮胎标志**　正规厂家生产的品牌轮胎，在车胎上都有凸起的标志，标明轮胎的型号和性能，内侧印有保质日期，胎面防滑槽内磨损标记清晰可见。一般翻新轮胎的标志大都是粘贴的，用指甲抓挠，能抠掉的必是翻新轮胎。

（4）**手感**　握轮胎两边，劣质翻新胎比较柔软。

11. 为什么同轴两只轮胎最好同时更换

有些车主图一时便宜或方便，更换轮胎时选择不同类型的混合使用。轮胎混装会造成车辆行驶失衡，容易引发交通事故。因此更换轮胎时，最好是同轴的两只轮胎同时更换，这样更有利于汽车行驶的稳定性。

12. 为什么要经常查看轮胎磨损标志

车主应经常查看轮胎的磨损标志。在胎面花纹沟所剩1.6毫米位置有磨耗指示标志，可直观反映轮胎磨损程度。

轮胎磨损标志

当磨损达到极限时，轮胎抓地性能明显降低，制动距离显著增加。这种轮胎非常容易被较为尖锐的物体刺伤，甚至发生爆胎。特别是在湿地行驶时，因为排水性已大大降低，容易出现滑水现象，将严重影响制动性能和操纵性能。所以，不能使用超过磨耗指示标志的轮胎。

13. 轮胎调位应遵循哪些原则

由于驱动轮胎的位置不同（前驱或后驱），导致前后轮的磨损不一样。这种情况下，需要进行轮胎调位。通过调位可获得最佳轮胎磨损状态，延长使用寿命。一般每行驶10000千米，就应对轮胎进行调位。

轮胎调位应遵循三原则：一是前轮驱动的第1次要前后轮交叉调位，第2次要前后轮同向调位；二是后轮驱动或四轮驱动的，每次都要前后轮交叉调位；三是安装了方向性花纹轮胎的，每次都要前后轮同向调位，并保持旋转方向正确。因为汽车前后轮胎气压要求不一样，轮胎调位后必须根据所在位置调整胎压。

14. 如何正确处理四轮定位和动平衡

日常保养与维护中，还需要对轮胎做正确的四轮定位和动平衡。轮胎的磨损是不均匀的，如果发现车辆行驶过程中过度抖动，则表明轮胎可能定位不良或不平衡。这样不仅会缩短轮胎寿命，而且会严重影响车辆的可操控性，甚至会发生危险。

更换轮胎时，一定要经过动平衡测试。如果发现轮胎不平衡，绝对不能装车使用。在安装轮胎过程中，也要注意轮胎的动平衡，轮胎的气门嘴要避开制动鼓上的检视孔，并错开90°；后轮双胎安装时，气门嘴应错开180°，以利于平衡和补气。

15. 如何防止轮胎老化

导致轮胎老化损坏的有阳光、油、酸、碳氢化合物。车辆停放要避免与油、酸、碳氢化合物等化学品接触，同时应尽量停放在阴凉处，以避免阳光直射造成轮胎过早老化损坏。车辆高速行驶时，轮胎如果撞击坑洞或其他障碍物，会导致鼓包、泄气等不良现象出现。因此开车时还应避免撞击障碍物，如果无法避免，也要减速行驶。

误区提示

洗车后刷轮胎油能"滋润"轮胎

注意：不要轻易使用不值得信任的轮胎油。

在洗车之后，有的洗车店通常会提供一项额外的服务，即给汽车轮胎刷上一层轮胎油。"这样的额外服务又是免费的，肯定做了比不做好。"很多驾驶员这样认为。而洗车店工人也称，刷上轮胎油是给轮胎整上一层保护膜，以致不受阳光等伤害。

"阳光的确会对轮胎产生伤害，但刷轮胎油进行保护，这反而也是一种伤害。"不干净的油品中含有多种化学物质，这些化学物质与轮胎橡胶接触，会腐蚀轮胎橡胶从而破坏轮胎。街边的洗车店很少能提供品质优良的轮胎油，贪图免费服务而使用会对轮胎造成损坏。

16. 为什么普通轮胎不能做雪地胎用

国内大部分人认为冬季轮胎就是雪地胎，这个概念是不全面的，国际上通用的标准就是适用于低于7℃环境下的轮胎才是雪地胎。

与夏季轮胎和全天候轮胎相比，冬季轮胎选用的配方不同因而材质相对较软，轮胎花纹沟相对更宽、更深，在冰雪路面能够提供更强的抓地性和防滑性。

根据路面防滑性能，冬季轮胎分为锯齿状面轮胎、雪地轮胎和防滑钉轮胎三种规格。目前在国内除防滑钉轮胎不允许使用外，其他两种冬季轮胎均可以使用。

从外观来看，雪地胎具有不对称的方向性胎面花纹，沟槽比较多，即轮胎表面沟槽所占比例越高，排水性越好。雪地胎的细小沟槽至少在1000个以上，普通胎大约为200个。

从材料方面看，雪地胎要比普通胎的材质软，主要是胎面采用了一些特殊的配方，从而产生比普通全天候轮胎更大的摩擦力，使车辆在光滑冰面上的可操控性和安全性大大提高。低温条件下雪地胎依然会保持较软的质地，而普通胎随温度的降低会变硬。

技巧 7　车门与车窗的养护技巧

车门不仅仅是生命财产安全的第一道坎，而且也是汽车漂亮的整体外观的组成部分。

1. 后门打不开如何处理

为了防止儿童乘坐时偶然从车内打开车门，很多车辆都装备了儿童锁，如果不小心启动了该装置，后车门就只能从车外打开。遇到这种情况，只要关闭儿童锁就可以了。一些车的儿童锁位于后车门的把手边，还有一些车将锁安装在后门侧边，只有打开车门才能调节。

2. 如何清除汽车玻璃上看不见的各种污物

有时，汽车刮水器刮不干净玻璃。

原因为玻璃上有看不见的污物。一是车停在中央空调凉水塔的下风口，凉水塔将水撕裂后的微粒洒落在玻璃上干后形成小白点，很难彻底清除；二是车停在树下，昆虫分泌的黏液黏在车玻璃上；三是高速行驶时撞碎的昆虫尸体黏液。

这些东西粘在玻璃上用水和擦车布很难彻底清除，形成凹凸不平的面。此时，可将玻璃用水浸湿，用手轻轻地在玻璃上来回摸一下，如果玻璃面上不平滑，说明有异物。清除时可以试着用温水擦拭几遍后，再用手轻轻搓；也可以用报纸，将这些难以清除的污物一点一点地清除，水冲即可。

3. 车门上有剐痕或锈斑怎么办

如果车门上出现了剐痕或锈斑，可购买补漆笔或车门装饰条，自己进行作业来还爱车一个毫无瑕疵的外表。补漆笔是一种绝佳的汽车剐痕修补工具，只需对照爱车的车漆颜色选择合适的产品型号，在细小的剐痕或油漆剥落处涂上即可，因为补漆笔具备常温快干的特性，可瞬间修补、掩盖及填平伤痕；并且补漆笔还具有防锈的功能，使用后能确保车门不会因此而生锈。

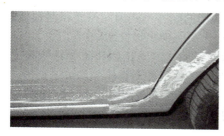

购买补漆笔时要注意以下方面。

① 选购的补漆笔颜色要与爱车的油漆颜色相同，避免出现补漆后补漆处颜色与汽车整体颜色格格不入的情况。

② 补漆笔产品质量参差不齐，车主应该留意，要购买合格的产品。

③ 使用时应清楚了解产品的使用方法，切勿盲目作业，以免弄巧成拙。

④ 车主们应该明白，再好的补漆笔也只能修补较小的划痕，如果划伤处已经伤及底漆，还是应该交给维修店解决。

如果车主从自己驾驶技巧出发，也是另外一种养护车门的办法。首先，在行车期间莫强行。如果车主是新手，最好别在车流中钻来钻去；如果车主是老驾驶员，那也得以稳为主。其次，在驻车期间莫出位。外出办事时车位紧张是常事，车主要尽量把车停在靠里位置。

除了使用补漆笔、在驾驶技巧上改进外，为爱车安装车门装饰条也是防剐痕的一招。车门装饰条是一种缓冲胶垫，使用背胶贴在车门上，可以起到防碰撞的作用；即使不小心发生碰撞，装饰条也能起到缓冲作用，让车门的损伤减小。

4. 自行购买车门装饰条应注意哪些问题

首先是产品的用料方面，一般装饰条都是使用橡胶或树脂等软材质，所以车主要注意闻一下产品的气味，伪劣产品会有刺鼻的味道，切勿购买。

其次应该注意产品的背胶，因为车门装饰条是采用粘贴的方式安装，所以车主一定要选购背胶质量好的产品，才能避免使用不

久脱落的情况。

最后要注意产品的外观与汽车的整体搭配是否协调,让产品发挥装饰、美观的作用。

5. 车门密封性不好怎么办

车门保养的另一个重要方面就是车门的密封性。汽车使用日久之后,车门的密封性会下降,因而出现车门漏风现象,给驾驶带来种种不便和影响。

首先,车门漏风会影响到汽车的隔音性;其次,炎炎夏日汽车空调因车门漏风而起不到降温作用,阵阵热浪混进车中;最后,车门的密封性不好还存在安全隐患,如果一味地忽略,只会增加发生事故的可能性。

面对车门密封性下降的问题,最普遍的方法就是加固车门的密封条件,比如贴车门密封条或密封胶,这样能够有效提高车门的气密性,防止风雨侵入车厢。安装了密封条之后,车主应该定期检查有无大裂纹和断裂处。如果有,可以使用粘结剂进行修补;如果无法修补,建议还是更换密封条。定期使用轿车洗涤剂对密封条进行清洗,并涂覆一层高渗透性的保护剂,以防止密封条老化。除此之外,密封条的缝隙很容易塞满沙尘,从而引发锈蚀,建议车主用刷子清除沙尘。

6. 关门时车门有杂音怎么办

解决车门开关不顺,出现杂音的问题,车主只需购买车轴润滑剂或除锈剂添加在车轴上,就能起到润滑、防水、防锈、防腐蚀的功效,给车门带来进一步的养护保障。

7. 如何保养汽车玻璃

汽车风窗玻璃可以决定驾驶员的视线清晰与否。夏季和冬季由于气候条件复杂,风窗玻璃容易出现镜面模糊或镜面乱反光等问题,驾驶员在夜间或天气不太好的情况下驾车很容易混淆视线,影响行驶安全。夏季,玻璃表面会有很多飞虫的虫胶或是雨水留下的痕迹;而冬季,一些雨雪天气很容易使镜面结霜。这些问题看似简单,可处理起来却并不容易。

(1)合理使用玻璃水 现在国内市场上出售的玻璃水主要分为:夏季用玻璃水、冬季防冻型玻璃水和特效防冻型玻璃水三种。其中夏季用玻璃水主要用于清除镜面上的飞虫残留物;冬季防冻型玻璃水主要是保证气温低于-20℃时,汽车各零部件不会被冻坏;特殊防冻型玻璃水则主要用于北方特别寒冷的地区,能确保汽车在-40℃时依旧不结冰。因此,我们要根据季节以及天气的具体情况来选择合适的玻璃水。

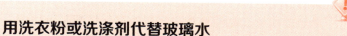

> **误区提示**
>
> **用洗衣粉或洗涤剂代替玻璃水**
>
> 有些车主认为清洗玻璃只是清洗去污就可以了，所以用洗衣粉或洗涤剂代替玻璃水。有些车主图便宜，直接用清水代替。这些都存在隐患，洗衣粉等化学洗涤剂里有一些沉淀物，时间长了容易腐蚀橡胶管，而且会堵塞喷水口，情况严重时会损坏电动机。而一般的洗涤剂也会腐蚀橡胶管，加速刮水器胶条的硬化，进而会加速风窗玻璃表面被刮毛、刮花。

（2）**给爱车上玻璃险** 玻璃单独破碎险是保险公司负责赔偿保险车辆在使用过程中，发生本车玻璃单独破碎损失的一种商业保险。玻璃单独破碎是指被保车辆只有风窗玻璃和车窗玻璃（不包括车灯、车镜玻璃）出现破损的情况。

另外，如果按照进口玻璃费率投保，保险公司应按进口玻璃的价格赔偿；如果选择国产玻璃费率投保，则保险公司会按国产玻璃的价格赔偿。

8. 汽车玻璃保养有哪些注意事项

① 将汽车玻璃的污垢彻底清除，是保养汽车玻璃的第一步。当然，玻璃水的选择很重要。
② 除雾加热开启5～10分钟后需关闭，否则易造成后风窗玻璃爆裂。
③ 换装玻璃2天内，不可以洗车并尽量在平坦的路面行驶。
④ 刮水器与玻璃不密合易产生剐痕而影响功能，务必定期保养或更换。
⑤ 定期更换胶条，防止胶条老旧而漏水。

9. 车窗关不上怎么办

最常见的状况是玻璃轨道内的橡胶条硬化或污垢太厚引起玻璃上升不畅或卡住不动，一些带有防夹功能的车窗稍遇阻力便启动防夹功能而使之不能升到顶。因此，平日应在玻璃升降轨道内喷些表板蜡润滑。至于橡胶条，可准备一瓶胶条保养剂，涂上后可以保持橡胶的韧性，减少干裂。也可以把柔软的湿布插进轨道内轻轻擦拭一遍，这样也能起到很好的清洁作用。

另一种状况就是日久耗损所致，如升降机故障或连杆机构浸水锈蚀断裂造成玻璃脱轨，此时只好回厂更换零件。

10. 电动车窗的装置

电动车窗也称自动车窗，是用电动机来驱动换向器使车窗上下移动，主要由车窗升降器、电动机、开关等组成。

电动车窗的机械装置并不复杂，保养起来也很简单，供油是基本。但是由于机械装置位于车门内部，需要把内盖取下。为了使内饰看起来更加精致，固定内盖的螺钉一般都很隐蔽，大多在车门把手的凹部内侧。齿轮、钢索的装置和杠杆

臂支点以及滑块部分为加油中心。涂抹机油时应该注意，内盖下盖通常会有防水用塑料，在加完油后应将它恢复原状，否则将会影响到车辆的密封性。

车窗玻璃的污损不仅会影响外观，还会影响视野，过分脏污会影响电动车窗的动作。为防止雨水流入车内，车窗框的上端附有橡胶带，这也是与玻璃经常接触的地方。玻璃污损后与橡胶带的摩擦增大，开关也会受到影响。如果经常进行剧烈摩擦，橡胶带就会松懈，最后导致密封不严，因此须经常保持玻璃干净。电动开关车窗的耗电量很大，慢车状态时激活的一刹那甚至会使发动机声音发生变化。所以对蓄电池电量较弱的汽车，注意不要同时开关车窗。

11. 电动车窗保养有哪些注意事项

① 电动车窗动作不顺畅的原因多为车门内部升降机机油耗尽，应取下内盖加机油。

② 若玻璃动作不畅或完全不能动作，则有可能是开关故障，这时只能更换电动机。

③ 如果电子装置不动作，则应仔细检查哪一根熔丝是用于控制电动车窗的。

④ 为内部机械装置加油之前，首先取下内盖，再取下隐蔽螺钉，拆下快动开关。

⑤ 取下内盖，剥开下面防水用的塑料纸，露出车窗的升降机开关。

⑥ 在臂支点、齿轮的内部喷上机油。一边上下移动，一边喷涂就可以使很细小的部分也能涂上机油。

⑦ 支撑玻璃两端的滑块部分也需要检查。玻璃的滑动状况差时，可涂上增亮剂。

⑧ 为使玻璃顺利滑动，就要尽量减少阻力。玻璃的脏污也会成为阻力，因此应经常保持车窗的洁净。

12. 如何保养车窗贴膜

汽车车窗贴膜后3天之内尽量不要洗车，以免水分未干造成车膜脱落。汽车的后窗除雾线1周内也尽量不要打开，水分未干也容易对除雾线造成不良影响。在进行装贴后，可用湿毛巾、海绵或柔软布料擦拭膜面。此外，贴膜后一段时间会发现里面出现雾蒙蒙的水蒸气。这是膜干透过程中的正常现象，过一段时间就会慢慢消失。

汽车贴膜后的几天内应尽量避免升降车窗（尤其是刚贴完膜的新车），膜固定地附着在车窗上需要5～7天，因为在车窗开合的过程中膜边很容易卷翘，还没有完全粘合的膜也容易发生移位。

假如洗车时不小心使膜松动，要让专业人员重新固定，以保证效果和持久性。假如膜面出现污渍，千万不要用化学溶剂擦拭，最好用湿毛巾、纸巾蘸水或棉布配合洗洁精清洗，也可以用橡皮刮水器来清洁。但是，一定要避免使用有磨蚀作用的物品及会刮坏或损坏膜的工具。

车膜贴好后，尽量不要在车窗上直接粘贴或悬挂东西，以免拔起吸盘和粘贴物时将膜拉开空隙。

13. 如何简单有效地清除车窗上的过期标志

买车后，需要在车窗的右上角贴年检、环保以及交强险等标志。贴的时候是非常方便，可标志到期以后需要更换新标志时就非常让人头疼了。没有贴前风窗玻璃膜的汽车，用水把标志浸湿后，拿卡片就可以慢慢刮掉标志。如果是贴了风窗玻璃膜就不能这样做了，稍不注意就会把膜弄破，可采用如下方法处理。

① 先将标志浸湿，然后直接撕下。
② 除非运气不错，否则一般都会留下残留物。
③ 喷少许内饰泡沫清洁剂在残留物上。
④ 耐心等1～2分钟，用湿毛巾来回擦拭就可以消除残留物了。

知道了如何清除过期标志以后，我们来说说标志的新贴法。

① 将保鲜膜平摊在桌子上，一头用杂志压住。
② 把保鲜膜附在杂志上，以保证膜的平整。
③ 把标志上的胶带撕开贴在保鲜膜上压实。
④ 气泡需要排除干净，用电吹风吹一吹。
⑤ 贴的时候，只需在玻璃上喷少许水即可粘贴牢固。

技巧 8　内饰的保养技巧

1. 如何清洁车内地毯

汽车里最容易脏的就是地毯。使用毛刷头的吸尘机，可以清洁不太脏的地毯。对于非常脏的地毯，就只能用专用洗涤剂进行清洁。

先除尘，然后喷洒适量的洗涤剂，用刷子刷洗干净，最后用干净的抹布将多余的洗涤剂擦掉，这样可以使洗后的地毯既干净又柔软。

提示

不要将地毯完全浸泡水中，一方面会破坏地毯内部几层不同材质的粘接；另一方面会使地毯在很长时间内不能干透而引起车内潮湿。

2. 如何清除地毯上的血迹

若地毯上沾有血迹，千万不能用肥皂或热水清理，因为血液遇到肥皂或热水就会凝固。可及时用湿冷的抹布擦拭，并在血迹处滴几滴氨水，几分钟后再用蘸有冷水的抹布擦拭干净。

3. 如何清除地毯上的染色剂

在车内吃含番茄酱的食品时，如不慎污染了地毯，或不小心将口红等染色剂印在地毯和座椅上，可用冷水浸湿的毛巾擦拭，或用海绵轻轻擦除，再用泡沫清洁剂清洗，千万不能用肥皂或热水来清洗擦拭。咖啡、可乐、冰激凌等留下的污点，也不能用肥皂和热水清理，只能先用毛巾浸上冷水擦拭，再用泡沫清洁剂清洗。

4. 如何清除地毯上的尿渍

如小孩尿在了地毯上，可先用热的肥皂水浸湿抹布擦拭，再用1∶1的氨水和冷水溶液将毛巾浸湿后覆盖在尿湿的地方，几分钟后拿走毛巾并用湿布擦净。处理呕吐物时，应首先用纸巾把呕吐物水分吸干，然后清除固态物质，再用浸过温肥皂水的抹布擦拭一遍，最后用苏打水溶液浸湿抹布并将污染处擦拭干净即可。

5. 如何保养汽车桃木内饰

在日常保养中，经常用柔软的湿布条擦除粘在桃木内饰上的灰尘可保持桃木的正常光泽。切记不要用干硬的布条直接擦拭，也不要用酸性或碱性的液体，这样都会损坏桃木的光釉。

6. 如何给汽车桃木内饰打蜡

在给汽车打蜡时，可给桃木内饰上打一点蜡，然后用柔软的湿布条快速擦拭其表面。桃木内饰出现黯淡无光的现象是因为上面的光釉光泽度降低，而汽车打蜡的目的就是让光釉重新焕发光泽，擦拭的速度要快才能达到好的效果。

7. 如何清洁车内顶篷

车内顶篷因位置特殊，基本不会沾染其他污物，主要是由于绒布具有吸附性，污染多为烟雾、粉尘及人头部的油脂。清洗时难以使用机器，只能人工操作。将清洁剂喷到污垢处，稍待片刻，用一块洁净的纯棉布将顶篷中的污液吸出，再从污迹边缘向中心进行擦拭。污垢严重时，可重复以上操作。处理干净后，用另一块干净的棉布，顺着车顶的绒毛方向抹平，使之恢复原样。

8. 如何清洁安全带

安全带太脏会弄脏驾乘员的衣服。清洗安全带时不必拆下，应先用淡肥皂水擦洗，然后用清水洗净。洗净后不要立即卷带，应在阴凉处晾干。注意：不宜使用强洗涤剂、漂白粉和化学清洁剂，也不允许将安全带放在阳光下暴晒。

9. 如何清除车内异味

（1）柠檬除车内异味　买两个柠檬放在车里，就这么简单。如果想要效果更好一些，就把柠檬切成片，放几片在冷气口，再开启冷气，不久就能使车内空气清净、芳香。除了柠檬外，像菠萝等热带水果都有除异味的功能。

（2）橘子除车内异味　橘子能除腥味，这点大家都知道，放在车上也可以消除很多异味。

（3）活性炭能除车内异味　因为煤炭具有很强的吸附性。

（4）醋能除车内异味　不用车时，打一小桶清水，再加一些醋放在车里，多试几次，异味就逐渐消失了。原因是水可以吸附甲醛，醋可以起到稳定甲醛的作用。

（5）洋葱能除车内异味　把整个洋葱切成四瓣放在车里，可除异味。

10. 如何判别混纺座套的优劣

混纺座套最大的好处是易于清洗，脏了只要拆下来放进洗衣机就行；而且它还非常结实耐用，不易磨损；它的优势在于价格相对便宜。但普遍来说，手感较硬、较粗。夏天可用竹凉垫、麻凉垫，或是随温度变化的冰垫，但最好不要用玉石类凉垫。

11. 如何判别纯毛座套的优劣

纯毛座套摸上去手感非常柔软，透气性良好，不粘身，利于汗液的挥发。但清洗麻烦，必须干洗且其清洗保养费用较高。

12. 如何判别帘式座套的优劣

帘式座套一般是由竹制品或硬塑料制成，选用它就相当于在车内铺上了一层凉席。如果空调性能不佳，那么这种座套是最佳选择。

13. 座套颜色如何调节

夏天还可给自己的爱车换个冷色的座套。纯棉座套在热天使用更舒服，加之清凉的色彩，打开车门感觉就不一样。夏天天气热、湿度大，车内容易受潮而产生很多霉菌，尤其是座椅内的海绵减振材料最易吸收潮气而被污染。所以为了保持座椅干净，应该及时更换、清洗座套。

14. 车内污染主要有哪些种类

车内受到污染的原因有很多，包括零部件、装饰材料以及汽车自身污染物排放等。污染物大体上分为物理污染、化学污染和生物污染三类。

（1）物理污染　由于光照、电磁辐射、振动、噪声、温度和湿度等物理因素使人体出现不适的症状，这些都属于物理污染。

（2）化学污染　化学污染也有很多种，其中包括碳氢化合物、有机卤化物、有机硫化物、羰基化合物、有机酸和有机过氧化物等有机挥发物。对人体健康危害最大的是游离甲醛、苯、甲苯、二甲苯、TDI（甲苯二异氰酸酯）、胺、烟气、烟碱等，在日常生活中要远离这些物质。

（3）**生物污染** 生物污染是指各种致病菌等。

15. 如何进行臭氧消毒

臭氧灭菌为溶菌级方法，有彻底杀菌的效果，且杀菌范围广、无残留，可杀灭细菌繁殖体和芽孢、病毒、真菌等，也对肉毒杆菌毒素具有一定的杀伤力。另外，臭氧对霉菌的灭菌效果也非常强。臭氧是一种环保的消毒剂，对环境无污染，不会产生任何有毒残留物。

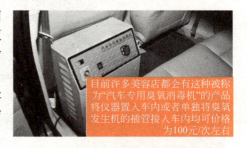

目前许多美容店都会有这种被称为"汽车专用臭氧消毒机"的产品将仪器置入车内或者单独将臭氧发生机的插管接入车内均可价格为100元/次左右

16. 如何进行高温蒸汽消毒

高温蒸汽消毒又被称为"高温桑拿"，本质上就是通过高温蒸汽使车内的织物纤维组织和皮革组织扩张从而排出污物；同时掺入除菌剂之后，通过高温使之汽化，也可以达到车内消毒的效果。

放入臭氧发生器之后一定要紧闭车门这样才能达到车内消毒的目的此时还可将空调开到内循环模式

时间的控制上臭氧消毒需要30～50分钟单次服务的价格在100元/次

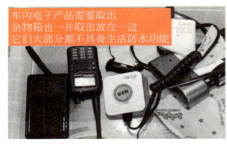

车内电子产品需要取出杂物箱也一并取出放在一边它们大部分都不具备生活防水功能

做空调系统杀菌消毒项目的时候务必需要取出车内的食品饮料化学药剂多少会对食品有不良影响

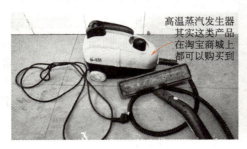

高温蒸汽发生器其实这类产品在淘宝商城上都可以购买到

高温消毒开始后车内很快就会充满消毒液蒸发后的高温蒸汽

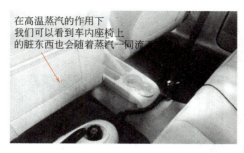

在高温蒸汽的作用下我们可以看到车内座椅上的脏东西也会随着蒸汽一同流出

刮除挡风玻璃的水雾时可以将毛巾垫在中控台下

高温蒸汽杀菌后车内会被一层水雾覆盖由于水雾非常薄所以不会影响车内电子元器件但出于谨慎还是需要及时将所有部位擦干净

车窗上的水雾可用刮板去除

由于高温消毒会产生大量的水蒸气,因此务必要先取出车内所有的附加电子产品及食品、饮料等。在开始之前,店家会帮助在车内垫上毛巾防止蒸汽产生污水流下后弄脏车内地板。

车内高温消毒的时间是非常讲究的,时间短了杀菌除污垢的效果有限,时间长了水蒸气过多可能会影响车内电子元器件,造成安全隐患,最好不要超过30分钟。在消毒完成后,要用干毛巾将车内角落都擦拭一遍,将附在表面的污垢擦除,细致的店家还会用刮板替车主将车内玻璃处理干净。

通过高温消毒杀菌之后,车内环境会明显变好。单次车内高温消毒的价格为200元左右。

17. 如何对车内进行光触媒除味消毒

光触媒,通俗地讲是光+触媒(催化剂)的合成词,是一类具有光催化功能的半导体材料的总称。其中以二氧化钛(TiO_2)为代表,它本身无毒无害,也是光触媒的主要成分。

使用光触媒产品需要取出车内的食品和饮料

据权威机构检测,光触媒杀菌效果达99.9%,对甲醛、苯、氨、VOC等有害气体的消除率可达到90%以上。其优异的环保能力及使用简便性,是其他所有传统消毒方法如臭氧、等离子、活性炭等都自叹不如的。

车内光触媒除味消毒方法与步骤如下:

施工过程非常简单
只需将光触媒药剂喷洒在
车内容易被阳光照射到的角落即可

我们所使用的日本进口材料价格不菲
单次光触媒项目的价格达到了800元
市场上普通的喷灌产品仅需100多元

技巧 9 车灯的养护技巧

1. 车灯都有什么作用

所有的车灯都由蓄电池供电，蓄电池的电是燃油燃烧的能量转化而来的。无效使用车灯浪费燃油，损耗灯泡和灯壳。

（1）**前照灯** 前照灯有远光、近光两种形式。在夜间市区有路灯的道路上用近光，在无路灯道路或高速公路行驶时开远光。通过路口或超车时，交替变换远近光进行提示。

（2）**示宽灯** 用来在夜间显示车身宽度和长度的，提示其他车辆和行人看到自己。当从后视镜看不清楚车后路况包括下雨天时，就该点亮示宽灯。

（3）**转向灯** 应在转弯路口前100米左右时打开。开得过晚会使后面尾随车辆、对面车辆、过往行人思想准备不足，忙中出错。

（4）**制动灯** 制动灯用来告知后车要减速或停车。如果有故障，极易造成后车追尾事故。长时间踩着制动踏板，会让制动灯长时间点亮，影响使用寿命，浪费电。

（5）**雾灯** 雾灯可以帮助驾驶员在雾天提高能见度，告示对面来车，互相避让，安全会车。所以，雾天行驶一定要开雾灯，决不能用示宽灯代替。停车后一定要立刻关闭，防止过热，烤坏灯罩。

（6）**倒车灯** 在挂入倒挡之后，倒车灯会亮起。其作用是提醒后车或车辆后方的人，表明倒车意图；因为倒车灯为白色，可以为车辆后方提供很好的视线，便于安全倒车。

（7）**牌照灯** 牌照灯一般是在夜间或天色不好的时候开启的，其作用是照亮车辆牌照的。因为在道路交通安全法中明确规定，夜间行车时必须开启牌照灯，并且要求在20米之内可以看清牌照号码。另外，按规定要求牌照灯与示宽灯必须由一个开关控制。

2. 爱车为什么不能用劣质灯泡

前照灯的"灵魂"是它的灯泡，其性能的好坏将影响到夜间照明的效果，直接关系到行车安全。因此应该使用高品质的前照灯灯泡，才能充分保证安全。劣质灯泡寿命短，无法保证质量。劣质灯泡亮度不足，聚焦不集中，射程近，在超车时会让驾驶员产生视错觉，容易发生事故。

3. 如何自己动手调整车灯

车辆年检时，会检测车灯光束位置是否正确。正确的光束位置会让视野更清楚，行车更安全。其实在车灯出现问题时，自己就可以动手调整，具体步骤如下：

① 选择昏暗的环境，比如地下停车场或夜晚，将车头正对一堵墙停放，车头与墙体尽量对正，相距5～6米。

② 打开车灯，用不透光的厚布遮住一只，单独进行调节。为了保证车灯光束位置在正常行车的位置，最好不要让车辆空载，可以找一位朋友坐在驾驶座。

③ 将车灯在墙面的光照范围中心用粉笔做一个标记，同时在车标（车头正中心）位置对应的墙面处也做一个标记。分别测量两侧车灯记号与中心位置的距离，两个距离应该相等。如果发生向外或向内偏的现象，则应该看一下车辆使用说明书，用螺钉旋具进行细微调节，使两个车灯的位置左右对称。

④ 调节光束的高度，右侧车灯应该完全水平直射，左侧车灯则向上调高10厘米左右，但是不要调得太高，以免灯光直射对面来车驾驶员的眼睛。而右侧车灯的照射范围则可以向右偏一些，以提高车辆右侧的可见度。

整个过程需15～20分钟，非常轻松。

4. 原装前照灯有雾气怎么办

需要注意的是，有时即使是原装的前照灯也会有雾气出现。这有可能是少量潮湿的空气从散热通道进入前照灯内部，由于温差而冷凝在灯罩壁上。此时只要开灯10分钟左右，雾气就会消失，属于正常现象。但如果经常出现大量水雾甚至水珠，并且不能用开灯的方法消除，就需要检查一下前照灯的密封性了。不管是什么原因出现的灯内水汽，都不要用灯外加热的方法来消除，否则很可能造成不可修复的损伤。

5. 车灯出故障怎么办

车灯的故障绝不仅限于灯泡烧坏、插座锈蚀或插头损坏这一类小问题，往往需要采取专业的诊断技术来分析故障发生的根本原因。

如果汽车配备了日行灯系（Daytime Running Lamps，DRLs），就必须首先了解这些装置的工作原理。例如，某些日行灯系在发动机启动之前，其日行灯不能打开；还有一些日行灯系，如果驻车制动尚未取消，纵使发动机已经启动，其日行灯依旧不能正常工作。如果车辆装备了光控灯（即当外界光线暗淡到一定程度时，系统具备自动开启前照灯的功能），不妨检查一下感光性从最弱到最强的过程中车灯的工作情况。当然，也不要忽略检查自动关闭计时器。如果系统装备计时器，请设置为最大延时。

有些汽车装备了高强度放电前照灯（HID），通过其预先设计的电子系统产生的高压电弧放电生成高密度光源。注意，不能用普通的石英—卤素灯泡替换。另外，还要检查前照灯镜头是否有裂纹。因为虽然表面裂纹并不会影响前照灯的照明性能，但是湿气会沿着裂缝渗入灯具内，这势必会缩短灯泡的使用寿命。

前照灯光照方向的校准也应列入维护项目清单中。为了确保驾驶员行车的最大安全，前照灯必须能够为行驶车辆提供良好的前向照明。

抓住关键之余，也切不可忘记检验其他灯系，如转向灯、车牌照明灯、示宽灯、驻车灯、倒车灯以及制动灯（包括中间高位制动灯CHMSL）等。另外，许多车辆还将雾灯作为标准装备或流行的选装件。雾灯一般安装在汽车上较低的位置，因极易受到石块的损伤，进行维护时，除了检查照明系统本身外，车灯镜头的裂纹也不应被忽视。

6. 如何自己换汽车车灯

如果车灯背部有足够的更换空间，就可以按以下步骤进行更换。

（1）尾灯的更换

① 打开后备厢盖，切断车辆电源，清理后备厢，留出能够进行更换的空间。

② 拆下车灯背部的防尘板。大多数车灯分为灯泡与灯座一体式、灯泡与灯座分开式两种形式。这里介绍前者，后者与前照灯的更换方法相同。

③ 确定需要更换的车灯，按住车灯后部的旋转手柄，将灯拧下。更换上新的车灯，注意车灯的型号及颜色。

④ 装复车灯及防尘板。一般来说，尾灯的拆装工作相对容易。

（2）前照灯的更换

① 打开发动机舱盖，观察前照灯背部的汽车部件布局情况，如果空间不足，还是到专业的维修店去更换。确定爱车的前照灯型号，注意前照灯的外玻璃下部车灯标识型号。

② 拧下车灯盖，注意因车型的不同拆除车灯盖的方法会有细微差别。

③ 用力拔下带电源线的灯座，同时注意用手按住车灯以免损坏。

④ 松开灯座卡簧即可将车灯取出，而后装上新灯泡。装复的过程与拆卸顺序相反，这里不再赘述。注意重新装上防尘盖时一定要紧固，以免前照灯受到雨水和灰尘的侵扰。

增加灯泡瓦数就可以提高亮度

自行更换大功率灯泡可能导致用电量增加并把灯光控制开关和部分线路烧熔，使电路短路。其实想给爱车的灯光提高亮度有很多办法，其中最好的就是换氙气灯。如果觉得换氙气灯价格太贵，也可以选择高亮度的灯泡，这种高亮度的灯泡功率和普通灯泡一样，亮度却可以提高30%。

7. 制动灯出了问题怎么办

一般来说，制动灯不亮的原因主要有以下方面。

（1）制动开关故障 主要是指制动踏板背后的开关接触不良，其解决办法比较简单，更换制动开关就可以了。市面上的制动开关种类及型号众多，找与自己车型相同的更换即可。

（2）制动灯泡故障 主要是指制动灯泡已过使用寿命，目前的卤素制动灯泡使用寿命为1～2年。解决该类问题可换用LED灯，其寿命可达5～10年，且耗电小，反应速度快，点亮无延迟，环保无污染。

（3）制动系统故障 制动液管磨坏造成制动系统严重缺油；制动液罐内油面偏低导致浮子式传感器失灵使制动报警灯不亮或亮起，提示制动系统故障；制动片磨损严重、预埋线磨断致使制动系统故障；制动报警系统本身故障；像短路等单纯的电路故障及制动液在管路中产生蒸汽致使制动系统故障。此类制动系统故障导致制动灯不亮的解决办法是去维修店进行专业维修。

8. 行车过程中车灯突然不亮怎么办

车灯是车辆夜间行驶最重要的安全装置。如果在行车过程中出现车灯不亮的现象，应该第一时间将车停在路边进行检查。假如还强行驾车行驶，很容易造成交通事故。

假如左右两侧的前照灯全都不亮，很可能是熔断器烧断了，这时只要换上一个相同容量的熔断器即可。

假如是灯泡的使用寿命到了，如近光灯的灯泡坏了，这时又不得不驾车行驶，就可以打开远光灯并在前照灯的灯罩上部粘贴胶带纸，用胶带纸把灯罩上部遮盖1/3左右。

假如前照灯能瞬间亮灯，可以肯定插座接触不好。这时只要把前照灯的电源线插座拔下来，再重新插回去，问题就能解决。

假如只有一个前照灯不亮，很可能是前照灯的电源线插座接触不好。这时可以走向汽车前方，用手敲一下不亮的前照灯灯罩。

技巧 10　爱车外观的养护技巧

1. 如何保养油漆层

　　车身经过碰撞，车身钢板折皱，漆面层就容易被破坏而使钢板外露，这样易生锈，必须马上修复、补漆。油漆层与金属不同，硬度很低，很容易被损伤。因此，在清洗或打磨时一定要用柔软的麂皮、棉布或羊毛刷等，否则会剐出划痕，弄巧成拙。

> **误区提示**
>
> **烈日下勤洗车**
>
> 　　很多车主喜欢在烈日下洗车，认为这样先后很快就能将车身上的水晒干。其实不然，在烈日下洗车，水滴所形成的凸透镜效果会使车漆的最上层产生局部高温现象，时间久了，车漆便会失去光泽。若是在此时打蜡，也容易造成车身色泽不均匀。所以，洗车打蜡最好是在有遮蔽的条件下进行，如果无法保证，则最好选在阴天或是晴天的早晨、傍晚时分进行。

2. 如何保养金属漆

　　金属漆中闪光的成分主要是铝粉，更易氧化，而且较易龟裂。所以金属漆更需要呵护，经常抛光打蜡。抛光打蜡不是一件很难的事，完全可自己操作。市面上有各式各样的上光蜡，有液体的，也有蜡状的，可以各取所好。清洗车身后，倒一些上光蜡，然后用柔软的羊毛绒、棉布或麂皮等轻而均匀地打圈涂抹在车身上，不需要很使劲。薄薄的一层，不要很厚，但要平整、均匀。操作时不要在阳光下进行，周围环境要干净。上完蜡后，等待1～2小时再驾驶，这是为了使蜡层有一个附着凝固的时间。

3. 如何处理车漆氧化

　　阳光的常年照射是缩短车漆寿命的主要原因。阳光中的紫外线最终会造成汽车涂层氧化。如果车身在阳光下暴晒时还挂着水珠，那氧化的速度会更快。

　　如果是轻微氧化，可以用蜡来去除；一旦氧化严重，则必须研磨、抛光。

4. 车漆龟裂怎么办

　　车漆龟裂是一种非常细微的裂纹，会不断地渗透车漆，直至"击穿"整个色漆层。龟裂的初期肉眼很难发现，当肉眼能觉察到时已经比较严重。抛光打蜡能发现车身有条纹出现，就是由于裂缝中存有车蜡。由于喷漆的质量问题，车漆中的树脂也会因"萎缩"而产生龟裂。这种"皮肤病"只能用重新喷漆的方法来治愈。

经常打蜡是减少龟裂发生的好办法，当龟裂还在"萌芽"期时，蜡可以将肉眼看不见的裂纹抛掉。

5. 如何处理车漆褪色

汽车用久了，油漆难免或多或少有褪色、泛白、发暗等现象。这是由于油漆的主要成分是有机化学物质，在紫外线的长期照射下会氧化变质。一般勤清洗可以减轻褪色的现象，轻度褪色可以打蜡抛光，中度的就要研磨，严重时就只能重新喷漆。

大气层中的油烟和污染物是造成车漆褪色、变色的主要原因，特别是在工业区和大城市里。褪色、变色现象一般都发生在车身的前盖、车顶和后备厢盖，这种褪色与氧化不同。氧化时，车身整体发乌、发白；而褪色时，车漆出现不均匀的色差。金属漆的褪色是由尘埃、雨水中的酸、碱物对金属漆中铝箔的腐蚀引起的。色漆则是由于漆中的颜料与上述污染物发生化学反应而导致颜色的改变，有时会出现蚀痕。

6. 车漆有水痕怎么办

几乎各种车漆都可能出现水痕，或叫水纹。水痕呈环状，是水滴蒸发后留下的痕迹。水痕中的化学物质在阳光照射下车体升温时会继续与车漆发生化学反应，从而加重"病情"。因此，被氧化的车、常用洗涤灵清洗的车及有龟裂的车更容易染上水痕病。

当有轻微水痕时，打蜡抛光可以去除，严重时就需要研磨或喷漆。

7. 如何处理车漆蚀痕

水痕现象是发生在水珠的一圈，呈环状；而蚀痕则是整个水珠覆盖的一片，不是一圈。鸟和昆虫遗物、树叶、焦油沥青都有可能引起蚀痕。这些物质会与车漆产生化学反应，渗透速度比水痕要快得多。

一般只能通过喷漆来去除，轻微的蚀痕可以用研磨抛光来解决。常用高级蜡抛光车漆有助于防止蚀痕的出现。

8. 如何处理车漆较深划痕

用湿毛巾把划痕处擦干净，看是否已露底漆（发白或露金属）。这类划痕都属深划痕，一定要进行专业处理。

专业处理贵，是因为它牵涉到打磨、上原子灰、抛光打磨，然后喷涂几种不同的车漆，最后还要进行新老漆之间的接口处理。即便是专业处理，也要看划痕是在车的平面（发动机盖、顶部、后备厢盖）还是两侧，两侧处理的效果一般要好于平面。

9. 如何处理车漆较浅划痕

对于手指尖横向抚摸时感觉不出有沟的划痕，其处理方法是去商场、超市的汽车用品区买一瓶"划痕去除剂"或"抛光剂"，用毛巾沾一点药液，顺着划痕来回擦拭，划痕很快就会消失。

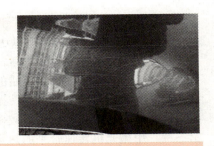

10. 如何处理车漆中度划痕

第一步是研磨，建议使用"研磨剂"或"强力去污剂"将划痕处用清水洗净，用毛巾沾一些研磨剂后顺着划痕方向摩擦（不宜横跨式摩擦）。手用力要均匀，不要过大，每摩擦十个来回就停下来，把研磨剂擦净，观察一下划痕是否消失。一旦划痕消失，立刻停止研磨工序。用力过大，会将车漆磨透。

研磨过的地方划痕会消失，但车漆可能会发乌。不要着急，发乌是正常现象，处理划痕的第二步（抛光）就是要把车漆"还原"回来。

第二步是抛光，建议使用"抛光剂""还原剂"或"去污剂"。

首先应把残留的研磨剂清除干净（可用水洗或用布擦）。用毛巾沾一些抛光剂后顺划痕方向擦拭，也可转圈擦拭。用力要柔和，擦拭的面积可适当扩大。隔一会儿便停下来看看效果，直至发乌的地方恢复了原有的光泽，甚至超过了原有的光泽。如果愿意，可用此抛光剂将全车都"还原"一遍！

11. 为什么补漆不要迷信"原厂漆"

所有的修理厂，甚至包括原厂，补漆都不会用"原厂漆"！如果修理厂告诉你使用的是"原厂漆"，那一定是在骗你。

因为原厂喷漆工艺喷好漆以后，要用200℃的温度烘烤。而成品车上那么多部件，有多少能耐200℃的温度呢？一般情况下，厂家还是会向专门维修站推荐指定的品牌修补漆。

12. 如何进行汽车面漆镜面处理

如果用砂纸与"粗蜡"来抛光面漆，是很难使车漆达到镜面效果的。所以，汽车面漆镜面处理必须使用汽车漆护理材料。目前一般采用的是原子灰和抛光剂，且最佳的镜面效果材料是抛光剂。

抛光剂是一种含颗粒更细的摩擦材料的研磨剂，按摩擦材料颗粒或功效的大小分为微抛、中抛和深抛三种。微抛是用于去除极轻微的漆损伤，一般指刚刚发生的（几天内）环境污染及酸性侵蚀（鸟粪、落叶等），但这类轻微损伤目前可使用含抛光剂的蜡来处理；中抛和深抛主要是用来处理不同程度的发丝划痕。另外，中抛对透明漆的效果更好，而深抛对普通漆的效果较好。

一般来说，就所含的摩擦材料来看，抛光剂与还原剂是同一类别的材料。两者的主要区别是，还原剂含上光材料（上光剂或蜡），而抛光剂不含上光材料。含不含上光材料，对汽车漆产生"镜面效果"是很重要的。

使汽车漆的光泽度提高，以达到"镜面效果"而进行抛光的途径主要如下。

① 靠研磨和摩擦材料的力量，硬性地把细微划痕去掉。

② 抛光到一定程度后，靠蜡的光泽来弥补抛光的缺陷。

③ 靠抛光机转速的调整而使抛光剂产生化学反应。

前两种方法初学者使用得较多，而真正能产生良好"镜面效果"的方法应是第三种。用抛光机转速带来的热量使汽车漆与抛光剂之间产生化学反应来消除细微划痕，让汽车漆显示出光泽，然后施以上光蜡让汽车锦上添花。但在运用此法时，其难度和技巧是要摸索出何种漆用何种抛光剂配何种抛光头，使用何种速度，给予多大压力，机器应来回走几遍等。这需不断地试验与实践，才能真正掌握汽车面漆镜面处理的技巧与艺术，达到理想的"镜面效果"。

13. 汽车修补漆的选择有哪些原则

（1）**对底漆的选择原则** 满足基本材料和不同档次汽车对底漆的要求；满足地域气候条件的特殊要求；在车辆维修中满足面漆对底漆性能的要求。

（2）**对中涂层的选择原则** 中涂层材料要满足与底漆和面漆附着力的要求；在保证涂装质量的前提下，有较高的生产率，且施工方便、效益好。

（3）**对面漆的选择原则** 满足各层次汽车外表的要求；满足底漆环境对面漆的"三防要求"；满足与底漆和中涂层漆结合力的要求；在保证面漆质量的前提下，要求施工方便，有较好的涂装效益。

技巧 11 底盘的保养技巧

1. 汽车底盘怎么防锈

遇到大雨天，车子开回后应及时进行清洗，否则可能会导致车辆轮腔侧和底盘部位有污泥存积。这样很容易使湿气藏匿其中，从而导致这些地方生锈。底盘和地面贴得比较近，受路况影响特别严重，一般最容易锈蚀斑斑，轮腔处甚至还可能松动穿孔。因此，一定要注意汽车底盘的清洁和防锈处理，没有做过底盘封塑的车辆最好做一个底盘封塑。

2. 底盘损坏对车辆有什么影响

底盘确保车辆和车主的安全，一旦生锈腐蚀，整车的构架将会松动，存在安全隐患。很多交通事故都是由底盘松动导致的。

3. 底盘的装甲施工过程是怎样的

卸下轮胎、制动片等一些底盘附件，对车辆底部进行彻底清洗，这是防止杂质对底盘造成不好的影响。吹干后工作人员就对非喷涂的部件进行包裹，反复喷涂几遍。

底盘装甲对专业的要求非常高，专业的施工技师和施工工具至关重要，施工质量直接影响行车安全，所以要选择正规服务店。

4. 底盘防锈产品的种类

底盘防锈产品到目前为止已经发展到了第四代，第一代产品为"单分子溶剂漆"，包括沥青型、橡胶型、油漆型三种；第二代产品为"合成溶剂漆"；第三代产品为"高分子型水性漆"；第四代为"复合高分子树脂型"。

5. 底盘防护的好处

发动机、车轮均固定在汽车地板上，其振动在某一频率上，会与底板产生共振，使人产生不舒服的感觉，而底部防护会消除这种共振。车辆行驶在快速公路上，车轮与路面的摩擦声与速度成正比，车辆具有完好的底部防护能大大降低车内的噪声。

6. 底盘的日常养护

如果经常跑长途、到工地等地方，那就要经常冲刷底盘，彻底做底盘的清洗与防锈处理。对于底盘的清洗，车主一般很难自行完成，如果底盘上的污泥过多，还要用油污清洗剂清洗一遍。因此车主可以去专业的美容店，定期进行专业的美容护理。一般来说，做完防锈护理的底盘在高压喷水冲洗之后几乎是不挂水珠的。这样的效果才代表是"货正价实"的护理，才可起到很好的防锈保护作用。

技巧 12 汽车方向盘与仪表盘的养护技巧

1. 如何解开自动锁死的方向盘

方向盘锁具有很好的防盗作用，但是停车时方向盘处在某一个角度，而这个角度正好仅够扭动钥匙点火却不能解锁，就会出现方向盘扭不动的情况。这时，车主应该右手轻拧钥匙，左手轻转方向盘，就会自然解锁，爱车也就顺利启动了。

2. 如何清洁仪表盘

仪表盘的清洁程度会直接影响到驾乘人对汽车内部环境的整体视觉感受。但由于结构复杂，并且只用抹布和海绵能够清洁的部位又很少，那些沟沟坎坎的地方都需用"专用工具"，所以清洁起来比较困难。可以将各种不同厚度的木片头部修理成斜三角、矩形或尖形等不同样式，然后包在干净的抹布中清洁沟沟坎坎，既可增强清洁效果，同时又不会损伤被清扫部位。

3. 如何看仪表盘上的故障

驾驶员要经常留意仪表盘上的指针，随时关注仪表盘上显示的图标。凡是看到仪表盘上有红灯亮，应尽可能停车检查。下面是仪表盘上的警示灯及其含义。

4. 为什么方向盘打死会缩短助力泵寿命

现在，多数汽车都配备了转向助力系统。在车辆转弯时，如果将方向盘打死，助力泵压力会增大几倍甚至更高；持续打死方向盘，更会缩短助力泵寿命。此时，驾驶员应尽量在最短时间（3～4秒）内松开方向盘，让其自由回位；或者稍微回一点方向，再继续转向。

5. 方向盘为什么会抖动

中高速行驶时，如果方向盘出现强烈的抖动、底盘出现周期性异响，很有可能是因为方向传动装置的平衡被破坏，传动轴及其花键轴和花键套出现磨损。

6. 转向沉重的原因是什么

转向时如果感觉费力，很有可能是转向系各部位的滚动轴承配合过紧，轴承润滑不良，转向横直拉杆的球头过紧或缺油。

7. 方向盘难以控制的原因是什么

驾驶员在行驶途中或制动时，车辆自动偏向道路的一边，这种情况可能是由于两侧的前轮规格或者气压不一致造成的；而两侧的前轮倾角不相等、前轮轴承间隙不一致或轴距相差过大，也可能造成这种情况。

8. 高速行驶方向盘振动应该怎么办

车辆高速行驶时，方向盘出现发抖或摆振的情况，甚至感觉控制车辆的方向与预想的不一致，应该立即减速。

9. 如何清洗中控台

由于手经常接触中控台，手上的油渍就会沾染到中控台上，而用中性清洁剂清洁的效果会比较好。

劣质清洁剂会使塑料褪色，使用不当还有可能导致中控台颜色脱落。防静电型塑料专用中性清洁剂清洁中控台的效果会很好。

10. 清洗中控台要使用哪些工具

清洁中控台一定要用柔软的抹布和专用清洁剂，这样可以避免把中控台擦花。门侧靠手凹槽可用硬海绵蘸上万能清洁剂来擦，角落部位可以用牙刷刷净，待干透即可。

清洁时还可以准备一些棉签，因为中控台的形状多样，有一些细缝用手无法清洁。当然，如果有小型空气喷枪就更好了。

11. 如何保养方向盘

方向盘因为经常用手握，很容易脏污，如果黏手就会影响驾驶。清洁时用水擦拭即可，如果再加一点清洁剂就更加容易去污，但注意要将清洁剂擦拭干净。

12. 如何从方向盘上辨故障

（1）车辆行驶中手发麻 车辆以中速以上速度行驶时，底盘有周期性响声，严重时驾驶室和车门发抖，方向盘强烈振动而使手发麻。这是由于转向传动装置的平衡被破坏，传动轴及其花键轴和花键套磨损过度。

（2）转向沉重费力 产生原因有转向系各部位的滚动轴承及滑动轴承配合过紧，轴承润滑不良，转向纵拉杆、横拉杆的球头调得过紧或缺油，转向轴及套管弯曲，造成卡滞；前轮前束调整不当；前桥或车架弯曲、变形；轮胎气压不足，尤其是前轮轮胎。

（3）方向盘难操纵 行驶或制动时车辆跑偏，为保证直线行驶，必须用力握住方向盘。造成车辆跑偏的原因有两侧的前轮规格或气压不一致，两侧的前轮后倾角或车轮外倾角不相等，两侧的前轮与轴承间隙不一致，两侧的减振弹簧弹力不一致，左右两侧轴距相差过大，车轮制动器间隙过小或制动鼓失圆，造成一侧制动器发卡，使制动器拖滞，车辆装载不均匀等。

（4）方向发飘 出现方向发飘的原因有轮胎修补造成前轮总成动平衡被破坏，传动轴总成有零件松动，传动轴总成动平衡被破坏，减振器失效，减振弹簧刚度不一致，转向系机件磨损松散，前轮校准不当。

13. 怎样操控方向盘

第一，充分利用车头参照物，如发动机盖。当参照物位于道路中间或一侧时，应能正确感觉到车辆此时所在位置，以确定转向时机及幅度大小。

第二，要充分利用两眼余光，克服眼睛看远不顾近或死盯车头附近而造成的修正方向时机较晚的现象。

第三，养成车头不偏斜时，不动方向盘的良好习惯。修正方向要及时，且幅度适中，一般在回正方向时应稍早，且幅度也要小，然后稍用力稳住方向盘。

第四，结合场地训练，训练转动方向的时机和速度，如8字形、S形和直角转弯。

第五，车辆在右侧行驶时，为防止车头向右偏斜，应将方向盘左转至无游动间隙。

14. 如何预防方向盘振动

科学研究表明，长期驾驶机动车的人，由于强烈的振动和噪声长期刺激人体，会使植物神经功能紊乱，出现恶心、失眠等症状。女性驾驶员还会出现月经失调、痛经、流产、子宫下垂等病症，医学上通常称这类振动引起的疾病为振动病。为了预防振动病的发生，驾驶员在行车时必须戴上线手套或较厚的双层棉纱手套，从而减少手与方向盘的直接接触，以缓冲车辆对手及人体的振动力。此外，还可以在驾驶座位或靠背上安装富有弹性的垫子，或工作一段时间后略微休息一会儿，以松弛紧张的肌肉和活动手指关节来预防振动病的发生。

15. 停车后方向盘不回正会有什么危害

很多人停车后并不在意方向盘是否回正的问题，其实不回正方向盘有很多危害。

现在多数车都带液压助力系统，如果停车后不回正方向盘，相当于助力泵推动方向盘转向以后没有回油，助力泵里会形成负压，加速其老化，而且对油管的压力也过大。方向盘不回正对转向横拉杆的磨损更严重，如果车轮以倾斜角度停放没有回正，车身的重量就不是作用在前车架上，而是作用在前横拉杆上。长期如此横拉杆就会变形，造成转向不精确、旷量过大，严重的还会引起行驶中方向抖动而引发事故。

技巧 13 汽车空调的养护技巧

汽车空调在夏季可帮助驾乘员降温，提高乘坐舒适性，其重要性可见一斑。

1. 如何检查空调系统

汽车空调出现的问题和家用空调差不多，要么不制冷、制冷效果不好，要么有异味。因此，入夏前需要对爱车的空调做个系统的检查。

（1）检查空调制冷剂　汽车空调目前主要使用R-12制冷剂，它含有破坏臭氧层的氟利昂。还有一种是R-134a，它是一种新型环保制冷剂，具有无毒、无色、不燃不爆、热稳定性好等性质，更重要的是不损害臭氧层。入夏之前，检查一下汽车空调的制冷剂是否缺少，如果不足最好去专业的4S店添加，以防假冒产品制冷效果不良。

（2）检查空调软管、软管接头和压缩机传动带　在一段时间不使用空调后，初次使用可能发现空调不制冷，这时就需要检查空调软管和软管接头。空调软管老化，有泄漏现象就需要更换；软管接头松脱需要紧固。压缩机是空调的根本，如果压缩机传动带由于长期使用变松，会影响空调系统的正常工作。

市售常见的几种134a产品

2. 使用空调有哪些注意事项

① 夏季使用空调时，应先将车窗开启，鼓风机开到最大挡，让车内空气形成对流，将热空气及时排出车外再关闭车窗，达到迅速制冷的目的。

② 停车时应先关闭空调再关闭发动机，避免增加启动负荷。

③ 使用空调时应先开启内循环，再内外循环变换地使用，这样制冷效果最佳。

④ 车辆停止时应避免长时间使用内循环，避免车内空气质量变差影响身体健康。

误区一：空调出风口方向随意调。

有的车主使用空调时，不注意调整空调吹风的方向，这不利于发挥空调的最佳效果。根据空气流通的原理，冷空气会下沉与热空气形成对流。因此开冷气时将出风口向上，让车内冷热空气对流，可提高降温的速度。

误区二：空调温度调得很低。

不少车主喜欢把车内温度调得很低，这样做是不对的。一般来说，自动恒温空调车厢内外温差不要超过10℃。非恒温式空调可先把冷气温度设在最低，风速开到最大，等觉得冷时再把温度调高一点，把风速降一挡。

误区三：长时间开内循环。

内循环是空气在车内封闭空间内的循环，车内的含氧量会不断下降，而如果气缸中的汽油燃烧不完全，一氧化碳也可能漏进车厢内，导致车内的空气质量越来越差，甚至对人体产生危害。因此应开一会儿内循环，再开一会儿外循环，让新鲜空气进入车厢。不能开着内循环在车内睡觉，也是这个道理。

误区四：夏季进车后立即开内循环。

炎热夏天，很多车主习惯一进车内就打开空调的内循环，认为这样可以让车厢内温度下降得快一点。因为车内的温度比车外温度高，所以这样反而效果不好。夏天停放在烈日下的汽车，车内温度可高达60℃，这时应先把车门、车窗打开，可以先使用风扇进行通风，等热气排出后再启动汽车；且不要急于关上车窗，先打开空调外循环，待车厢内外温度相近时，再关闭车窗，启用内循环。

误区五：空调性能不良时才清洗。

有些新手总是要等到空调效果不好时，才想起清洗。正确的做法是，空调滤清器要定期更换，空调系统主要是清洗空调通风管路，进行压力检测和蒸发箱的清洗。首先是空调通风管路的清洗除菌，它是空调出风的必经之路。在通风管路壁上的积尘和大量细菌会随着空调通风而吹进车里，所以清洗和除菌是很重要的。其次是压力系统的检测，主要检查冷媒是否足够，或者是否有泄漏。最后是清洗蒸发箱。

3. 长期不清洗空调有什么危害

空调使用一段时间后，由于静电作用和空气反复循环，使滤光板、蒸发器、散热器片表面积聚大量灰尘及污垢，造成气流堵塞，致使制冷、制热效果下降，增加能源消耗，缩短空调使用寿命，产生异味，并滋生细菌。

4. 如何清洗汽车空调

冬季行车使用的多是暖风,空调制冷系统长时间不使用,到了夏季使用时会有异味。这是由于汽车在行驶过程中,从空调进风口吸入大量灰尘、脏污,滋生了大量的细菌。这些都会危害驾乘人身体健康,所以冷凝器和空调滤芯需要检查和清洗。

冷凝器

(1)清洗冷凝器 空调的冷凝器一般和散热器一起安装在车头,这样便于利用行驶中的气流加强热量的散发。

在洗车时最好用高压水枪冲洗车的冷凝器,以防散热器片被杂物(昆虫、树叶等)堵塞影响散热效果。

(2)清洁空调滤芯 空调滤芯的作用是对车内空气进行过滤。空调滤芯使用一段时间后,尤其在较脏的环境中长期使用外循环,就会有很多灰尘、沙子以及虫子,受潮后会霉变并产生异味。这样车内有异味在所难免,入夏前清洁空调滤芯是必需的。

清洁空调滤芯其实很简单,可以自己动手。一般汽车的空调滤芯在副驾驶前的杂物箱里。打开杂物箱,清除里面的杂物,然后抵住杂物箱的两边往中间挤压,再向外拉出,之后就能发现里面的空调滤芯。在拆卸空调滤芯时同样要掌握一定的技巧,需要扣动两边的卡扣,将空调滤芯抽出。

打开杂物箱

杂物箱两边有两个小卡子,按住往后扣

这是扣完以后的样子,左边与右边相同

把两个卡子打开以后,双手按住杂物箱,同时往里,按图中箭头方向用力,这时杂物箱就能拆下

拆下杂物箱后就能看到里面有一个黑色的盒子，盒子两边有2个小卡子，同时往里按，顺劲往外拉

这是打开后的空调滤芯，可以看到里面已经非常脏了，除了灰尘还有很多小的枯树叶

用吸尘器吸掉空调滤芯里的杂物和灰尘

这是用吸尘器吸完后的空调滤芯，此时滤芯还是很脏的，一些灰尘已经进入滤芯里面了

用水压较低的自来水进行漂洗，家用水龙头流出的小流量水即可。水流的方向一定是进风的反方向，即从干净的一面到脏的一面，以避免脏污嵌入滤芯内

冲洗干净，晾干后再装入，注意不能在阳光下暴晒。如果实在太脏了，建议更换。一般每隔2次小保养，约1万千米更换1次空调滤芯，具体主要根据空调滤芯的使用状况而定。

（3）清洁空调内外循环

① 空调外循环清洗。首先要买到专用的空调外循环清洗剂，其主要作用是杀菌和去除异味。

清洁空调外循环通风系统的第一步是打开空调，设置成外循环，把风量开到最大，冷热设置在中间位置，把风向设定到吹头部和脚部，最重要一点就是一定要打开冷风。

外循环空调进气口实际位置

把室内空调设定好后,就要找外循环空调进气口了。这个比较难找,因为进气口并不是露在表面,需要各位车主咨询4S店的专业人员。以本田飞度为例,其外循环空气进气口在前风窗的右边,如图圈中位置。

方法一:把软管从旁边小孔插入空调进气口(市面上购买的外循环清洗剂都配有一根透明软管)。

方法二:直接找到实际进气口,打开旁边的卡子,把软管伸进去。

把软管插入后,缓缓地喷挤。这时一定不能喷挤太多,最好隔一会儿喷1次,以便让清洗剂很好地进入空调外循环系统。不多时,就能从车厢内闻到清洗剂清香的味道了。

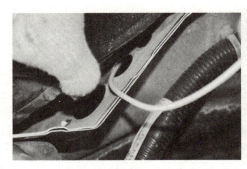

最后清洗剂会形成水从空调排水口排出,这时一定不要马上关闭空调,再运行5～10分钟,让清洗剂排干净。

② 空调内循环系统清洗。首先找到空调内循环清洁剂,它类似木炭,有一定的吸附作用。

空调内循环清洗剂

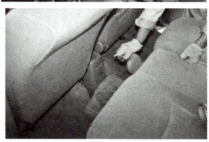

它的用法很简单，把内循环清洁剂倒入喷壶中。打开空调内循环，把溶剂喷洒到车厢各个位置。注意喷空调出风口时，一定要把风量关小或临时关闭。

5. 如何判断空调风是否正常

可用手直接在空调出风口探测，手感冰凉表明制冷效果不错。也可以用温度计来探测出风口的温度。一般来说，正常风口温度为 4～6℃，有的可以达到 2℃；如果温度为 7～8℃，表明制冷效果比较差，需要进厂检查。

6. 如何防止空调中毒

为防止一氧化碳中毒，空调车应及时检查排气系统是否漏气，若发现有向车厢内逸漏废气处，应及时排除。

在停驶时，不要过久地开空调；即使是在行驶中，也应经常打开 1～2 扇车窗，让车内外空气形成对流。如果驾驶员感到头晕、发沉、四肢无力，应及时开窗透气。

7. 如何去除空调异味

拆卸、清洗蒸发箱是最彻底的消除异味的方法，但每次拆卸都需要放氟、安装和加氟等一系列工序，技术难度大、费用高。

此时可以选用专用去除空调异味的新型喷雾，只要将空调打开，风向置于外循环，关闭窗户，从外进风口处连续喷 10～20 秒，便能达到清除异味、净化车内空气的效果。

8. 如何清洁空调通风口

空调通风口的材料多为硬质塑料，沾染的污垢基本为沉降粉尘。清洁时，只需使用塑胶清洁产品。空调通风口处的栅格，建议使用海绵条蘸取塑胶清洁上光剂处理，也可用小的软毛刷配合清洁。由于部位较细致，操作时应仔细。

9. 车载空调去湿帮手

连日的阴雨会让车内泛起潮来，不仅人待着不舒服，车内的电子设备也会随着湿度的增加而降低运行的精准度。这时车主可以打开车载空调，降低车内湿度。比起太阳的烘烤，空调除湿在保护车内电子设备的同时，也能有效防止霉菌在车内的滋生。

技巧 14 座椅的养护技巧

1. 如何保养真皮座椅

汽车真皮座椅大多采用细密柔软的黄牛皮，并且多选用整张头层牛皮，其弹性和色泽度都较好。另外也有水牛皮座椅，其皮质较粗较硬、质量次一些，平时更要注意保养。

真皮座椅天天同人体接触，最易粘上油脂、汗水、灰尘等污渍，也不耐尖锐物体的划伤。如果长期使用和受阳光照晒而保养不到位，皮质容易发硬或龟裂，因此车主必须小心使用和认真保养。

真皮座椅保养有两套方法：一是新车刚买来时，先给真皮座椅涂一层上光剂，增加一层保护层。车主可以到汽车美容店做，也可以自己动手。平时清洗座椅，用一般的清洁剂清除污渍就行。二是定期保养，每个月用专业皮革柔软清洗剂擦拭1次，进行保养和去污。专业皮革柔软清洗剂去污柔和、不伤害皮质，汽车用品店有售。每次清洁完，不要用吹风机吹干，可以用软布轻轻擦干或自然风干。

由于质地柔软，要使真皮座椅远离热源（如烟头）和强光，所以要给汽车贴膜、加窗帘、套坐套等。平时停车尽量选择阴凉处，避免长时间曝晒。

以下是真皮座椅保养的具体步骤与方法。

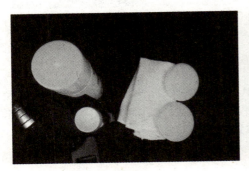
① 准备好工具与清洁材料

② 对着座椅喷洒泡沫清洁剂

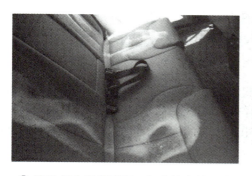
③ 清洁剂会慢慢稀释，把座椅上的污渍融化变成水

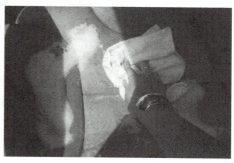
④ 用干抹布把泡沫全擦掉

⑤ 如果座椅上个别地方变色或有脏点，可把滋润霜挤在海绵上进行清洁

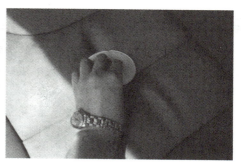
⑥ 在皮质上按打圈方式涂抹滋润霜

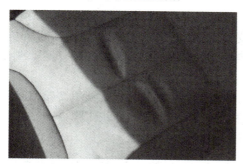
⑦ 可以看到，脏点清除了

⑧ 将车窗打开，自然晾干

2. 真皮座椅保养有哪些注意事项

中、高级轿车多是真皮座椅。因为真皮是天然材质，所以保养起来更需要精心。应选用强碱性的清洗剂如肥皂水，不能随便使用化学清洗剂，清洗后用棉纸巾擦干。在日常保养中，应避免尖锐物体划伤皮质。

3. 为什么真皮座椅会怕热

汽车真皮座椅应至少距离热源2尺以上，如离烟头等热源太近会导致皮质干裂；不要长时间暴露在阳光下，以避免皮革褪色；尤其是开敞篷跑车的车主，不要为了拉风一时，损皮一世。夏季为了避免遭受曝晒，除了给汽车贴膜，还可加装遮阳窗帘和坐垫套等。平时停车，应尽量选择阴凉处。

4. 真皮座椅如何除尘

真皮座椅每周都要用吸尘器吸去灰尘，因为灰尘无孔不入，会将皮革内的天然油脂吸掉，使真皮成为一张干皮。要少用所谓的皮革保护剂，否则会令真皮产生依赖性，一旦停止使用皮子就会暗淡无光。

5. 真皮座椅被雨淋后如何处理

真皮座椅不小心被雨水淋湿后，切不能曝晒或用吹风机吹干，这样做很容易对皮革造成伤害。可以用棉纸、柔软的毛巾擦干或令其自然风干，然后涂上一层上光剂。另外，平时要养成对真皮座椅进行定期养护的习惯，这样不仅可以保持真皮座椅的清洁度，还可以延长其寿命。

6. 真皮座椅保养有哪些细节

一般真皮座椅的保养以1个月1次为宜。选择去污力强、柔和、不损伤皮质的专业皮革柔软清洗剂擦拭去污，它在汽车用品店有售。用皮革柔软清洗剂擦拭完以后，同样不可用吹风机吹干。需要强调的是，平时清洗座椅用一般的清洁剂即可。

7. 如何用透明皂清洗真皮座椅

用温水浸泡干净软毛巾，将适量肥皂均匀地打在毛巾上，然后轻轻擦拭座椅（褶皱处可反复擦拭）。此时，毛巾若变脏，证明去污有了显著效果。擦完肥皂后通风晾干，用清洗过后不含肥皂的湿毛巾擦拭两遍即可。此法去污皮面干净蓬松清新如初，也适用于门内饰和仪表盘处塑料件的清洁。因为肥皂（香皂）去污性强，且对人体皮肤无刺激。

8. 如何清洁特别脏的座椅

对于特别脏的座椅，清洁起来就没有那么简单了，要进行多个步骤才能彻底干净。首先用毛刷子清洗较脏的局部，比如较大污渍等；然后用干净的抹布蘸少量的中性洗液，在半干半湿的情况下，全面擦拭座椅表面。要特别注意的是，抹布一定要拧干，以除去多余的水分。

车主也可选用专业皮革柔软清洁剂，它具有去污柔和、无溶解性、不会伤害皮质也不会影响皮革的原貌或光亮度等特点，对环境和皮革具有良好的保养作用。

9. 为什么座椅后调更安全

座椅能让驾驶员感觉到舒服和安全。新手开车时精神高度紧张，将座椅调整得直且靠前，希望能扩大视野。但如果过于靠前，不仅会对双手掌控方向盘造成影响，且由于贴近了方向盘中央的安全气囊而对驾驶员的安全造成了潜在的威胁。

其实驾驶座位置的调节通常并不会对视野有太多影响，驾驶员只要将后视镜调整到相应位置即可。

技巧 15　音响系统的保养技巧

1. 音响为何要防潮

清洗内饰时，应尽量不要朝着音响的方向喷水、清洁剂等液态物质。音响主机上有灰尘，可以用拧干的毛巾进行擦拭。汽车室内清洗后，最好开窗风干，让车内大部分水分蒸发后再关闭车窗，因为电子产品最大的杀手就是潮湿。

2. 车内音响为什么不能晒

为了避免阳光的照射，汽车音响多安装在仪表板的上部。如果门窗密封条不严应更换，否则扬声器容易锈蚀和损坏，甚至造成短路烧毁主机；音响主机里的电路板和塑料元件，受温度变化而老化的程度不一样。在骄阳似火的天气里，最好使用遮阳板抵挡，以避免太阳光的直射。

3. 为什么热天不宜马上开音响

经过阳光暴晒后，不宜马上将音响的音量调大，因为电子系统是会随温度而发生变化的，立即调大音量容易导致线圈被烧影响功放，而且还会影响主机的使用寿命。

4. 为什么需经常擦洗音响

停车时由于阳光照射温度过高，在使用CD机时会出现不工作的情况。这是正常的，温度过高保护电路会起作用。因此，最好每隔一段时间擦洗1次。

音响不要安装在底板和座位下面，最好安装在车身的高处；也不要安装在后风窗玻璃处，温度过高会加速电子元件和激光头的老化。

5. 为什么音响声音不宜开太大

主机部分受天气影响比较大的是电路板和一些塑料元件。电路板里电子元件的参数都是随着温度的变化而变化，如果车内温度很高，就不要把音响的声音开得很大；否则不但音质受影响，使用寿命也会缩短。

6. 音响机芯部分如何养护

机芯部分是由金属元件和塑料元件组合而成的。金属和塑料的比热不一样，也就是说它们受温度变化的影响程度不一样。在车内温度很高的情况下，换CD碟片的时候一定不能心急，要让机子自动运行，别硬拉或硬推。如果是多碟片键，特别是前置六碟机操作时一定要小心，因为很容易卡碟。

7. 冬季如何使用音响

冬季是汽车音响激光头损坏的高发期，因为气候干燥，容易产生静电。放碟时最好不要用手直接摸，不要拿中间，不要频繁换碟，要尽量轻，慢慢放。

音响在使用当中要避免突然将音量放到最大，有时喇叭线圈烧坏会对功放造成影响，振幅突然加大也会烧坏功放。音响反复放一首歌，是按钮使用不当，而不是发生故障。音响不读盘时，不要用力拍碟箱，可能是出现了小故障，最好尽快送检。

8. 音响如何防灰尘

在土路上行驶时，尽量不要开窗，以避免大量灰尘从车外涌入车内；并且最好将空调的外循环调整为内循环，以避免灰尘对音响的侵害。灰尘对汽车音响的侵害是非常常见的，如进退碟片困难、读碟困难甚至不读碟，以及收音效果受到干扰等，因此要特别注意。

9. 如何防止音响剧烈振动

虽然在一般的行驶过程中，汽车的抖动不会造成音响主机的剧烈振动（除非出了车祸）；但有时出于某种原因，人们需要将音响拆下来，这时千万不要用力晃动或拍打音响。因为剧烈振动后音响内部有些零部件可能会出现松动或损坏，造成严重故障。一般来说，即使对等待维修的音响主机，也要采取轻拿轻放的做法。

10. 什么是CD机假性故障

CD机用了一两年后，车主普遍反映不读盘或读盘能力不如以前。其实这是正常现象，属于虚假故障。因为不读盘或读盘能力差，多数是光头透镜上落尘了，自己动手完全能够解决。具体方法是断电后卸下机盖，用棉球蘸清水，轻轻擦去光头透镜上的灰尘即可。

11. 车用CD机为什么最好少用CD清洗盘

车用CD机最好不要使用CD清洗盘，因为其进出盘是靠上下两个橡胶滚轮夹住CD滚动进出的，容易使清洗盘毛刷变形和脱落。另外提醒大家，对于市场上的DVD、SVCD，普通CD机是不能播放的。目前市场上的DVD机可以兼容VCD和CD，即只可向下兼容。有些车用多碟CD驱动器，CD摆放的方法与通常的不一样，是将有音轨的面向上，如果向下就会出现不读碟现象。

12. 什么是音响电源故障

如果收放机平时收听正常，突然没有声音和显示，说明电源没有供电，一般情况下可查找收音熔丝（多数汽车收放机、点烟器和顶灯使用同一个熔丝，由于点烟器内部短路而烧断熔丝），换上新熔丝即可。

如果是安装有功放的音响系统，主机有电且工作正常，那么就主要检查功放的主电源熔丝（因主电源熔丝接到蓄电池接线柱正极端，容易氧化腐蚀造成接触不良或断路），接好即可。

如果收音部分关机后再开机没有先前电台记忆存储和时钟记忆，这可能是因为BAT线熔丝烧断或没有接好。

13. 收音效果不佳怎么办

遇到收音效果不好时，首先检查主机是否正常，然后重点检查天线，用万用表"Ω"挡查看是否有短路、断路和接地或阻值加大。如果是换过新的音响之后，出现收音效果不好，有可能是换装天线时处理不当，如窗式天线、电子天线和综合天线等，要经过特殊处理才可以正常接收。所以必须清楚改装方法，否则将影响收听。

14. 某些频率无显示怎么办

在收听调频广播电台时无频率显示，但是收听正常，这不是收音机出了问题，而是这类机型有RDS功能。RDS在我国还没有开通，在发达国家已经开通，尤其在欧洲已普遍使用。所以当收到这种信号时就会发生无显示，解决的方法是将RDS功能关闭。

15. 功放的功率为什么不能小于扬声器

功放的功率小于扬声器会烧毁扬声器。这是功率不够时波形失真造成切顶，从而产生了直流成分。如果发现扬声器在开机时有响声并且音盆有起伏，说明有直流成分。有直流成分，音圈就会发热，也就是烧毁的原因。

16. 为什么汽车音响易失真

① 安装扬声器的支架共振导致音质恶化。汽车上的扬声器发声时，由于安装扬声器的底板比较脆弱，会随扬声器产生共振或抖颤，导致扬声器的声压受到损失，并引起扬声器的谐波失真，从而导致音质恶化。

② "声短路"影响低频辐射。低音单元的振膜在前后运动时，除了有向前的声波，也有向后的声波，两个声辐射相位相差了180°。由于低频声波的波长很长，绕射能力也相当强。因此，低频声波的方向性很弱。由于车门喇叭安装面板上充满了孔洞，向后辐射的声波就会绕到前面与向前的辐射异相相消。

③ 扬声器安装空间不规则，引起声波变形。

17. 如何保养扬声器

没有扬声器，再好的主机也只是摆设。在整套汽车音响系统中，扬声器往往因为被埋没在控制台、车门板或支撑架上而遭到忽视。

如果门窗密封条不严应立即更换，否则夏季漏雨会导致车门内扬声器的损坏，严重的还会烧毁主机电路。

扬声器在高温下会发生细微的变化，将直接影响到音响的音质。所以入夏后如感觉音质与以往不同，可以到专业音响店做相应的调试。

18. 音响左右声道音量不一样怎么办

首先检查主机平衡钮是否在中间位置，再检查前级输入和输出左右LEVEL控制钮是否一样，以及扩大机输入灵敏度左右声道设定是否一样。如仍无法排除，可将主机信号线左右对调，扬声器位置较小的那一边会不会变大，如果会，表示主机有问题，反之则是后段的问题。

19. 某一声道高音无声怎么办

先检查分音器的配线是否接通，然后测量分音器端有没有声音，可能是错将扬声器线输入端接至低音输出端。

20. 音响噪声大怎么办

检查RCA信号端子的负端是否接通，如果主机端的RCA信号输出端负端已经断路，可测量负端与主机机壳是否接通。

21. 音量时大时小怎么办

先检查电源地线与车壳的接点是否松动，再检查前级和后级的输入和输出RCA是否正常，最后看看灵敏度旋钮是否正常。

技巧 16 GPS的养护技巧

1. GPS为什么不能100%定位

GPS不像手机广播，到处都能收到信号。很多东西都会影响GPS收信，如天空星分布状态、大楼、高架桥、电波、树叶和隔热纸等。一般来说，从GPS位置向上看，能看到天空的面积，就是GPS能收到信号的面积。

2. GPS触摸屏反应迟钝怎么办

如果触摸屏手写难连贯，车主可以为触摸屏上贴一层保护膜，不但可以免除外界对屏幕的损坏，还可以获得不错的触感。如果产品本身没有自带手写笔，直接用手指进行触击操作即可，不但能获得准确的结果，还能最大限度地延长液晶触摸屏的使用寿命。

3. 为什么屏幕一直提示读取地图

GPS跟电脑差不多，内存不足是无法正常工作的，这大多是因为系统内存过低。如果使用的是PPC系统，将系统内存设定得高一些就可解决。建议在运行GPS程序的同时，不要运行其他应用程序。

4. 为什么一直提示"正在定位中"

第一种可能是GPS内置的电池没电了。如果使用的是USB接口的模块，也有可能是PDA或者笔记本的电力不足以支持其工作，此问题的解决方法当然是充电。除此之外，还要看看是否有隔热纸等遮蔽物存在。另外，在运动中GPS的定位速度也会大大减慢。

5. 导航语音提示声音太小怎么办

首先可以在系统设置中将声音调到最大，如果还不行就可以考虑将其连接到汽车音响上，或者外接扬声器。

6. 哪些因素会影响到GPS的信号强度

GPS信号是由卫星发射的，因此天气对GPS信号的影响不容忽视，如太阳黑子、恶劣天气都有一定的影响。GPS旁边若有大功率电器，也有可能对信号接收造成影响。而在建筑物中、树林内等见不到蓝天的地方自然接收不到卫星信号，因为GPS信号只有手机信号的千分之一。

技巧 17 养车的省钱技巧

1. 更换配件为什么要参考保养手册

4S店的维修费用确实比较高。个别4S店为了追求更高的利润，还会建议更换一些不必更换的配件，从而增加了养护费用。

例如，空气滤清器和花粉过滤器，通常空气滤清器滤芯每隔20000千米更换1次，花粉过滤器每隔1年更换1次。每次小保养时，只需要利用高压气枪清理一下空气滤清器盒和滤芯就可以了，没有必要每次都更换。如果汽车只是在市区内行驶，只要按照厂家规定的时间更换滤芯就可以了。

2. 为什么要货比三家

大多数人认为，同一品牌4S店的配件价格和工时费用是相同的。其实不然，通常常用配件的价格完全一样，如保养时用的机油、机油滤清器、空气滤清器滤芯、汽油滤清器滤芯和火花塞，以及正时传动带这些常用配件各4S店的价格完全一样。但是一些不常用的配件，因为更换频率不高，加之各4S店的进货时间和维修项目会有很大区别，所以价格就不一样。在更换一些特殊配件时，建议多咨询几家4S店。

> **误区提示**
>
> **路边小店保养方便又实惠**
>
> 以一个机滤为例，在4S店买可能要贵几块钱，但它能保证正常使用8000千米甚至10000千米以上，而在路边小店买的很可能跑不到3000～4000千米，而厂家原装机油对于车身整体的协调性的好处肯定是不言而喻的。省几元的小钱、图一时的方便，代价很可能是牺牲日后的使用性能。
>
> 有些车主担心自己的车明明是个小问题却会被4S店描绘得很严重，在劝说下更换配件，花些不必要的钱。其实在主流汽车厂家中，这样的现象基本不可能存在，因为厂家对经销商有严格的管理措施。

3. 什么时候可以利用免费检测服务

4S店为了吸引车主关注，经常会举办一些免费检测活动。在免费检测期间，如果能抽出一点时间来，最好是到店内进行检测。定期检测便于车主了解车况，将一些隐患及时解决，避免爱车出现大问题。

4. 为什么自行缩短保养周期等于浪费

厂家规定每隔5000～15000千米更换1次机油、机油滤清器，个别车主会提前2000千米甚至5000千米就去更换。这样长期下去，会增加很大一笔保养费用。

只要按照厂家的要求去保养就足够了，没有必要自行缩短保养周期，这样做无疑是一种浪费，而且并没有实际意义。

当然如果近期行驶路况确实非常差，适当提前去保养也是完全可以的。

5. 为什么保持轮胎气压能省油

轮胎按标准充气后，行驶一段时间会自然损耗，造成气压不断下降。气压下降后，行驶阻力会大大增加，"油老虎"就会越来越威猛。因此，有必要经常检查轮胎气压，该充气就充气，确保气压保持在正常范围，这样才能省油。

6. 保持制动装置性能可以省油吗

良好的制动装置性能可以提高汽车行驶的平均技术速度和运输效率，否则就会影响发动机油耗。因此要保养、调整好制动系统，保证制动装置正常运作，防止出现制动不灵、制动发咬、制动跑偏和制动不稳等故障，减少油耗。

7. 空挡滑行省油吗

为了省油而空挡滑行是非常错误的。事实上，现在很多车型上的电喷发动机已经能够做到让车辆在带挡滑行状态下完全不喷油。而如果空挡滑行，发动机则会视之为"怠速状态"，因此会喷出额外的燃油。出于安全考虑，在下坡的时候坚决禁止空挡滑行。因为此时没有了发动机的牵阻力，车速会越来越快，如果单纯用制动  踏板来控制车速会使制动片温度骤增从而削弱制动力度，影响制动效果。

8. 调整火花塞间隙省油吗

火花塞是将高压电引进发动机的气缸内，在电极间产生火花，点燃混合气。一只火花塞不工作，要多消耗25%的燃油；两只不工作，就要多消耗60%以上的燃油。

火花塞间隙的大小、积炭的多少等都与功率和耗油有直接的关系。在使用中应注意正确调整火花塞间隙，必须根据各车型规定的标准和气缸的实际压力进行。

间隙过大，发动机高速时容易断火；间隙过小，则火花较弱，不易点燃混合气，容易造成积炭，形成短路而不能跳火，从而影响发动机的正常工作，降低发动机的功率，增加燃油的消耗。

9. 选择好的加油站能省油吗

民营油企开采、提炼的油品质量很多都不如中石油、中石化。由于进油渠道不同，不同加油站出来的油品质量会有一定的差别，有的加油站可能93号汽油好一些，有的可能97号汽油好一些。油品质量不好，杂质太多，通常燃油也不能充分燃烧。因此，加油时要留意加油站的油品质量。

10. 车身干净能省油吗

当车速超过30千米/小时后，汽车行驶中遇到的主要阻力就是空气阻力。而汽车表面不洁、损坏和粗糙时，会加大车身与空气间的摩擦阻力，白白增加油耗。因此要小心开车，避免发生意外撞车；同时定期打蜡，保持车身整洁。

11. 故意低转速行车省油吗

驾驶员故意低速高挡位行驶会加剧发动机的负担，而过低的转速也会让燃油燃烧不充分形成积炭。更有甚者在起步时故意不踩加速踏板说是为了省油，但是缓慢的车速给公路增添了负担。最为合理的驾驶方式，就是让发动机的工作转速更多地保持在厂家推荐的经济转速区间内。

12. 余量机油如何巧利用

机油的更换量是由发动机型号来定的，但不管怎样都不可避免地会出现余量机油的情况。要避免浪费，在进行车辆保养更换机油时，可以采取散装机油加注的方式，这样就可以根据所需用油量进行加注。目前很多维修站都采取了这样的机油更换方式，也就不会出现浪费的情况。若实在没有办法采用散装机油加注，只能购买瓶装机油，所剩下的余量机油建议用于填补发动机工作而损耗的部分。长时间留存的机油不要用于发动机，可以用于日常生活中机械零部件的润滑。

13. 起步与停车如何省油

汽车行驶中突然制动、静止状态下的急速起步，都会导致油耗加大。

急速起步10次，将增加耗油120毫升以上。因此要避免行驶中突然加速和突然减速，并尽可能多地利用汽车的惯性，减少不必要的制动。

中等车速在正常路面上的一次紧急制动，使轮胎胎面局部磨损量可达0.19~1.20毫米，相当于汽车正常行驶3000千米的磨损量。驾驶时应注意路障，可以滑代刹，减少油耗。因为一次紧急停车和急速起步，可多消耗35毫升的汽油。

切不可习惯性地利用汽车制动灵、加速快的特点来处理情况，应尽量减少制动次数。

14. 如何合理使用汽车空调以省油

开空调会消耗发动机的功率，也就比较费油。在夏季使用空调，会增加20%的耗油量。因此，天气不是热得难耐时，尽量不要用空调，可开窗降温。

当车速低于80千米/小时时，可视情况关闭空调制冷系统，打开车窗通风。但车速高于80千米/小时时，则应充分利用空调制冷，关闭车窗。因为高速行驶风阻大，其所消耗的燃油比空调制冷还要多。

小排量车不宜猛开空调
温和驾驶才能省油

15. 如何变换挡位以节油

低挡起步，转速足够才可以换入高挡。既不要在低挡高速行驶，也不要在高挡低速行驶。

每种车的升挡时机各不相同，要参照其使用手册，一般应在发动机出现最大功率的转速换挡，既保持燃油能量充分发挥，也保证发动机得到锻炼。可随时观察各种仪表的指示情况，并按要求保持发动机工作在经济转速，以达到节油的目的。

温馨提醒

有些新手不注意及时换挡，低挡起步后行驶了很远，速度升上去了还不知换挡，这样非常费油。

行驶中，我们应将目光放远，提前判断前方路况。
避免急加速和急减速产生的燃油浪费，同时也保证行驶安全

以经济时速匀速行驶，如60千米/小时，才能保证最佳的油耗表现

通过切换不同挡位，可以使发动机在最经济的转速区间运转，从而保证最佳的油耗水平

16. 夏天中午加油是最不划算的

因为汽油是以体积而不是以重量计费的，因热胀冷缩，温度高油体积就会变大。应该选择凉快的早上或晚上加油，同体积的汽油可以有较多的质量。这一招在夏天尤其管用。虽然不可能一次省很多钱，但是时间长了也能节省一笔不小的开支。

17. 如何加油会更省油

给爱车加油要记住两个数，一个是25%，另一个是80%。

25%是加油的时机。当油量在油箱剩余四分之一时，就应该加油了；若在油箱快见底时才加油，则会造成油箱底部所累积的杂质被吸入燃油系统，造成供油不顺畅。

80%是加油的数量。平时在市区开短程时，没有必要将油箱加满，加到80%就可以了。因为市区行车常常走走停停，加满油箱会加重发动机的负荷，反而使车辆更费油。

18. 怠速时间太长不利于省油吗

车辆怠速有两种情况：一是有热车习惯的驾驶员，车子启动后会原地怠速停留一会儿；二是等红灯或是停车等人。车子启动后在原地停留超过1分钟，会对发动机造成很大的损耗，不但增加了发动机故障风险，也增加了二氧化碳排放。

原地热车还会使排气管内的积水无法排出，会导致一些汽车排气管生锈甚至被腐蚀穿孔。实验证明，发动机空转3分钟的油耗足够让汽车多行驶1千米。

车子启动后不需要原地热车，只要不马上加速，慢行几分钟让发动机热起来，再均匀加速就可以了。而在等红灯或者等人时，只要超过1分钟或是堵车怠速4分钟以上，就请马上关掉发动机，因为即使只等1分钟，重新启动也比怠速要省油。

19. 急加速省油吗

急加速与缓慢加油相比，要达到同样速度，油耗会相差12毫升左右，而每千米会造成0.4克的多余二氧化碳排出。

急加速使轮胎与地面发生强烈摩擦从而造成的噪声污染会是匀速行驶时的7～10倍，轮胎磨损增加70倍，追尾风险增加4.3倍。而猛抬加速踏板，会使发动机转速突然降低，产生的牵阻作用会抵消一部分行驶惯性，并使汽车产生"颤动"，从而使耗油量增加。

20. 低转速换挡能省油吗

要想车子获得最佳的输出动力,发动机、加速踏板和挡位的默契配合十分重要。而发动机转速为2000～3000转/分钟时,才能获得不错的效果。

当发动机转速为2000～3000转/分钟换挡时,转矩比转速不足或空转时大1.4%,此时发动机的磨损却能减少2.6%。

多关注转速表,很多时候比关注车速表更重要。

21. 频繁变道费油吗

汽车在转弯时比直行更费油。因为转弯时阻力增加,车辆会多消耗能量。通过弯道时常要加减挡,而每次换挡也都会多耗油。不要小瞧多耗的这一点油,积少成多会是一笔不小的开销。

其实频繁变道与过弯的情况比较类似,变线需要频繁改变速度、急加速、急制动,从而使大量的燃油在完全没有发觉的情况下变成没有充分燃烧的有害尾气。另外,频繁变道很容易发生车祸!

22. 车速慢就省油吗

最省油的方法是匀速行驶。在风速低时,最省油的车速是70～90千米/小时。车速低时,活塞的运动速度低,燃烧不完全;车速高时,进气的速度增加导致进气阻力增加,这些都使耗油增加。

城市道路一般限速在80千米/小时内,即使在车少的情况下,也应保持匀速行驶。另外,开车时千万别打手机,因为边开车边打手机势必会降低车速,增加油耗,而且也不安全。

第二章 修车必知

一、正规汽修店里更安全

技巧 1 防止防冻液里撒盐

冬季是为发动机添加防冻液的季节，而防冻液里被撒了盐车主根本看不出来。撒了盐的防冻液加进发动机水箱后，会腐蚀铝制的水箱，造成水箱损坏。不久，车主又会不明真相地来到路边店更换水箱，再次被宰。

技巧 2 防止机油里放白糖

汽修工往往趁车主不注意时悄悄往机油里放白糖。白糖受热成黏糊状，导致发动机"抱瓦"，不能正常工作。毫不知情的车主会图省工时费再次返回路边店修理发动机，使路边店趁机又捞一票。

技巧 3 防止配件以次充好

路边店还存在倒件行为。修车时，汽修工用旧件、假件以次充好安装到客户车上，这是常有的事。有时，汽修工还把客户车上的新件更换为旧件，再把新件倒手高价卖出。

技巧 4 防止车被偷用

有时修车排队，有的车主干脆就把车停放在路边店里待修。千万不要"过夜修车"，因为有的汽修工根本无视客户的信任，晚上会心安理得地开着客户的车出去办事。

技巧 5　防止加变速箱油时做手脚

加变速箱油时，车主也会遇到陷阱。汽修工给手动变速箱加油时会往油里加糖，糖产生热量使油的润滑作用无法发挥，导致变速箱里出现打齿现象，加速变速箱磨损；给自动变速箱加油时会往油里加卤水，使变速箱里产生糊片现象，同样会加速变速箱磨损。半个月后，轻则需要更换变速箱磨片，重则需要更换变速箱。

技巧 6　防止无专业工具影响维修质量

正规的维修厂有专门的维修车间、专业的维修设备、经过培训的汽修工，路边店则没有这样的条件。而且专业工具很贵，像一个专业的扳手就得1000多元，路边店当然不会花这个钱了。

技巧 7　防止钣金烤漆时上假腻子假漆

在为车钣金烤漆时，使用假腻子假漆，当时看不出什么异常，可是不久就会脱漆掉色。有的路边店还用国产漆冒充进口漆，进口漆能保持5年以上，价格也高；而国产漆颗粒不匀，附着力不强，寿命很短。

技巧 8　防止制动液里兑酒精

为了生命安全，车主一定要到专业的维修厂更换制动片。路边店里假配件多，有人趁车主要求换制动液时，往里面兑酒精。这样会加快制动系统的磨损，最严重的后果是车主需要更换整个制动系统。

技巧 9　防止用瓷铝粉代替抛光蜡

瓷铝粉是用来刷洁具的，才1元多一袋，而一桶抛光蜡则100元。所以往瓷铝粉里兑色素冒充抛光蜡卖给消费者是绝对有利可图的，而车主却不知情地付了高价毁了车。

技巧 10　防止用火碱清洗发动机

有的路边店用火碱代替专用的发动机清洗液，会加速其中塑胶垫的老化，使车主还得再换塑胶垫。

二、汽车常遇问题及解决

技巧 1　发动机过热原因及解决技巧

水温表的指针一直处于上升状态，当进入红色危险区时，发动机的功率下降，从发动机盖的缝隙中会有水蒸气冒出，这些现象可以认为是发动机过热。

以下几种情况会出现发动机过热的现象。

情况一：在堵车或长时间怠速时，发动机水温表显示过高，电子风扇高速挡工作时间过长，发动机噪声增大，气温过高开空调时故障最为明显。

解决方法：检查冷凝器与水箱之间的灰尘是否过多，用高压气彻底清洗，保证它们有良好的散热性能。

温馨提醒

平时注意擦拭冷凝器与水箱之间的灰尘。

情况二：在气温过高开空调时，怠速不稳转速浮动过大，急加速无力，发动机有异响。

解决方法：在热车时，检查水箱上下水管的温差。如果温差太大，需要检查节温器的开度和水泵是否有转速丢转的故障。

温馨提醒

水箱上下水管的温差不能太大。

情况三：热车熄火十几分钟后，在启动时不容易着车；热车行驶中，有时会自动熄火。

解决方法：热车后，检查防冻液储水罐上端的回水管回水情况，若回水不畅或堵塞会造成水温过高。

温馨提醒

在维修中不要盲目拆件和换件。

情况四：冷车时空调制冷温度很凉，热车时空调制冷效果不明显，而且空调系统内有较大的共振嗡鸣声。

解决方法：由于防冻液的添加和更换不规范，会造成发动机水道和水箱提前堵塞，出现水温高的现象。防冻液要2年更换1次，在更换和添加时必须使用原厂配件。

温馨提醒

发动机冷却系统内加入水后，或者加入的防冻液浓度超过了60%以上，都会造成水温过高。

注意事项：汽车发动机过热不要立即熄火。有些车主发现"开锅"后，想到的是立即熄火。要知道发动机之所以"开锅"是因为水套内水温度过高，也就是罐套、缸壁、气缸盖的温度过高。若此时熄火，机件都处于膨胀状态，各配合间隙很小，停机后会造成有些软金属脱落，有些甚至粘缸。所以发现"开锅"后，不要立即熄火；应保持怠速运转，全部打开百叶窗。如已经熄火，应立即用摇柄摇车以防止粘缸。

技巧 2　怎样判断离合器打滑

离合器是汽车上的一个摩擦件，随着时间的增长，较容易出现打滑的现象。当出现以下情况时，就可能会产生打滑的故障。

① 车辆在标准状态下无法达到最高车速，比如原来在5挡的时候，发动机转速为2200转/分时，车速对应的是100千米/小时，那么在离合器出现打滑的现象后，车速可能要比原来低。

② 车辆在急加速时，发动机转速迅速提高，但车辆提速迟些弛懈且加速度减少。

③ 在山路长期上坡行驶时，车辆会有异味，且很明显。

④ 车辆起步时，离合器要抬得很高。

⑤ 最近比较费油，可能也是离合器打滑的一种征兆。

有一种简单有效的方法判断离合器是否打滑，即启动发动机，挂上一挡，不要放开手制动，慢抬离合器直至内部抬开，如果车辆马上熄火就证明离合器不存在打滑的问题，反之则要调整或修理了。

需要特别说明的是，当将离合器全部抬开时，发现车辆没有灭火，一定要马上踩下去，否则对离合器的磨损是非常严重的！

技巧 3　空调制冷不足或不制冷解决技巧

① 检查冷凝器散热片是否堵塞，若散热片上有泥土或杂物将直接影响散热效果，应用水清洗或找修理人员解决。

② 打开空调以后，观察发动机前的散热片风扇是否转，若不转应检查插接器是否松动、保险片是否烧坏，发现后排除。如果以上情况都正常，则应到专修厂去修理。

技巧 4　火花塞被浸时发动机的启动技巧

① 如果有这种情况发生，请在踏下加速踏板的同时，将车钥匙放在"启动"位置，并保持这种状态5秒钟，然后回原位，再尝试在不踏加速踏板的情况下启动发动机。

② 如果车5秒钟内无法启动发动机，请过几分钟后再启动发动机。若反复几次还是不能启动，那么需找专业人员对发动机进行修理。

技巧 5 为什么发动机在熄火前应先进入怠速状态

原因是发动机工作时,有一部分机油是供给涡轮增压器转子轴承润滑和用于冷却的。正在运行的发动机突然停机后,机油压力迅速下降为零,机油润滑会中断,涡轮增压器内部的热量也无法被机油带走。这时增压器涡轮部分的高温会传到中间,轴承支承壳内的热量不能被迅速带走。而同时增压器转子仍在惯性作用下高速旋转,就会造成涡轮增压器转轴与轴套之间"咬死"而损坏轴承和轴。此外发动机突然熄火后,排气歧管的温度很高,其热量就会被吸收到涡轮增压器壳体上,将停留在增压器内部的机油熬成积炭。当这种积炭越积越多时就会阻塞进油口,导致轴套缺油,加速涡轮转轴与轴套之间的磨损。因此发动机熄火前应怠速运转3分钟,使涡轮增压器转子转速下降。此外值得注意的是,涡轮增压发动机同样不适宜长时间怠速运转,一般应该保持在10分钟之内。

技巧 6 电控发动机的三元催化器如何避免提前损坏

① 三元催化转化装置工作温度通常不能超过800℃。但是,如果发动机的某缸燃烧不良(这种情况经常出现,像火花塞、高压线的故障),排气中会有过量的未燃烧的燃料气体,这些气体在排出发动机后会在排气包内燃烧,这将导致三元催化装置由于工作温度太高而失效或损坏。

② 催化器的载体是一个陶瓷元件。装有三元催化器的车子在拖底后,剧烈的磕碰有可能使催化器陶瓷芯破碎并报废。

③ 减少机油添加剂的使用,因为发动机工作时会有一定数量的润滑油通过汽缸壁和PCV阀进入燃烧室内参与燃烧。最后会通过排气管排出,造成含铅气体进入三元。因此,如果混合在润滑油中的有害成分长期堆积在三元催化装置表面,同样会导致三元催化装置失效。

④ 电控系统只控制喷油时间,所以一旦发现发动机工作不正常,必须立即停车检修。而且,千万不能用推车的方式启动发动机,这样将导致过多的燃油排到三元催化器当中。

⑤ 避免三元催化器与油类物质接触。铂、铑、钯等金属非常害怕油类物质侵蚀。

技巧 7 及时添加汽油,不要等燃油警告灯亮时再加油

现产的汽油车都采用电动汽油泵以及油量电子感应器,需要浸泡在汽油里散热降温。假如汽油太少,油泵就不能被油泡住,散热就会受到很大影响,而散热不及时就会影响油泵的寿命,甚至导致烧毁;假如车子的油箱已经长时间没有清洗,由于汽车油箱底部杂质较多,油量少就很容易造成油路堵塞;同时,燃油不多还会使汽油泵工作负荷增加,影响油泵内转子的冷却。此外油量太低,也可能影响排气系统的氧传感器。

所以,建议车主在使用过程中经常检查油表是否到底。千万不要等油表灯亮

了再去加油，因为油泵、氧传感器这些零件的维修费都不便宜；同时，如果不及时进站加油，还会导致汽车抛锚，给车主的出行带来极大不便。

技巧 8 　遇到车在早晨冷启动时，发动机会有一段异常的响声，而后消失时的应对技巧

在较凉的天气长时间停车后，润滑油沉积到油底壳底部，再次启动时，车辆不能得到有效润滑，导致气门和其他机械部位润滑不良，产生噪声。建议凉车启动后，不要急于行驶，而是经过2分钟左右的怠速热车后行驶，会有很不错的保养效果。

技巧 9 　早晨启动时车子抖动的应对技巧

因为个别缸工作不好，气门关闭不严，上高速跑跑是一个办法；也可以在三挡四挡上高转速多跑一会，效果一样。如果热车不抖但换挡不顺（手动挡），则有可能是喷油嘴喷油量不匀，需要检测、清洗。

技巧 10 　防止三元催化器提前热老化的技巧

催化转化器工作时会产生大量的自量越高，氧化的温度也越高，当温度超过1000℃时，载体上的催化剂成分铂、钯、铑等贵金属，因高温烧损和脱落，使化学反应不能正常进行。

防止提前热老化应注意以下问题。

① 严禁使用有铅汽油和劣质汽油。不要到非正规加油站加油，因为它们往往用低标号油掺兑或加入添加剂以提高抗爆性能。

② 禁止熄火滑行，防止燃油积聚在三元催化转化器中，造成高温烧结；严禁缺缸运转或用单缸断火测试，造成高温烧结或加速热老化。

③ 最好在熄火前怠速运转数分钟，而不要在熄火前轰油门，启动时也不要踩油门。一旦发现排放不合格，应检查分析原因，及时解决其他相关问题。

温馨提醒

不要在有易燃物（如干草、有机溶剂）的路面行驶和停车，因为催化器外表面的温度较高，易燃物附着在上面有引起着火的危险。

技巧 11 　仪表台内的电子公里记数表不停闪烁的解决技巧

电子公里记数表不停地闪烁原因有三个：一是可能线路接触不好；二是可能里程表传感器；三是可能仪表坏了，建议去4S店做细致检查。

技巧 12　起动机正确使用的技巧

① 为了确保汽车发动机可靠地启动，应经常保持蓄电池处于电量充足状态；起动机、蓄电池、点火开关以及搭铁线等连接牢固，接触良好。

② 由于起动机是按短时间工作而设计的，而且起动机工作时，电枢绕组电流很大，因此每次的启动时间不得超过5秒，2次启动间隔时间不应少于15秒。当连续三次接通起动机仍不能启动发动机时，应查明原因并排除故障后再使用。

③ 冬季和低温区冷车启动时，应先将发动机预热后再使用起动机启动。

④ 发动机启动后，应及时切断启动开关，使驱动齿轮退出啮合，减少单向离合器的磨损。

⑤ 使用起动机时，应挂空挡或踏下离合器踏板，严禁用挂挡启动的方法移动车辆。

⑥ 安装好防尘罩，防止尘土大量侵入电动机内部，脏污换向器及其他零件。

⑦ 汽车每行驶5000千米应对起动机和启动继电器进行1次检查并对运动或转动部位进行润滑。

⑧ 经常检查电刷磨损情况及其弹簧压力。

技巧 13　汽车有异响的应对技巧

有些故障会引起汽车发动机或底盘部分的不正常响声，应该认真对待，否则很容易酿成机件事故。经验表明，凡声响沉重，并伴有明显的震抖现象多系恶性故障，应立即停机，查明原因。一般的声响常因成因不同而带有不同的特征，应该仔细听，正确分辨。

听汽车是否有问题，要将引擎保持在怠速运转的状态，如有不正常异音或振动往往是因为车子的时序皮带松紧度已经不合标准，也可能是因为气门间隙过大甚至因为车子太久没有进厂保养而出现了严重的爆震或积炭现象。

如果出现这些问题，皮带若须更换或调整，自然事不宜迟；引擎运转的问题虽然不至于立即产生危机，但拖得越久情况就会越严重，引擎不仅会震得厉害，车子也会更耗油，引擎寿命自然也会大大缩短。

另外开车上路　要先打开车窗，听听转弯时或前进时有没有异响。转弯时常见的异音往往来自接头已经破损的前轮传动轴，听到断断续续的噼里啪啦声，可能是排气管哪个地方破了个洞，也可能是哪个板件或保险杠部分脱落。

（1）轻敲声　声音类似重敲声，但声响要小。这种声音出现时，驾驶员要分析一下是不是用了劣质汽油，如果是还会出现爆鸣声响。

（2）咔嗒声　可能是驱动轴的万向节坏了，也可能是轮胎里的石子敲打轮胎或风扇叶片弯曲松动造成的。

（3）撞击声　一种较重的金属铁器撞击的声音，可能是发动机固定架长时间磨损，当发动机速度变化时就会发生撞击，也有可能是发动机的悬架轴瓦损坏，或者是传动液过低引起的。

（4）**嘶嘶声**　像气球漏气，大多是空调或冷却系统有毛病。如果冷却系统有毛病，在车底均可以看到液体。另外，轮胎大漏气或发动机真空室漏气也会出现这样的声音。

（5）**重敲声**　像沉闷的敲门声，但声响要小。这种情况大多是发动机的内部原因，很可能是车辆老化所致，轴承或发动机阀门损坏也可引起。

（6）**啸鸣声**　大多出现在汽车转弯时，可能是风扇传动带松动或磨损。有时轮胎气量不足也会出现这种声音。

（7）**嗡叫声**　像蜜蜂发出的声音，很可能是某零部件松动，发动机底部的塑料或金属部件及空调或压缩机的固定支架松动最为常见。

（8）**变调声**　主要是电动机老化发出的不协调声音。

（9）**尖叫声**　很刺耳，通常是制动有问题。

（10）**轰鸣声**　从车上发出带有一种"呜汪……"的叫声，很可能是轮子里、压缩机或水泵里的滚珠轴承坏了，也很可能是空调压缩机出现故障了。

技巧 14　汽车排气噪声增加、废气排放量超标的解决技巧

出现这种故障，可能是由于发动机的废气经高温发生氧化作用，导致排气系统泄漏。

定期检查排气系统管路、接口处（特别是消音器等）是否被废气腐蚀，接口垫是否被冲坏。若发现排气系统泄漏应及时到4S店进行修理或更换泄漏部件。每年检查1次，不仅可以保证排气系统正常运转，更重要的是减少尾气中有害物质对环境的污染。

技巧 15　防止更换电瓶时音响和玻璃升降器失效的技巧

如果是在非专业的维修店更换电瓶，先不要拆掉旧电瓶，找两根细电线，用一根电线把新电瓶的正极接到旧电瓶正极电源线的卡子上，用另一根电线将新电瓶的负极接到旧电瓶负极电源线的卡子（车体也可以）上，这样就不会断电。

技巧 16　减小刮水器片震动和噪声的技巧

刮水器片用久了会有震动和噪声，是由磨损导致间隙过大造成的。此时，用钳子把各关节处和夹橡胶片处的间隙调小即可。

若情况还存在，可能不完全是刮水器的问题。建议给固定在车前窗上用来带动刮水器的轴部位加点油或到修理厂将轴卸下，除去上面的锈蚀，可能会减小噪声。

技巧 17　车辆出现橡胶煳味的解决技巧

橡胶煳味最容易分辨，出现时首先检查皮带、制动蹄片以及轮胎，看看这些

部位的橡胶制品是否松弛打滑或者过热。如果查明是制动器或轮胎发出的气味，应立即停车熄火，等散热后再行驶。

另外，刚刚购买的新车也会散发出淡淡的橡胶煳味。这是由车内相关装饰部件的原材料散发出来的，在使用过程中会逐渐消失。

技巧 18　车辆出现塑料煳味的解决技巧

自驾车散发出塑料煳味，大多是电器的线路过热所致。由于电线的塑料外皮比较薄，所以气味不是很大。但当电线短路时，多伴有局部冒烟或发热的现象，时间长了容易燃烧，引发火灾。

电线过热现象一经发现，必须马上停车找出原因。别看电线损烧的气味不大，但危险指数非常高。一般情况下，夏季发生电线温度过高的情况会更多，如果没有及时发现，很容易造成电路彻底损坏、发动机拉缸，甚至整车自燃。

技巧 19　车辆外观异常的应对技巧

汽车发生故障时，外表的变化亦会反映出来。可将汽车停放在平坦的场地上，检查其外形，如有横向或纵向歪斜等现象，则为外观异常。

汽车外观异常的原因多系车架、车身、悬挂装置、轮胎等的问题，这样会引起行车方向不稳、行驶跑偏、轮胎摩擦不均匀等。因此当发现爱车外观有异常时，应及时开到4S店检查或修理。

技巧 20　车辆行驶中天窗有异响的解决技巧

很多新车都会遇到这个问题，天窗不论是开启还是关闭状态，只要车子动起来，就能听到顶棚发出不正常的声音，类似于一根细铁丝不停地弹在玻璃上的声音，持续不断，虽然不是很大，但是细听就比较明显。一般必须把顶棚全部拆下来才能找到原因，大多是天窗电动机部位的螺丝松动了，拧紧即可消除故障。

技巧 21　后视镜容易存水的解决技巧

目前的汽车用品店有专门为后视镜设计的遮雨罩，还有专门放置玻璃上留水珠的排雨剂。遮雨罩起着雨伞的作用，而排雨剂只要喷在后视镜上就像镀了一层防水膜一样，使落在其上的水珠迅速排走，效果十分明显。

技巧 22　气门弹簧折断的解决技巧

将断弹簧取下，把短的两段反过来装上即可使用。如弹簧断成数节，可将该缸的进、排气门调整螺钉拆下，使气门保持关闭状态，让该缸停止工作。

技巧 23 制动液回升慢的解决技巧

拧松放气螺丝，观察制动蹄回位情况。若制动蹄回位，应疏通油管；若制动蹄不回位，应检查制动分泵。

技巧 24 方向盘不稳的解决技巧

方向盘不稳的现象是转动方向盘时自由转动量大，在汽车行驶速度达中速以后方向盘抖动，前轮摇摆，严重时方向盘难以控制。

方向盘不稳的原因有，转向器上下轴承或滚轮与蜗杆间隙过大；横、直拉杆球关节磨损松旷，紧固螺母松动；转向垂臂于摇摆轴的紧固螺栓、螺母松动；万向节销与衬套磨损严重，配合间隙过大；前轮毂轴承松旷或固定螺母松动；前轴弯曲、车架和前轮辐变形或轮胎内装有垫皮；前轮前束过大或前钢板弹簧骑马螺栓松动；车轮平衡不好等多种情况。

（1）思想上一定要放松，保持需要的警惕性就可以了。在开车时，无论什么状态下，无论需要分心去换挡或者是做别的什么运作，一定要留出较多的心思顾着另一只手中的方向盘，记得轻拉方向就是，切忌左右来回晃动。

（2）要大体知道方向盘转多少能控制车轮能转多少，驾驶员一定要始终记住，自己是在车上，而不能用在车外的感觉去开车。如同样是要让过前面的自行车，在车外的人看起来，可能车子需要一个比较大的角度（如需要转动10°左右的角度），但是驾驶员本身其实只要轻轻拨动一下方向盘（大概是3°～4°的角度）就足够了，如果此时驾驶员却将方向盘转动了10°，那么车子会猛地向某个方向大幅度偏离，车子自然感觉不稳。

（3）在正常驾驶时，手扶方向直行的时候方向的自由行程在自动调整车辆的行驶直线方向，当路面情况改变时左右两侧的路面不平均时就会朝摩擦力大的一边自由滑动。这时方向也就走偏了，驾驶员的手上也是有感觉的，就是方向盘在向跑偏的一边自己转动，只需要向相反的方向动一下方向盘，刚感觉到过了自由行程有一点点阻力时，就稳在那里，车辆就会在人为的情况下自己走正，感觉到阻力小了或没有时，就把方向盘再回过来一点点到自由行程里，这样车就会又自动走直线了。主要是手感，要用心感觉，一旦适应就好了。

（4）掌握好方向盘在不同速度下要如何打；最重要的是不要追求速度，如果不得已要将速度提上去，那么一定要注意不要把方向盘转得太猛。其实除了转弯和其他紧急情况之外，正常开车时，方向盘是不需要太大幅度的转动的，车子行驶过程中，只要轻轻动一下方向盘车子本身就会有很大的方向改变了。如果行驶时，方向盘经常一下掰到这儿一下掰到那儿，自然会给人感觉车子在左右飘动，开得不稳。

（5）调整好座姿，后背靠在座椅上向前伸平双手，手腕可以达到方向盘上端，当离合踩到底时，关节仍然有弯曲；驾驶时两臂平伸握住方向盘，注意肩膀、肘部关节要放松；目光平视远方，看远顾近，双手自然，只有眼睛看得远，不要看着车头开车，大脑判断指挥双手，方向才不容易跑偏，这一点容易忽略；要尽量放松身体，眼睛平视。

（6）换挡时，一定要在直行状态或一定时间内不需要转动方向盘的情况下换挡，并且注意，左手控制方向盘不要动，保持上身姿势不变。

技巧 25　高速行驶方向盘发生振动的应对技巧

车辆在某一高速行驶时，方向盘发生振动，甚至车子的方向感在控制时与预想的不一致，这时应该减缓行驶速度。

三、自己修车技巧

技巧 1　日常自检——看、闻、听、修

汽车的自检包括外观检查和内部检查，外观检查主要包括轮胎气压、制动液、玻璃洗涤剂、制动装置、润滑系统油量等，内部检查主要包括打火时机动车故障灯是否会亮、各种灯光是否正常、发动机是否有杂音、喇叭和离合器是否灵活等。日常自检最基本的就是学会看、闻、听、修，有助于保养自己的爱车。

1. 看

烟：如果排气管冒烟，要看是黑烟还是白烟或蓝烟。如果冒黑烟，这可能是汽化器或油喷嘴调整得不好或空气过滤器堵塞的结果。如果只是早晨启动时冒黑烟，那可能是喷油系统的气门或者燃油增浓部分需要调整了。如果冒白烟，可能是由于冷却液或防冻液泄漏、进入燃烧室被燃烧。另外，气缸垫泄漏、气缸盖和汽缸壁破裂都可能导致冒白烟。如果冒蓝烟，那就是烧机油的现象。但如果只是早晨启动时冒蓝烟，这个问题并不严重，可能是气门导管或密封不好，不过仍需尽快到维修店修理。

泄漏：如果发现车子泄漏，请记录下车子是否停在斜坡上、泄漏的具体位置，以及泄漏液体的颜色。例如，在车身前半部下方泄漏的绿色液体，很可能是引擎冷却液。

2. 闻

异常的气味可能来自路上前面的车或是碰巧经过的工厂，但如果异味持续，那可能就是自己的车出问题了。

3. 听

汽车可能发出各种各样的声音。如果是间歇的，还要记录下发出噪声时汽车处于何种状态，引擎过热还是已经冷却、加速行驶或匀速运行，以及仪表是否显示异常。

4. 修

① 制动跑偏。有可能只是车胎压力不均匀，或者是需要校正车轮。检查一下前轮胎是否磨损均匀，否则说明需要校正车轮。

② 制动踏板行程。如果制动踏板空行程过长，可能是由于制动块磨损（需要更换）或制动系统中有空气（需要排出）。

③ 引擎无法启动、熄火、动力不足。如果引擎熄火或无法启动，通常是因为燃油不足或打不着火花。如果问题仅仅是动力不足，则可能是催化转化器堵塞引起的。

技巧 2　自己修车有哪些注意事项

1. 将坏车停在半坡维修

有些车主会将坏车直接停在半坡修理，而且忘记拉手制动，最后造成严重的事故。

该怎么做：车主停车时要留意停车的地方是不是斜坡，最好找平坦无坡度的地方停放。检查汽车是否仍挂在挡位上，拉好手制动。如果是在有坡度的地方，最好在车轮下放置障碍物以防止车辆突然滑动。

2. 在路边维修车辆不放警示标志

在路边修车是相当具有风险的一件事情，来往车辆随时会对你造成危险。

该怎么做：在路边修车或者车坏在路上等待救援人员的时候，一定要在车后50米左右树立警示标志。如果实在没有警示标志，可以从四周找些树枝或障碍物作标记，达到警示后方车辆的效果，以免发生交通事故。

3. 在不通风的车库内长时间运转发动机

很多车主在封闭的空间内启动汽车，忽略了发动机排出的废气的影响。汽车废气其实很危险，含有一氧化碳，是一种看不见又闻不着的毒气，也很容易进入乘坐舱。如果车主长时间在一个封闭或通风情况不好的空间内，不断吸入低浓度的一氧化碳，会引起头痛、呼吸急促、恶心呕吐、体虚目眩甚至大脑损伤等症状。

4. 油管堵塞用嘴吸

汽油不仅易燃易爆，而且有毒。特别是含铅汽油，会损害人的神经系统、消化道和肾脏。另外，汽油中还含有高浓度的硫化物，硫化氢也有一定的毒性。如果油管堵塞，车主为了通管急忙用嘴吸，很容易将汽油吸入肚里，从而引起恶心和腹痛，甚至导致中毒或死亡。

该怎么做：如果车辆在路上出现油管堵塞的情况，切记不要用嘴吸油管，特别是加的含铅汽油。万一吸入，在逼迫自己呕吐后要及时到医院治疗。如果出现油管堵塞的问题，最好打电话找专业救援人员帮忙。

5. 汽车"开锅"时贸然开引擎盖

夏季天气炎热汽车易"开锅",在这种情况下,驾驶员切勿自己动手检查。由于在"开锅"的情况下,打开引擎盖,水箱蒸汽温度过高容易导致脸部或者身体其他部位被烫伤。该怎么做:首先把车停在路边,将火灭掉,把钥匙拔下来,将机器盖支起,在阴凉处让它天然透风散热,然后赶快打电话等待专业救援人员的到来。

技巧 3 排气管冒黑烟、冒白烟、冒蓝烟分别是什么原因

1. 排气管冒黑烟

车体表现:汽车的发动机抖动大,排气管有不正常声音发出,同时排出黑色烟体,加速时感觉无力。

故障原因:冒黑烟的现象在化油器车上比较多见,这是由于化油器车型的喷油量不是由电脑控制,而是由脚踏油门控制的,过多的燃油进入汽缸后来不及燃烧就排出车外,从而造成了我们看到的黑烟。

产生黑烟的故障原因较多,如果是化油器车冒黑烟原因就比较复杂了。比如冷启动时,火花塞工作不好,要打半天马达才能启动,这样积在缸内的混合气不能完全燃烧,自然就会有黑烟排出;或是车辆点火时间不对,提前或错后也会导致黑烟产生。电喷车一般冒黑烟的很少,如果真冒出了黑烟,那多半是缸体内出现了故障。"断缸"就是常见的一种。

处理办法:化油器的车要经常检查化油器等机件的老化程度,并经常进行保养和调校,养成好的用车习惯。电喷车要每隔3万千米检查缸线,每隔1万千米检查火花塞,有问题的要及时更换。

2. 排气管冒白烟

车体表现:可见大量白色水蒸气冒出并伴有发动机运转不平稳,即使发动机预热达到正常工作水温也是如此。

故障原因:冒白烟可能是由于发动机汽缸的缸垫有磨损,产生一定间隙,导致散热系统的水大量进入燃烧室。水无法燃烧,受热后生成水蒸气,直接从排气管排出。

处理办法:检查发动机缸体、汽缸垫是否有损坏,检查油箱内是否有积水;查看汽车说明书,严格依照厂家规定添加标号正确的汽油。

3. 排气管冒蓝烟

车体表现:车辆爆发力下降,感觉加速无力,噪声变大,排气管有蓝色烟排出,并伴随有机油燃烧所产生的焦煳味道。通过检查机油标尺,还会发现机油的消耗量过大。正常情况下每次保养完,经行驶7500千米后,机油的消耗量应在正常范围内,无须中途补充。

故障原因：蓝烟多是由于发动机内部故障，导致机油窜入燃烧室燃烧而产生的。常见的一般有两种情况：一是汽缸内壁有划伤、活塞密封不良或气门处严重磨损，都会产生间隙；而原本负责润滑的机油此时会通过这些间隙窜入燃烧室参与燃烧，燃烧不了的机油排出车外时就产生了蓝色的浓烟。二是机油加注过量也容易导致烧机油。有些车主误认为机油加得越多越好，殊不知过量的机油也会被带入汽缸进行燃烧，从而产生烧机油现象；同时，过量的机油还会阻滞曲轴臂的正常运作，让其额外做功，增加能耗。

处理办法：对车龄较老的车辆要经常检查缸体、活塞等部件的密封性，发现有蓝烟排出及时到维修站修理，以防更大损失；机油添加要适量，过多、过少都不可；定时检查机油使用情况，一旦发现机油消耗异常，立即去专业维修站进行检查。

技巧 4 动力转向变沉重是何原因

① 液压泵的传动带松动。
② 液压油面低。
③ 转向器与转向柱不对正。
④ 下连接突缘松动。
⑤ 轮胎充气不当。
⑥ 流量控制阀卡住。
⑦ 液压泵输出压力不够。
⑧ 液压泵内泄漏过大。
⑨ 转向器内泄漏过大。

技巧 5 如何判断和修理车辆油耗增加

如果感觉车辆油耗增加了，首先应到维修中心进行发动机电子数据的监查和车辆尾气的检测，并且按以下思路进行诊断。

（1）**轮胎充压力**　如果轮胎亏气将导致行驶阻力增加，造成油耗上升；相反，如果在轮胎气压规定值内适当增加轮胎气压，将有利于降低油耗。

（2）**轮胎花纹**　不同类型花纹的轮胎的燃油消耗率不同，选择折线花纹轮胎有助于节省燃油。

（3）**四轮定位**　始终保持车轮定位值正确，可以保证较低的燃油消耗率。

（4）**道路情况**　路面阻力越大，上下坡路况越多，燃油消耗率越高。所以，尽量选择铺装的、平坦的大路行驶。

（5）**车辆载重**　尽量减少车内和后备厢内不必要的物品，有助于降低油耗。

（6）**平稳加速**　急加速时的瞬时燃油消耗率比平稳加速时高1倍，所以我们应尽量避免急加速、紧急制动。

（7）**车速适中**　明确经济车速，车速过高与过低都将使车辆燃油经济性变差。

（8）发动机技术状况 如果发动机的技术状况不良，将导致发动机功率下降，造成大量燃油的浪费。

（9）自动变速器 确保自动变速器换挡正常。

（10）传动系统 定期检查传动轴、差速器、半轴、轮毂轴承等部件旋转阻力是否正常。

（11）制动系统 检查确保制动系统无拖滞现象。

（12）齿轮油的黏度 在气温比较低的环境，将手动变速器和差速器中的齿轮油更换为黏度较低的标号，有助于节油。

（13）风阻系数 如果车辆外观受损、打开车窗、或由于不正当改装等因素都可导致风阻系数变大。

技巧 6 如何判断和维修刮水器与玻璃喷洗器故障

（1）刮水器的常见故障有完全不工作、无间歇挡或间歇时间不对、无低速挡、无高速挡、关闭开关后刮水器不能自动回位。

维修技巧：此类故障大部分是由于保险丝烧断或接地点不良导致，应首先检查系统电源电路。

（2）玻璃清洗器的常见故障有完全不工作（没有清洗液或电机损坏）、喷出的清洗液量不足（管路有堵塞，喷头出水口被灰尘、泥土堵塞，可用大头针等物品疏通）、清洗液的喷射方向不对（调整正确喷射角度）。

技巧 7 制动软绵绵的原因

制动作为汽车安全行驶的关键部分，每位驾驶员都应特别重视。每次驾驶前，可以试验一下制动踏板的工作状态。在未启动发动机之前制动踏板会很硬，发动机正常启动后制动踏板轻微下沉一点，这是正常的。

有时踩下踏板会感觉制动软绵绵的，制动距离明显加长，制动无力。这种情况必须加以重视，一般原因有不同品牌制动液混合使用，造成制动效能下降；超过厂家规定更换期限继续使用制动液，造成制动液变质、沸点下降；制动液内含有气体；制动软管外表橡胶破损或起包造成泄压；制动总泵和分泵渗油，密封不良等。除此之外，还要检查一下制动片是否为原装产品。

技巧 8 行驶中水温过高怎么办

行驶过程中冷却液沸腾"开锅"时的处理方法如下。

① 应立即将车停到安全的地方。

② 关闭空调系统，打开发动机机舱盖，使发动机怠速运转（注意在这个过程中，千万不要试图打开冷却液的加注口盖。在冷却液沸腾时加注口盖一旦打开，冷却系统中的液体会喷出，造成人身伤害）。

③ 检查散热器风扇的运转是否正常，如不动应同经销店联系。
④ 水温表指针下降后，将发动机熄火。
⑤ 待发动机冷却后，将水箱盖打开，检查冷却液的液位。
⑥ 如缺液应进行补充。
⑦ 如水温表指针一直没有下降的趋势，则立即将发动机熄火，并同经销店联系。

温馨提醒

当出现冷却液沸腾的故障时，建议同经销店联系以获取指导，最好不要擅自处理。

技巧 9 蓄电池没电了怎么办

1. 推车启动

推车启动是大家最熟悉也最有效的应急启动方法，但这是一种不得已的手段，不能经常使用。因为这样做对发动机和离合器有一定的损伤，自动挡车辆尤其要避免使用此方法启动。推车启动一般需要2个人以上，如果只有驾驶员1人就难以实施启动。

推车启动前首先要观察车辆停放位置的路况是否适合，可以借助下坡路提高车速。如果车前方是上坡路，那么向前推车会很累，车速也很难提高，所以应该掉转车头向下坡方向推车。尽量不要在车辆和行人多的路段推车启动，以免车辆启动后驾驶员应变不当出现意外。

推车启动之前应打开点火开关，达到相当车速后，将变速器挂入挡位，然后迅速松开离合器踏板并加油。引擎一旦启动，应迅速踩下离合器踏板，同时控制油门，不让发动机熄火，然后慢慢停车。

2. 搭接启动

如果遇到这种情况时还有同行的车，且车上还有跨接电缆，还可以采用电瓶搭接的方法启动车辆。具体操作时先将两辆车靠近，直到跨接电缆足够连接两块蓄电池的正负极。要注意确保两辆车没有接触，只允许使用具有足够的承载能力且带绝缘外皮的电缆。如果提供电源的蓄电池在车辆上的安装位置不方便直接进行跨接，则必须使用工具将蓄电池拆下。

确定两块蓄电池的正极和负极，使用电缆将正极与正极、负极与负极分别连起来。注意蓄电池的正负极一定不要搞错，而且要保证电缆的可靠连接。布置好电缆的走向，防止启动时电缆与胶带或风扇剐蹭。

关闭车上所有附属用电设备，启动提供电源的蓄电池所在车辆，使其发动机运转几分钟以保证电量充足。然后按正常方式启动无电车辆，启动后应轻踩加速踏板，使发动机以2000转/分钟的转速运转几分钟。然后关闭两辆车的点火开关，小心拆除电缆，注意避免正负极电缆接头相碰。

3. 汽车牵引启动

汽车牵引启动的方法和原理与推车启动大同小异，不同的是用车牵引往往省力省事得多。具体实施时使用长度适当的牵引绳，并将两头捆扎结实。在牵引前，前后车驾驶员应先确定好联络信号，如起步和停车是鸣笛示意还是打手势示意，以便协调配合。要慢速起步，前车驾驶员除应注意后车动向外，还应随时注意交通状况。后车驾驶员在车辆启动后应及时示意前车，两辆车应缓慢靠近路边停车。

技巧 10　风扇皮带断了怎么办

遇到风扇皮带折断这种情况，可把断了的皮带用铁丝串联扎好或采用开开停停的办法把车开走。

技巧 11　螺孔滑扣了怎么办

螺孔滑扣导致漏油或连杆松动，使之无法工作。这时可将原螺杆用锤子锤扁，使其两边膨胀增大再紧固好，但不可多次拆卸，待下次保养时再修理。

四、汽车维修后要自检

1. 保养后车主一定要眼见为实

首先，在汽车保养时，车主要选择一个具备综合维修资质的维修站，正规的维修站必须具备《工商营业执照》《营业许可证》《技术审查合格证》《道路运输经营许可证》。对于需要做二级维护、整车维修的车辆来说，只有具备一类和二类资质的维修企业才有资格。

其次，在保养过程中，如果需要更换零配件，一定要看清外包装上的"厂名、厂址、电话、注册商标、执行标准"等项目，并在维修单上注明产品型号、产地、规格；不要忽视自己的知情权，要眼见为实。同时，车主还可以依据维修管理制度讲明价格。

车主在保养前与维修厂进行三大件的签订，即维修记录、结算清单、维修合同，以便将来发生纠纷时可以作为依据。车主可以通过验收时对一些细节进行观察，以此来检验保养的效果。比如某个总成上固定或连接的螺栓，都应该是一个标号或一个型号，尤其关键部位的螺栓是不允许其他螺栓代替的。

2. 将车停于平坦场地

站在车头前面，观察驾驶室、发动机罩、左右叶子板、前保险杠等是否平正。不平正通常有左右轮胎气压不一样、左右弹簧、车架或叶子板变形等。

3. 倒车前检查

保险杠及拖钩是否牢固；散热器护罩、发动机罩、叶子板和驾驶室是否有凹凸裂纹；各连接螺栓是否牢固；前照灯安装是否牢固。

4. 进驾驶室检查

车门开关是否轻便；门窗玻璃升降是否灵活；脚踏板是否安装牢固；前挡风玻璃有无损裂。

5. 到车后观察

车厢是否平正，后灯、制动灯、车牌等是否安装牢固；检查油箱、备胎架紧固情况。

6. 经喷烘漆的车辆

检查油漆面是否均匀；是否有滴漆起泡的现象。

7. 起步行驶前

发动机达到正常温度；检查1次仪表信号装置的工作情况。

8. 检查离合器

离合器应分离彻底，接合平稳可靠，无发抖、打滑、异响等现象。

9. 低速行驶中检查

低速行驶2～3千米，使底盘各部件温度升至正常及润滑正常，注意各部件是否有异响；轻踩制动踏板，试制动是否灵活有效；提高车速后，方向系统应轻便灵活，无跑偏现象。

10. 驾车车辆最小的转弯半径

车辆最小转弯半径必须符合原车规定。

11. 在加速或减速时的检查

在加速或减速时，细听变速箱、离合器、传动轴、差速器有无声响；在不同挡位和不同速度下，允许齿轮有不同的轻微响声，但绝不允许有敲击声；在任何一个挡位，当速度突然变化时允许齿轮有瞬间的敲击声；正常行驶时传动轴不能有声响，但在行驶动力不足而又未能及时转换低速挡时允许有响声。

12. 检查变速箱是否跳挡

在车辆行驶中急加速、松油门即可知道。

13. 车主应与维修人员明确哪些问题

无论是保养还是维修，车主都要请维修人员明码估价，并注明在维修单上；同时明确再次发现新问题时需及时通知车主后报价再维修，车主应请维修人员将换下的旧件保存起来。

14. 车主应向维修人员交代哪些情况

车辆送入维修厂后，车主在向维修人员说明所要维修故障的同时，还应说明故障发生的条件，如时间、频次（偶尔或经常）、状态（冷车或热车）、路况和车速等。这样能使维修人员准确诊断、缩短维修时间，并减少维修工费的支出。

15. 车辆维修后的费用结算

车主在索要发票和核实维修结算清单后，需检查所用的材料是否符合维修项目，当有疑问时一定要问清楚。

16. 车辆维修后的检查

检查车辆内的物品和工具是否缺失；检查车辆行驶的里程数和汽油表的指示位置，如果变化太大需询问；检查车辆的外观是否有新的划痕和损伤；试车以核实被维修的故障是否确实排除；索要已保存的更换下来的旧件，防止误换。

17. 修车后一定要保留凭证

维修前一定要了解维修的范围，维修时要签订维修协议，付款前应索取结算清单，并妥善保管好这些凭证，以便发生纠纷时"有据可依"。

第三章

用车必知

一、汽车新手用车常识须知

技巧 1 如何处理空调不制冷

每当在闷热的夏天，汽车里的温度总是让车主们无法承受，这时候大家都会选择打开汽车空调来降低温度，但有时空调不制冷，这让车主们头疼不已。一般人都会选择让技术人员来维修，其实汽车空调不制冷的原因有很多，有的是自己可以解决的。

汽车空调不制冷的原因，有时是汽车空调系统里的冷媒出现了问题。汽车空调的系统是由多个金属管路组成，这些管路之间存在细小间隙，因此汽车空调系统中的冷媒是存在轻微泄漏的。加上汽车空调系统中的干燥瓶吸附水分会积存部分冷媒，因此当冷媒的数量减少到一定程度后，汽车空调制冷能力便会降低。一些具备冷暖空调的车型，如果汽车空调制冷不足便会出现出风口吹出热风的现象。

有时汽车空调的制冷剂与冷冻机油内脏东西过多，也会使过滤器的滤网堵塞，导致制冷阻力加大；流向膨胀阀的制冷剂也会减少，导致汽车空调不制冷。有时汽车空调系统中一旦有空气进入，将会造成制冷管压力过高，制冷剂循环不良同样也引起制冷不足。

汽车空调的制冷系统中有一个干燥罐，主要任务就是吸收制冷剂中的水分，以及防止制冷剂水分过多导致制冷量下降。而干燥罐内的干燥剂处于饱和状态的时候，水分即不能再滤出。当制冷剂通过膨胀阀节流孔时，由于其压力和温度的因素下降，冷却剂中的水便会在小孔中结冻，并导致制冷剂流通不顺畅，阻力增大，或完全不能流动。

有时是因为压缩机的缩机驱动带过松导致汽车空调不制冷，也可能是冷凝器散热能力下降，导致空调制冷能力下降。汽车的电源、电压过低使压缩机电离合器吸力下降或电离合器压板与皮带盘间有油污等，均会导致出现类似驱动带过松的"打滑"现象，也会导致汽车空调不制冷。

技巧 2　为什么钥匙拔不出来

可能是钥匙没拧到 lock 位置，如果钥匙未拧到 lock 位置而拧不动了，可以一边轻轻转方向盘一边转动钥匙。

对于自动挡的汽车来说，拔钥匙时变速杆应在 P 挡位置。

技巧 3　为什么手制动放不下

手制动对于小型汽车来说，有的是在变速箱后，与传动轴连接的地方有一个制动盘，类似盘式制动器（当然也有鼓式的），然后通过钢索，将拉力传动到那，从而实现驻车制动。

如果手制动不能正常使用的话，车辆就不能再开了；如果继续使用的话，会将汽车的制动片烧坏，造成车辆安全隐患。手制动拉起放不下有可能是手制动棘轮机构失效所导致的，建议开到 4S 店或是维修店做进一步的检查。

技巧 4　处理行车中没油的技巧

远途行驶前，需检查油箱油量。若遇行驶中没油，可采取以下措施。

① 若附近有加油站，靠边停车，提塑料壶到加油站买油，回来后将塑料壶里的油加到车里，然后将车开到加油站加油（在车中应备有塑料壶，以应不时之需）。

② 若没有加油站，可以找车牵引前行，直到找到加油站为止。

③ 拨打救援电话，等待救援。

切记不可向油箱里加水救急，油箱没油说明吸油管口已经将油吸干仅存箱底了，若加水，很可能将水吸进发动机里，从而损坏发动机。

技巧 5　如何应对电瓶没电

如果车门用钥匙解不了锁，说明电瓶没电了。用钥匙打开车门，打开机盖，另找一辆车用其电瓶把自己的车子启动，然后开车找一家修理厂充电。电瓶已经亏电了，修理厂有专业的充电机。

温馨提醒

蓄电池放电时间过长，内部就会发生称为"硫酸盐化"的化学反应，它会永久性削弱甚至损坏蓄电池。硫酸盐化现象发生时，在蓄电池的极板上可以看到一种白灰色的薄膜。大多数情况下，这种硫酸盐化反应造成的损坏是不可逆转的。

技巧 6 磨合期开车的技巧

新车投入使用的初期称为磨合期，主要是指发动机内部的活塞环和气缸壁之间的配合，一般为1000～2000千米，也有车型为2000～3000千米。

以下介绍两个与磨合期有关的注意事项：

1. 避免高速

处于薄片环状的活塞环与气缸壁，实际接触的只是一部分区段和点。在磨合中，发动机过高的转速自然就增加了拉毛、拉伤气缸壁和损坏活塞环的可能性。所以，一般厂家都会建议新车限速80～90千米/小时。在80～90千米/小时的车速段内，无论是手动挡的汽车还是自动挡的汽车，按照正常换挡要求成自动速度切换点。发动机在这一车速段内的转速在2500转/分左右，最高也不会超过3000转/分。这正是限车速的关键和实质，限车速其实是限制发动机的转速。有的人认为"在磨合期内不要人为地给发动机加高速"，也有的人认为"只要不超过建议限速，发动机高速运转是无所谓的"。事实上，这正好与限速的建议相违背。

同时，在低车速挂高挡也是非常忌讳的，因动力不足造成经常性的挫车一样有拉毛、拉伤气缸壁和损伤活塞环的可能性。此外，不要长时间保持在某一车速上，不管是高速还是低速。

2. 平缓驾驶

在磨合阶段，平缓驾驶的要求对所有驾驶的零部件都是有好处的，尤其是对磨合中的气缸。要求避免一个"急"字，不要急加速，更避免在最初的几百千米内紧急制动。

技巧 7 如何正确使用离合器踏板

合适踏位：将右脚踏在制动踏板中央，用脚趾根部的脚掌踩踏。

踩踏与回位要领：踩离合器踏板时应该一次到位，回位时轻松自然地将膝盖部上抬。

技巧 8 如何正确停车

一些不好的停车习惯会给自己的爱车带来危害，具体如下。

1. 尽量避免高低停车

停车表现：高低停车就是在找不到停车位的时候，有的车主将爱车停上了路肩，但是由于路肩的空间不够，使得爱车一半的车身在路肩上，另一半的车身则在路肩下。在

拥堵的城市中,这样的停车方式并不少见。

危害力度:相比于停车不回方向盘,高低停车的危害更直接也更长久。直接的危害在于车主将爱车开上路肩时,由于路肩与路面的落差都在10厘米以上,尤其速度较快会使轮胎受到挤压,其内部结构很容易发生损坏,形成鼓包。

高低停车除了停车过程中会对轮胎造成损坏之外,由于车身处于倾斜状态,长时间使得车辆的悬挂系统受力不平衡,降低了悬挂弹簧的使用寿命。而如果路肩与路面的落差过大,还会导致车身结构发生变形。

2. 禁止长时间半坡停车

停车表现:在学车的时候有这样一个项目是不少学员惧之如虎的,那就是半坡起步。对一名新手来说,半坡起步非常容易出现车辆后溜的现象。事实上在日常用车过程中,半坡起步还真不少见。同样的半坡起步也就意味着车辆要停在半坡上,而长时间的半坡停车对于车辆也有着不小的损坏。

危害力度:长时间的半坡停车对于车辆损坏最大的部位就是手刹。手刹是通过拉线带动制动钳来将车辆固定在半坡上。长时间半坡停车会使得手刹拉线产生"疲劳",对手刹制动效果产生影响,甚至有可能使手刹丧失制动性能。若平时用车不注意,很容易在停车后就酿成溜车事故。

除此之外,长时间半坡停车使得车辆长时间处于倾斜状态,同样会造成车辆的悬挂系统受力不平衡,从而降低悬挂弹簧的使用寿命。

3. 注意停车时太靠后造成轮胎挤压

停车表现:停车挤压轮胎是在停车场中最常见到的停车方式。由于停车场空间有限,为了划分每个车位的范围同时保证车辆的安全,不少停车场在车位上安装了车轮挡。有的车主停车的时候习惯将轮胎紧紧地贴在车轮挡上,认为这样能确保车辆准确地停在停车位范围内。

危害力度:停车时将轮胎紧紧地贴在车轮挡上对于车辆的轮胎损坏是非常大的,相当于用1吨多重的车身来挤压轮胎,会导致轮胎的内部结构被破坏，轻则漏气，重则轮胎发生鼓包，在行驶过程中很容易发生爆胎。

4. 避免将车停在树下

停车表现：在天气热的时候特别是夏天，不少车主为了遮阳避热会选择将爱车停在阴凉之处，而树荫下则是再好不过的选择。不过要注意的是，这样的停车习惯也会给爱车带来意外的"伤害"。

危害力度：车主将爱车停在树荫下，台风来时将树木刮倒，停在树下的车辆不小心就中了"枪"。

此外，停在树下的车辆还会经常遭遇鸟粪的袭击。一旦你相中的大树被成群结队的小鸟看中，一天下来车上的鸟粪肯定少不了。别以为鸟粪不臭就是无害，即便你立刻清洗爱车，鸟粪所包含的酸性成分也很容易在车漆上留下永久的色斑。另外一个威胁来自树脂和果浆，它们不仅酸性更大，甚至不采用专用清洗液难以清除，对车漆的伤害是显而易见的。

技巧 9　怎样正确使用 ABS 系统

ABS：Anti-locked Braking System（防抱死制动系统）或 Anti-skid Braking System（防滑移制动系统），是一种具有防滑、防锁死等优点的汽车安全控制系统。

没有 ABS 的汽车，驾驶员需要在紧急制动时通过来回踩制动踏板的方法以提高制动效果；有 ABS 的车辆则不需要这种操作，因为这种做法会阻碍 ABS 的正常工作。正确的操作是紧急制动时始终用脚踩住制动踏板不松开。

技巧 10　怎样正确使用 ASR 系统

ASR：Acceleration Slip Regulation（驱动防滑系统），属于汽车主动安全装置。其主要目的是防止汽车驱动轮在加速时出现打滑，特别是雨雪冰冻等摩擦力较小的特殊路面上，当汽车加速时将滑动率控制在一定范围内，从而防止驱动轮快速滑动。其功能有二：一是提高牵引力；二是保持汽车的行驶稳定。

使用方法如下。

① 行驶时，将 ASR 选择开关打开，使 ASR 有机会参加工作。

② 在溜滑的路面行驶，油门不能太大、车速不能太高。这时如果油门太大，驱动轮易打滑；而 ASR 经常工作，会增加油耗。

③ 在不对称的路面行驶，ASR 能提高通过性。这时应低速行驶，以充分发挥路面较好一侧驱动轮的附着作用。

④ 不能过于依赖 ASR 的作用。ASR 只能改善和提高行驶的驱动能力，不能改变路面的特性。因此，路面较差时，应低速行驶，细心操作，以保持良好的驱动性能。

技巧 11　怎样正确使用 ESP 系统

ESP 系统实际上是一种牵引力控制系统。与其他牵引力控制系统比较，ESP 不但能控制驱动轮，而且可以控制从动轮。如后轮驱动汽车常出现的转向过多情况，此时后轮失控而甩尾，ESP则会刹慢外侧的前轮以稳定车子；在转向过少时，为了校正循迹方向，ESP则会刹慢内后轮以校正行驶方向。

ESP系统包含ABS及ASR，这是两种系统功能上的延伸。因此，ESP可谓当前汽车防滑装置的最高级形式。

它的作用是通过有目的的制动和发动机管理系统来防止车辆的离心力。这个系统能帮助新手在困难行驶条件下，保持车辆的稳定状态。

ESP开关安装在仪表台的中控上，按下即可关闭系统工作，再按即可接通此系统或关闭，发动机再次启动后此系统接通。另外，ESP系统正在工作时不能强行关闭。

但需要注意的是，在下列情况下不宜使用ESP功能。

① 车辆要从深雪或疏松的路面行驶出来时。
② 车辆带防滑链条行驶时。
③ 在功率实验台上开动车辆时。

二、新手开车必知

技巧 1 新车磨合

由于汽车加工精度问题，新车应注意磨合。汽车磨合的优劣，会对汽车寿命、安全性和经济性产生重要影响。汽车的磨合里程一般为1000～3000千米，进口车则更长一些。在注意事项方面，主要包括忌紧急制动、忌负荷过重（不要超过额定载荷的75%～80%）、忌跑长途、忌高速行驶（发动机转速应在2000～4000转/分）、忌起步不热车。

技巧 2 漆面保护

及时正确的养护，能令漆面保持良好外观。如果买的是进口轿车，要首先考虑车蜡中含有石蜡、树脂及特氟隆等材料。除蜡时不要用汽油或煤油擦拭，应选用专业的开蜡液，或者到专业的美容养护店请技师帮助处理。至于国产车，车身大多采用静电喷涂，漆面呈镜面光泽，故无开蜡需要。

技巧 3 坐姿

正确的驾驶姿势就是能够方便操作各种装置，并且使身体处于放松、自然的状态。不正确的驾驶姿势会使操作方向盘和踩踏板发生困难，影响安全。

① 正对方向盘。
② 坐到座位上，伸直腰，后背正好轻贴靠背。
③ 肘部微弯。
④ 膝盖微弯，能够轻松自如地踩踏踏板。

技巧 4　注意盲区

开车的过程中，驾驶员应注意视觉盲区。此外，随着速度的提升，驾驶员的视野也会变窄。路边停放的车辆，会对附近朝它驶来的车辆的驾驶员和横过道路的行人构成视野盲区。此外，车后侧2米处为后视镜盲区。因此，在后视镜里看不到车，并不等于无车。在变道时，驾驶员应亮起转向灯。在观察后视镜的同时，还要扭头观察车后情况。

技巧 5　提高安全意识

① 人人都可能犯错。每个驾驶员都是有个性的人，有人会在开车时打手机、有人会不打灯就并线、有人开车速度极快。对于这些驾驶员，除依靠交通管理部门严管外，自己开车时也要小心，注意车辆之间拉开距离。

② 开车应防追尾。无论是追尾，还是被追尾，有时都显得身不由己。尽管如此，也有一些通用的技巧用于防范追尾。例如，制动时尽量避免急刹，以给后车留下充足的反应时间；遇红灯，尽量不要在大车前制动。大车由于质量大，往往停不住，对前车威胁较大。

技巧 6　手动挡驾驶技巧

① 熟悉挡位。通常挡位的位置分配都会清晰地印在变速杆的手柄上，当你坐进自己不熟悉的车里时，熟悉不同的挡位是第一步。

② 起步阶段将挡位放入空挡，踩下离合器踏板，开启点火开关，换入一挡，慢慢松开离合器，配合加速踏板，启动汽车。

③ 汽车起步之后，随发动机转速的增加，配合不同车速，切入相应挡位。

④ 轻松驾驶。即便你是新手，此时也可让自己的左脚暂时放松一下，从离合器的位置挪开。

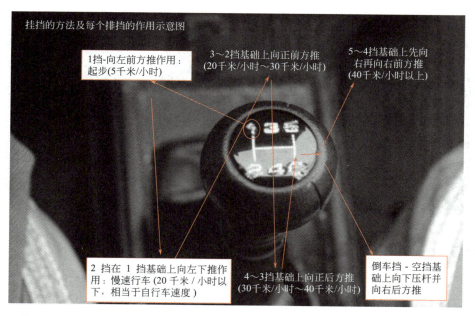

⑤ 注意事项。通常当转速提高到一定程度，发动机会有异响，此时就必须进挡。

⑥ 换挡并不用费很大力气，如果车型较老，可以在空挡处停留片刻，再切入其他挡位。

 技巧提示

手动挡起步技巧

① 左脚离合快速抬到半联动点，稳住车辆，右脚油门轻踏，转速到1200～1500转/分；同时左脚继续慢松离合，右脚同步继续给油（给油大小就看你是否要快速起步，要快的话就多给点油，但同时离合也要快速松掉）。离合全部松掉之后，车子继续前行，转速到1500～1800转/分换2挡，之后每2000转换挡。

② 在红绿灯前停得离白线远一点，也不要太远，半个车位就可以。当红灯跳到只剩4秒时可以抬离合器，半联动时可以同时踩油门放离合器，那么跳绿灯时你就刚好冲出去，然后快速从1挡换到2挡再到3挡，在3挡多踩一会儿油门这样动力大加速快最后快速换到4挡5挡。这样就比别的车要快了也不会因为心急而熄火。

⑦ 在汽车行驶中换挡时，操纵离合器踏板应迅速踩下并抬起，不要出现半接合现象，做到"快—慢—快"。

⑧ 减速换挡应注意当车速过快时，先将车速降低到相应范围内，然后进行换挡。

技巧提示

手动挡汽车加减挡技巧

1. 加挡操作要领

平稳踩下加速踏板，当发动机转速达到加挡转速时，迅速放松加速踏板，踩下离合器踏板，将变速器挂入空挡，随即挂入高一级挡位。

2. 加挡时机

加挡时要以车速以及发动机声音和转速的变化、动力的大小为依据，如果踩下加速踏板，发现发动机动力过大，转速一直上升，说明可以换入高一级挡位。如果换入高一级挡位，踩下加速踏板时，发现发动机转速下降，车速提不起来，说明加挡过早。

3. 减挡操作要领

抬起加速踏板，踩下离合器踏板，将变速杆推入空挡，随即挂入低一级挡位，左脚慢慢抬起，右脚加速行驶。

4. 减挡时机

当车速减慢，发动机动力不足，原挡位不能继续行驶时，须及时迅速减挡。减挡后，发动机动力不足，车发抖，说明减挡过晚或动作过慢。

技巧 7 自动挡驾驶技巧

① 自动挡汽车也有挡位。很多车主并不知道，在特殊路段D挡用起来就不会那么顺手了。如果遇到山路需要爬陡坡，仅使用D挡会感到汽车较"肉"，而采用爬坡挡爬坡汽车就会变得有力；下坡时，采用D挡+制动的方式下坡，会加剧制动片的磨损，如果遇到连续下坡，频繁制动还会导致制动系统过热，使制动效果大打折扣，而使用制动+低挡的方式，就会减少制动片的磨损。

自动挡汽车的1挡和2挡有发动机制动功能，遇到下坡路段可以提前选择1挡或2挡，通过发动机制动再配合加速踏板来控制车辆下坡速度即可。在正常行驶的情况下，使用D挡则非常省心，因为智能化的变速器可以自动选择理想挡位。

② 熟悉最常用的挡位，玩转N、P、R挡。N代表空挡，短暂停车时使用；P代表泊车挡，停车时使用；R代表倒车挡。市内开车会遇到频繁起步，这时短暂停车的技巧就显得非常重要了。停车等待，30秒以内使用D挡+制动，30秒到1分钟使用N挡+制动，1分钟以上用N挡+驻车制动器，再长时间等待就可以用P挡+驻车制动器了。

遇到红灯或堵车时，停车时间在

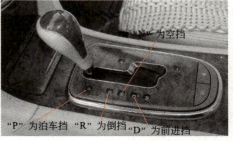

"N"为空挡 "P"为泊车挡 "R"为倒挡 "D"为前进挡

1~3分钟内的,最好把挡位挂在N挡上,这样可以减少油耗,避免变速器油过热,从而保护变速器。如果在行车过程中误把变速杆挂到N挡上,也不要惊慌失措,只需要松开加速踏板,等发动机转速降到怠速后,再换入D挡就行了。

P挡和N挡的作用都是使发动机和车轮传动系统脱离运转。不同的是,发动机停止运转时,挂N挡可以随意推动车辆;而挂P挡时,强行拖车会损坏自动变速器。在上下坡停车时也要注意,不能仅使用P挡制动,要配合使用驻车制动器,以免P挡机械锁损坏。

R挡在使用过程中问题相对比较少,驾驶员稍加注意即可。

③ 很多自动挡车还有HOLD、O/D等键,有些车主在用车过程中,对这几个键代表的特殊功能基本不了解,使之处于荒废状态。

其实,利用好这几个键,对于特殊天气行车、特殊路段超车帮助是很大的。为了防止冰雪路面起步打滑,通过利用HOLD模式就能轻松实现雪地平稳起步。如果车主要体会手动换挡的感觉,也可以将变速器设置成HOLD模式,通过提高瞬间的输出力矩来提高瞬间加速能力。

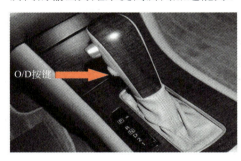

很多老款的自动挡变速器都有O/D超速挡这个功能,如果想在超车时获得更强的动力,就按下这个键,这时O/D指示灯闪亮,说明O/D挡已锁止(以四速自动挡变速器为例,第四挡就是超速挡,即4挡被锁,车子最高只能使用3挡而到不了4挡)。现在的自动变速器智能化程度很高,当猛踩加速踏板后很多都会自动降挡超车,无须设置O/D按键,车主对于超车时自动降挡也不要奇怪。

很多自动挡变速器上有S和*键。S表示运动模式(SPORT),按下此键,自动变速器换挡时机会延迟,发动机在高转速上能保持较长时间,使车辆动力加大;而*表示雪地模式,按下此键,车辆从2挡起步,这样可以降低扭力输出,避免车辆在湿滑路面起步打滑。

误区1:长时间停车时,变速杆仍挂在D挡。

装备自动变速器的车辆在等待通过信号灯或堵车时,一些驾驶员常将变速杆保持在D挡,同时踩下制动踏板;若时间很短,这样做是允许的。但若停车时间长,最好换入N挡(空挡),并拉紧驻车制动杆。因为变速杆在D挡时,汽车一般有微弱的前移,若长时间踩住制动踏板,等于强行制止这种前移,会使得变速器油温升高,油液容易变质。尤其在空调系统工作时，发动机怠速较高的情况下更为不利。

误区2：高速行驶或下坡时，把变速杆拨在N挡滑行。

有些车主为了节油，在高速行驶或下坡时，将变速杆拨到N挡滑行，这很可能烧坏变速器。因为此时变速器输出轴转速很高，而发动机怠速运转，变速器油泵供油不足，润滑状况恶化。而且对变速器内部的多片离合器来说，虽然动力已经切断，但其被动片在车轮带动下高速运转，发动机驱动的主动片转速很低，两者间隙又很小，容易引起共振和打滑现象，产生不良后果。当下长坡确需滑行时，可将变速杆保持在D挡滑行，但不可使发动机熄火。

误区3：在P或N挡以外挡位启动发动机。

有些驾驶员在P或N挡以外挡位启动发动机，虽然发动机不能运转（因为连锁机构保护，只能在P和N挡启动），但有可能烧坏变速器的空挡启动开关。因此，启动发动机前一定要确认变速杆是否在P挡或N挡。

误区4：装备自动变速器或三元催化转化器的汽车用推动车辆法来启动发动机。

装备自动变速器和三元催化转化器的汽车因蓄电池缺电不能启动，而采用人推或其他车辆拖动的方法启动，这是非常错误的。因为采用上述方法不能把动力传递到发动机上，反而会损坏三元催化转化器。

误区5：坡道停车时不使用驻车制动器。

装有自动变速器的汽车在坡上停车时，有些驾驶员只是使用P挡，而不使用驻车制动器，这样做极易引发事故。因为虽然汽车在P挡设有的停车锁止机构一般很少会失效，但一旦失效就会造成意外事故。因此，在坡道停车时，还是应该使用驻车制动器。

误区6：只要D挡起步，一直加速就可以换到高速挡。

有些驾驶员认为只要D挡起步，一直加速就可以换到高速挡，殊不知这种做法是错误的。因为换挡操作应是"松加速踏板提前升挡，踩加速踏板提前降挡"。也就是在D挡起步后，保持节气门开度5%，加速到40千米/小时，快松加速踏板，能提高到一个挡位，再加速到75千米/小时，松加速踏板又能提高一个挡位。降低时按行车车速，稍踩加速踏板，即回到低挡。但必须注意，加速踏板不能踩到底，否则会强行挂入低速挡，可能造成变速器损坏。

总之，自动变速器使汽车驾驶变得简单、轻松，但若操作不当，会人为地增加自动变速器的故障发生率，降低其使用寿命。

技巧 8 停车入位

停车入位也是一个让新手较为头痛的问题。在停车方面，主要有"非"字形停车入位和侧方停车入位。如果遇到"非"字形停车入位，基本方法为将车开至所要停放车位的间隔车位前方，并间隔1.5米。随后，打满方向缓慢将车倒车入位。如遭遇侧方停车入位，则需将车开至所要停放车位前方车辆平行处（车灯对应于对方车辆的B柱），并间隔30～40厘米。随后，方向往右打满开始倒入停车位。当车头跟前车车尾的连线与车位垂直时，再向左打满缓慢倒入。

技巧 9 交违章罚款

驾驶违章罚款分为现场执法和非现场执法。在现场执法情况下，驾驶员应在开具罚单15日内携带驾驶本、行驶本及交通卡到交通队打印单据。然后，驾驶员携带交通卡、单据到银行交款。在非现场执法下，驾驶员需要在验车前交纳罚单，流程与现场执法相同。

技巧 10 如何顺利准确转方向盘

1. 正确握住方向盘

把方向盘看成圆形的表盘，左手放在9点位置，右手放在3点位置，形成如表针9点15分或10点10分的姿势。双手轻握方向盘，左右拇指自然伸直靠于方向盘边缘，其余四指应由外向内轻握方向盘。在转动方向盘时，通过左右手推动方向盘使汽车自然转向。右转时，左手握住方向盘由9点位置向12点位置转动，右手在方向盘上由3点位置滑向12点位置，然后右手握住方向盘从12点位置向下拉动方向盘至6点位置；与此同时，左手在方向盘的另一侧由12点位置滑到6点位置握住方向盘，至此方向盘已在手中转动了半圈，需要大角度转弯时只要重复上述动作即可。转向完毕要回正方向盘时，只要按相反方向转动即可。左转道理与右转相同。

转动方向盘的原则是，打多少回多少，少打少回，多打多回，慢打慢回，快打快回。这样交替拉动方向盘转向的好处是保证了转向角度与回正角度的一致性，使汽车在转弯时保持正确的行车路线和行驶姿态。

错误的握法

正确的握法

回正方向盘

向右转90°（半圈）

向右转180°（一圈）

向右打死（一圈半）

方向盘打法示意图

2. 坑洼道路方向盘的操作

在坑洼道路行驶转动方向盘多使用少打快回法。假如前面有一水沟，先连续制动，控制车速，当前轮接近水沟边缘就要下落时，踩下离合器踏板，松开制动器踏板，把方向盘往左稍许转一点，利用车的惯性使左右前轮先后斜滑入沟，而后快速回正加速慢慢上沟。这样使两轮一前一后斜角上沟，减轻了两轮同时跳跃造成的振动。

3. S形弯路方向盘的操作

在S形弯路转向时多使用慢打慢回法。这种弯路如采取猛打快回，车内人员必有东摇西摆的感觉。汽车朝路中略靠右进入S形弯路口，再渐渐靠右边，当进入第一个S形弯时，慢慢左打方向盘，然后立刻往右转回来少许，再慢慢向左复原正中行驶线，而后再靠右进入第二个S形弯，这样反复进行操作。

4. 汽车转向不足操作技巧

转向不足是指当车辆转弯时，并没有转够方向盘所转的角度。造成这种情况的原因很多，主要有车速过快、路面湿滑或不平以及前轮破裂等。前轮驱动的车辆更容易因用力踩加速踏板而导致转向不足，这是因为猛踩加速踏板时，车辆的重心就会往后移，而导致车辆前方部位向上微仰，前轮附着力减弱，造成转向不足。

一般来说，应付转向不足的情况要先将车速稍微降低，略抬加速踏板（视车速而定），但千万不要猛踩制动踏板或是认为方向盘没转够而继续转。这样当车速降低后，车身的重量就会比较平均地分配到四个轮子上，重新产生足够的侧向摩擦力，以消除侧滑现象。后轮驱动车辆的处理方法类似于前轮驱动车辆，即降低车速但不要猛制动，然后修正方向盘。

5. 汽车转向过度操作技巧

汽车转向过度常会造成甩尾，以致车子会偏离正常的轨道。此时应向车尾甩出的方向转方向盘，而一些前驱车还可以略加速，车子便会回到正常的轨道上来。

6. 方向盘的转动与复位

① 从右手开始，左手为主用力转动。
② 以左手为主继续转动。
③ 左手转动方向盘，然后右手握住左上方，左手松开。
④ 右手转动方向盘，左手换位置，回到原位。

采用与转动方向盘相反的方式，手往相反方向转动。利用复原力，自动回位。

手握方向盘时不要紧握，而是轻轻握住外缘。很多新手总是紧握，造成手部大量出汗，影响动作准确程度；而且在换挡时还容易产生非正常转方向盘的情况，从而埋下了事故隐患。

方向盘的转向幅度依据车速快慢而不同，车速越高，方向盘的转动幅度越小。转动时要双手操作，以一只手上推、另一只手下拉的方式接力转动方向盘。

方向盘有自动回正功能，在快速回转时可放松手掌让其自行快速回正，但并不是任由它自行旋转，双手仍需扶着方向盘保持随时可以控制的状态。

有些新手在汽车掉头或大转弯时，把手伸进方向盘内侧转向，这就是俗话说的"掏轮"。这样转向看似省劲，但遇到紧急情况时，手不能及时抽回来进行应急处理；遇上前轮方向突然不正，直接在原地将方向盘回正。这种做法是不对的。现在的轿车一般都加装了转向助变，极易伤及手臂，新手应改掉这种不良习惯。

7. 原地不要猛打方向盘

为了减小转弯半径，或者驾驶技术不熟练，很多新手经常在原地转动方向盘，或倒车入位后发现车轮不正，在原地转动方向盘不会有太吃力的感觉，但这样操作对轮胎和转向系统都有很大的危害。因为此时轮胎和地面产生了滑动摩擦，会大大增加轮胎表面的磨损，缩短轮胎的寿命。另外，原地转动方向盘时，由于来自轮胎的阻力很大，转向助力系统也需要承受正常转向时几倍的工作压力。经常这样操作还会缩短转向助力系统的使用寿命，增加故障率。

技巧 11　如何判断轿车前端与人的距离以及与前车的距离

1. 判断轿车前端与人的距离

以轿车为例，假设前方有一个身高 1.7～1.8 米左右的人，脚面高在 10 厘米左右，膝盖高在 45 厘米左右，臀部在 70 厘米左右。

① 当你看到车前端由地面向人体脚面或脚跟上移并停留此处时，车前端与人体之间的距离为 3 米。

② 当你看到车前端升高到人体膝盖高度处时，车前端与人体距离为 1 米。

③ 当你看到车前端升高到人体臀部下端时，车前端与人体之间的距离为 0.3 米。

2. 判断前车距离

① 从挡风玻璃下沿看到前车保险杠上沿时约 1 米。

② 从挡风玻璃下沿看到前车保险杠下沿（人的膝盖）时约 2 米。

③ 从挡风玻璃下沿看到前车后轮胎下沿（或看到地面）时约 3 米。

④ 左后视镜下缘看到的相对地面的横线就是自己车头的位置。

技巧 12　如何用右后视镜判断后车距离

① 后车影占后视镜全部时，车距约 3 米。

② 后车影占后视镜三分之二时，车距约 5 米。

③ 后车影占后视镜二分之一时，车距约 9 米。

④ 后车影占后视镜三分之一时，车距约 12 米。

⑤ 左后视镜看到后轮盖罩中间（后门手握柄、车身横线或后视镜底线反射）相对地面就是车尾位置。

⑥ 通过车内后视镜透过后窗挡风玻璃下沿判断后车距离：若看到后车大灯上缘，则后尾箱距后车为 3.5 米左右；若看到后车机仓盖与前挡玻璃交界处，则后尾箱距后车为 1 米；若看到后车前挡玻璃的水平三分之一，则基本靠上了。

技巧 13　如何判断车辆位置（车轮位置、前后位置）

① 判断路边在挡风玻璃中的位置（左轮在挡风玻璃左柱往右 10～15 厘米位置；右轮在挡风玻璃中心线往左 5～10 厘米位置）；离路边距离可以从后视镜看到。

② 判断右轮位置（车头中部或右刮水器）：在车头盖板右边三分一处的相对地面。

技巧 14　如何找准换挡时机

很多新手不知道在什么时候换挡，经常会出现低挡位高转速的情况。正确的换挡应该是，在汽车起步之后随着发动机转速增加，配合不同车速，换入相应挡位。通常情况下，当转速提高到一定程度，发动机工作噪声就会增大，此时就必须升挡。换挡的时机一般在发动机转速为 2500～3000 转/分。新手若没有学会根据发动机声音变化换挡，可在保证安全的情况下观察下转速表，感受在最佳换挡转速时发动机的声音变化。减速换挡原理相同，但应注意当车速过快时，先将车速降低到相应范围内，然后进行换挡。

有些驾驶员习惯根据车速换挡，但此种做法不太适合新手。因为新手的速度感往往还没有建立起来，建议还是采用根据发动机转速换挡的方法。但新手还是应该了解不同速度阶段的相应挡位。以五挡手动变速器的车辆为例，通常情况下，起步后当车速低于20千米/小时时应选择2挡，当车速为20～60千米/小时时选择3挡，当车速在60～80千米/小时之间时挂入4挡，如果车速超过了80千米/小时就挂5挡。

技巧 15 如何判断车距

很多新手对跟车距离能够准确判断，但对后方车辆距离和位置的判断就显得比较困难，这样在超车并线时往往容易出问题。所以，学会看镜子来判断车距就显得十分重要了。

车上左、中、右三块小镜子是用于扩大驾驶员的视野的，目的是让你及时了解周边情况和你所处的位置关系。正常行驶的时候即使是直线行驶，也应该"不定期"地至少在45秒内对这三块小镜子环视一遍，当然这是以不忽略前方情况为前提的。

技巧 16 如何处理好制动与离合的关系

对新手来说，离合器制动一起踩或者是先踩离合器再踩制动，都比较容易把车开稳，从而避免拖挡引发的车辆抖动甚至熄火。但事实上，车辆的平稳是以损耗离合器为代价的，如果总是以这样的方式开车，离合器的寿命大概只有正常情况的1/4或是1/5。

那么，如何处理好离合器和制动的关系呢？

当遇到紧急情况时，应双手握稳方向盘，观察前方的情况，同时右脚迅速果断地踩下制动踏板，不要踩到底（踩到底很可能一下使车辆熄火）；此时不要急于踩离合器，因为车子尚未降到一定速度时，发动机也有一定的减速作用，过早踩离合器形成空挡，反而会使车处于不受控制的状态，不便于采取转向等其他补救措施，而只有等车速降到即将拖挡时才能将离合器踩下。此外，下坡时也不能误踩离合器，离合器的作用只是用来换挡以及2挡以下防熄火，3挡以上制动就是踩制动，千万别去踩离合器。

三、新手用车注意事项

技巧 1 车辆手册阅读

一个人要养成好的开车习惯，首先要看车辆手册，进行自我学习和实践。每款车的一些功能设置不尽相同，但是车辆手册会根据每款车的特点给出详尽的使用方法和注意事项，因此一定要仔细阅读并牢牢记住。比如，有的人不会打远光灯、不知道如何变光、不知道如何开雾灯和转向灯，这些事项都是必定会用到的，而且关系到行车安全，因此一定要熟悉理论并在行车中加以实践。

技巧 2 如何进行油水检查

油水关系到汽车能否正常行驶，非常重要。有些新手不知道油表在哪里，不知道如何看冷却水的多少，这个要向汽车专卖店里面的维修人员请教学习。要知道油表、速度表和水温表的位置和读数，要学会油水检查。汽油一般看油表，冷却水看引擎盖机舱里的水壶是否加满，一般冷却水壶的颜色有蓝色、红色或者黄色、绿色。不同车型颜色不一样，要知道位置和如何判断多少。对机油尺如何拔取、如何看，也要学会。刮水器则尽量加专用刮水液或者清洗剂勾兑水，不要乱用，也不要不用；否则，不是伤害玻璃，就是洗不净玻璃。

技巧 3 学习看仪表指示

仪表灯的显示内容表明目前汽车的全部工作状态，因此要学会看懂它所指示的内容。不同汽车的仪表板不尽相同，但是一般汽车的常规仪表有车速里程表、转速表、机油压力表、冷却液温度表、燃油表、充电表等。仪表板中最显眼的是车速里程表，它表示汽车的速度，单位是千米/小时。车速里程表实际上由两个表组成：一个是车速表；另一个是里程表。

1. 车内功能键

油箱开启键
该按键用来在车内遥控开启油箱盖。装有该按键的车辆，驾驶员可以通过这个按键将油箱盖子从车内打开。不过，油箱的关闭还需要手动在车外控制

ESP开关键
该按键用来打开关闭车辆的ESP。车辆的ESP系统默认为工作状态，为了享受更直接的驾驶感受，车主可以按下该按键关闭ESP系统

倒车雷达键
该按键用来根据车主的需要打开或是关闭车上的倒车雷达系统。驾驶员可以按下该按键手动控制倒车雷达的工作。在倒车时手动关闭倒车雷达，或是手动开启倒车雷达

中控锁键
该按键用来控制车辆中控门锁。车主可以通过按下该按钮，同时打开或是关闭各车门的门锁。也可以单独关闭某一个开启的车门，有效保证车内人员的安全

前大灯清洗键
该按键用来控制前大灯的自动清洗功能。在装有前大灯清洗的车辆上，车主可以通过按下这一按键开启前大灯清洗装置，对车辆的前大灯进行喷水清洗

后遮阳帘键
该按键用来控制车内电动后遮阳帘的打开与关闭。在装有电动后遮阳帘的车内，车主可以通过按下这一按键打开或是开启后窗的电动遮阳帘，以遮挡阳光

2. 仪表指示灯

手刹指示灯
该指示灯用来显示车辆手刹的状态,平时为熄灭状态。当手刹被拉起后,该指示灯自动点亮;当手刹被放下时,该指示灯自动熄灭。有的车型在行驶中未放下手刹会伴随有警告音

电瓶指示灯
该指示灯用来显示电瓶使用状态。打开钥匙门,车辆开始自检时,该指示灯点亮。启动后自动熄灭。如果启动后电瓶指示灯常亮,说明该电瓶出现了使用问题,需要更换

盘指示灯
该指示灯用来显示车辆制动盘磨损的状况。一般该指示灯为熄灭状态,当制动盘出现故障或磨损过度时,该指示灯点亮,修复后熄灭

机油指示灯
该指示灯用来显示发动机内机油的压力状况。打开钥匙门,车辆开始自检时,指示灯点亮,启动后熄灭。如果该指示灯常亮,说明该车发动机机油压力低于规定标准,需要维修

水温指示灯
该指示灯用来显示发动机内冷却液的温度。打开钥匙门,车辆自检时,会点亮数秒后熄灭。水温指示灯常亮,说明冷却液温度超过规定值,需立刻暂停行驶。水温正常后熄灭

气囊指示灯
该指示灯用来显示安全气囊的工作状态。当打开钥匙门,车辆开始自检时,该指示灯自动点亮数秒后熄灭,如果常亮,则安全气囊出现故障

ABS指示灯
该指示灯用来显示ABS工作状况。当打开钥匙门,车辆自检时,ABS灯会点亮数秒,随后熄灭。如果未闪亮或者启动后仍不熄灭,表明ABS出现故障

发动机自检灯
该指示灯用来显示车辆发动机的工作状况。当打开钥匙门,车辆自检时,该指示灯点亮后自动熄灭,如常亮则说明车辆的发动机出现了机械故障,需要维修

燃油指示灯
该指示灯用来显示车辆内储油量的多少。当打开钥匙门,车辆进行自检时,该指示灯会短时间点亮,随后熄灭。如启动后该指示灯点亮,则说明车内油量已不足

车门指示灯
该指示灯用来显示车辆各车门状况,任意车门未关上,或者未关好,该指示灯都有点亮相应的车门指示灯,提示车主车门未关好,当车门关闭或关好时,相应车门指示灯熄灭

清洗液指示灯
该指示灯是用来显示车辆所装玻璃清洁液的多少,平时为熄灭状态。该指示灯点亮时,说明车辆所装载玻璃清洁液已不足,需添加玻璃清洁液。添加玻璃清洁液后,指示灯熄灭

电子油门灯
常见于大众品牌车型中。打开钥匙门,车辆开始自检时,EPC灯会点亮数秒,随后熄灭。如车辆启动后仍不熄灭,说明车辆机械与电子系统出现故障

技巧 4　正确使用空调的除雾除霜功能

前风挡出现雾气,如果不及时清理会严重影响行车安全。因此,要学会使用空调的除雾除霜功能,一般手动空调要调到冷气位置,然后调到除雾位置即可;自动空调则打到除雾位置即可。有的车型除雾和除霜是分开的,需要单独启动。

技巧 5　如何科学准确地停车

停车位置的选择要合适，尽量少停在饮食店等容易吸引老鼠的位置以及阻挡别人进出，或者占用别人停车位的位置。

自驾游时不要停在茅草屋或者干草堆附近，因为长期开车，排气管温度过高，尤其是涡轮增压的车更是如此，容易引燃大火。

尽量不要停在角度大的坡上，如果实在要停，最好搬一块石头塞在车轮的下面。另外，夜间停车要关闭车灯，很多新手容易犯这样的错误，就是在夜间停车入位熄火后，忘了关掉车灯。有些车的设计在熄火拔出钥匙而车灯未关闭时，车灯仍保持暗光状态，如不关闭，一个夜晚下来可能会把汽车电池电量消耗殆尽；还有的是忘关车内灯，虽然耗电量小，可是能让不法分子清晰地看到你遗留车内的物品，也不安全。

技巧 6　点火之后不需要预热

以前，一般汽车点火之后需要预热几分钟，这个招式已经过时。对很多电喷车来说，车辆在打开点火钥匙时，行车电脑都会进行电脑自检，以消除行车时的安全隐患。其检查项目一般包括ABS、制动系统、润滑系统、ESP系统等多项。汽车电脑自检的时间一般比较短，也就三四秒钟，此时最好不要启动，只要没有故障灯亮，待各项仪表都正常后，就可以照常行驶。起步时要看手刹灯，及时解除手刹。

技巧 7　备用钥匙一定要跟汽车分离

汽车的备用钥匙系应急之用，但一般情况下不要放在车内，尽量远距离分离。因为新手有时会忘记车门落锁，而此时如备用钥匙在车内，则给了不法分子可乘之机，将汽车盗走。当然，如驾车远行，随身带上备用钥匙有时也是必要的，但也不宜放在车内，而要随身携带；否则常用钥匙丢失或无法使用时，势必要破坏车窗才能拿到备用钥匙，损失也不小。

另外，出于付停车费等目的，很多车主会在车内放些硬币。但对新手而言，不要把硬币放在手刹附近的水杯槽里；否则，在取放时一不小心就可能误使硬币掉入手刹缝隙，进入机械仓。虽然机械仓内机器都是密闭的，一般认为不会对汽车机械运转产生影响，但毕竟会增加麻烦。据称，需要比较复杂的专业操作才能将硬币取出。有些车型手刹设计注意到这点，可避免硬币落入缝隙，但很多车没有这样的细节设计。

技巧 8　保持车距，养成全盘把握车况的习惯

无论是行车还是停车，都要保持车距。因为新手上路往往把握不好分寸，遇有堵车或红灯时，制动过晚，以致车头离前面车辆太近；加之起步要领操作不熟，

常常过于急躁，很容易在重新起步时撞上前车。另外，假如前车驾驶员也是新手，起步时出现倒溜，也容易撞上你的车。

　　停车时也是一个道理，一定要保持车距。尤其需要注意的是，在行车时，脚通常保持外8字斜放在油门上，便于及时踩制动。一旦遇到紧急情况，右脚就会下意识离开油门踩制动，如此就不会酿成错踩油门的悲剧。此外，还要时不时用眼的余光看看仪表盘，养成全盘随时把握车况的习惯，因为车辆的所有信息都集中在仪表上。

技巧 9　开车时与方向盘保持距离

　　开车不要趴在方向盘上，而要保持一定距离；当然也不能太远，以脚踩死制动时膝盖部分还能稍微弯曲为准。

　　减速带尽量不要高速冲过，一是保护轮胎；二是对于车的悬挂、胶类件和连接件也能起到保护作用。

　　行车时尽量避让水坑，因为不知道水深和面积，一旦很深就麻烦了，而有些坑是"无底洞"，非常危险。当然，如果前面有车通过了就可以跟进，但一定要提前减速。不能高速冲过，因为过水坑时的轮胎抓地力会变差，此时制动距离会长很多，一旦遇到紧急情况，无法及时制动。此外，过水坑后要轻踩几脚制动，把制动盘上面的水甩干，避免制动生锈。

技巧 10　熄火状态下脚制动不要反复踩

　　现在汽车的设计，脚制动的相关设备比如液压油等都需要发动机运作支持。当汽车处于熄火状态时，脚制动只能踩2～3下，此后就会变僵硬，再也踩不下去，无法起到制动作用。突然发现这一现象时不必惊慌，这并非汽车故障。当汽车（特别是手动挡车）在坡道意外熄火时，迅速踩下脚制动后不可再松开，更不可反复地一踩一松，否则易导致汽车溜滑，撞上其他车辆。不管是否出现溜滑，都应果断拉起手制动，然后点火起步。点火启动后，脚制动会立即恢复工作。此外，要备胎压计和胎匙，胎匙是很重要的，主要用于拆卸轮胎，因为原车配载的不好用。专家表示，轮胎问题平时遇不到，一旦遇到轮胎拆卸不方便就会带来很多麻烦。尤其是在深山老林人少的地方，轮胎死活卸不下来更是如此。

技巧 11　行驶中误入P挡怎么办

　　自动挡P挡是有锁止装置卡上传动齿轮的。不过在车速快时，传动齿轮的转速很高，即使挂入P挡，锁止装置也卡不上传动齿轮。它只能在传动齿轮上跳滑，不会造成机械锁定。只有在车速慢时，锁止装置才可以卡上传动齿轮，而这时的冲击在设计时已经考虑进去了，不会损坏变速箱。

技巧 12 GPS 和指示牌指示不同时怎么办

GPS 的出现和普及大幅度地降低了开车的难度，然而使用当中经常会碰到 GPS 与指示牌完全不同的情形。如果你身在一个熟悉的地方，很容易根据经验做出判断，选择正确的方向；但如果身在一个陌生的地方，相信 GPS 还是指示牌？

答案是指示牌。指示牌可信度非常高，顺着指示牌行驶，一般不会错到哪去，至少大方向不会错。而 GPS 就不同了，如果地图不及时更新，它会指引你走一些偏僻的、荒无人烟的老路，有时候甚至出现南辕北辙的现象，让人哭笑不得。

技巧 13 新手开二手车的技巧

首先要注意车辆的来源，是否是正规渠道的二手车；其次是车况，不要买事故车、浸水车、快报废的车；最后看手续是否齐全，是否过户到自己名下。

一般二手车都过了免费保养期，所以需要自费去店里保养。不管是 4S 店还是二级维修店，各家保养价格都会有差别。这里建议去网上搜一搜 4S 店大全，比较一下各家的保养价格；或是在非周末的时候错峰修车，可以省下不少费用。

新手开二手车时，要保持车稳，千万不要车速过快或抢道。因为二手车通常有一定的年数，可能会有一些小毛病，加上新手对二手车的车况不熟悉，操作本来也不熟练，对紧急情况的处理更缺少经验，很容易导致事故或剐蹭。所以，开二手车的新手们不妨将车开得稳一些慢一些。

技巧 14 男士如何做到安全驾驶

1. 胸前口袋忌装硬物

很多男士喜欢将日常用品装在上衣口袋里，比如手机、钥匙、笔或名片夹之类。当然，这在平时并无大碍，但如果是在开车时可就有点危险。

当然，正常行驶中是没什么危险的。可是一旦发生事故，哪怕仅仅是紧急制动，身体肯定会剧烈地向前冲，在安全带的作用下，驾驶员会被紧紧地勒住。换句话说，安全带对身体的压力非常大，此时如果前胸口袋里装着手机等硬物，就很有可能惨遭伤害，如肋骨骨折等。

有关专家建议，为了避免此类事故的发生，只要在开车前翻翻衣兜，将口袋特别是前胸口袋里的东西，尤其是一些硬物拿出来，放在车里可靠的地方即可，这浪费不了多少时间。

2. 后备厢内勿乱放杂物

有些男士常常将车内搞得一塌糊涂。尤其是驾驶 MPV、SUVg 型的男士，因该类车的乘坐空间与后备厢空间是相连的，如果将杂物放在后座，把后备厢变成了"杂物间"，又不用网罩固定这些杂物，此时将很危险。通常车子的后方后备厢空间是所谓的"防撞溃缩区"，也就是说车子万一发生撞击，留作吸收后方来车的撞击力，以此缓解危险。可是，如果这里被堆得满满的，一旦发生事故，这些杂物在力的冲击下短时间内会变成"重磅炸弹"直击驾乘人员的后脑勺，后果不堪设想。

3. 开车时不要把头探出车窗

开车时将头探出窗外吐痰，这只是个别人的行为。首先这种行为是不文明的，应该加以抵制；而从开车的安全性来说，就更加令人担忧。在将头探出车窗外的一瞬间，如果旁边疾驶而过一辆汽车，很有可能使头部受到伤害。

后备厢放杂物

将头、手探出车外

4. 开车时不要剃胡须

有的男士右手握着方向盘，左手拿电动剃须刀剃胡须。这样做真是太危险了。一旦在路上遇到紧急情况，因为你的思路有一半在"化妆"上，会影响你反应的灵敏度；同时，一只手开车，动作的灵活性又打了折扣。不管出于什么原因，开车时千万不要剃胡须。

5. 开车时不要吸烟

男士开车时吸烟，精神系统会出现暂时性的兴奋，继而引起意识麻痹，降低生理机能，反应迟钝，精神恍惚，操作失调，身体不适；同时，车内烟雾弥漫，刺激眼睛，会严重影响视线。

6. 别系金属扣腰带

相信每个男士腰上都会系着腰带，如果系的是那种又硬又细，且带有金属扣的腰带，在开车出事故时就增加了一定的"危险系数"。腰带位于腹部，安全带在此通过。当事故发生时，细长的、带有金属扣的腰带会在安全带的作用下，深深地压向腹部，这样会加剧对内脏的伤害。

有关专家建议，男士们在开车时，尤其是开长途车时，最好解下腰带，暂时用柔软的布带替代一下。

7. 座椅要舒适

开车之前，对于座椅能够调整的车辆，一定要调整一下座椅，让自己坐得更舒服一点，从而减轻驾驶过程中的疲劳。

8. 安全带要调整好

男士开车时，安全带一定要放在肩胛骨的位置，不要太靠近脖子。另外，一定要注意把领带放在安全带的外面。

技巧 15　女士如何做到安全驾驶

1. 不要在胸前挂饰

女士常佩戴胸部挂饰，驾驶时应该避免佩戴，因为挂饰会有潜在危险。当遇到突发情况急制动时，人的身体会在惯性作用下往前冲，安全带对人体会产生巨大压力，如果胸前有挂件，便会造成胸骨骨折等严重伤害。

开车时检查一下身上，看看是不是戴着挂饰，如果是，为了你的安全请赶快摘下来。

2. 开车不要穿高跟鞋

女士开车时，不宜穿高跟鞋、厚底鞋和拖鞋，而应穿薄底、柔软的休闲鞋（鞋底不出边）。建议喜欢穿高跟鞋的女性，在车里多放一双鞋，不开车的时候可换穿高跟鞋，开车的时候应换穿平底鞋。当有必要换鞋时，切记换下的鞋不能放在前座下或前座旁（避免滚至制动踏板下）。

3. 车窗不要过度装饰

后座上方、风窗玻璃前不宜放背包、手包及其他玩具等物品，因为在紧急制动时这些物品有飞向前伤及驾驶员的可能，并在倒车时影响驾驶员视线。

喜欢装饰本无可厚非，但为了远离车祸，还是把车窗上的小玩偶拿走吧。

除了悬挂的装饰外，香水也是很多车上必备的用品之一，但也是车内最危险的物品之一。首先，很多香水是用酒精和劣质香精勾兑而成，挥发出来的气体对人体有害无益。其次，这些香水对塑料件会有强腐蚀性，一旦泄漏到仪表台上，可能就要花费不少钱去修复。最后，车辆发生碰撞时，固定不牢靠的香水很有可能会飞滚起来，对车内乘员造成严重威胁。所以，强烈建议不要在仪表台上放置香水。

车内美容不可盲目

车内不要摆香水

装饰要适度，离合器、制动踏板、加速踏板、方向盘套、变速杆、驻车制动杆、后视镜等关键部位切勿改装。整个车内不宜放置过多用品，更不能遮挡视线。

4. 头发不遮挡视线

很多女性车主都留着一头迷人的长发，这会影响女性车主驾车时的精力集中，也会影响观察左右来车情况，在遇到紧急情况猛回头时也可能遮挡视线。因此，建议留长发的女性车主驾车时一定将头发束起来。

5. 调整合适的位置

由于女性的身材瘦小，在开车上路时一般将座位调得离方向盘过近。但是身体越靠近方向盘，视线和视角也会变得越短窄。开车时由于注意力过于集中，使得观察范围过小，遇到紧急情况时反应较慢，因慌张而导致采取措施不当时有发生，因而成为交通事故易发的"高危人群"。

正确的座椅距离是，落座的驾驶员用右手握住方向盘的左侧时，手臂尚有一定自然弯曲的弧度。正常行驶时，驾驶员的左右手分别放在方向盘上相当于时钟9点和3点的位置，因为这样在安全气囊炸开后双手会自然向两侧弹开。如果驾驶员双手放在方向盘上相当于时钟12点的位置，双手就容易被安全气囊弹回击伤自己的面部。如果驾驶员戴了手表，造成的伤害可能更大。另外，转向时要推而不是拉方向盘，如向左转向时，应用右手推而不是用左手拉。

6. 驾驶位上勿垫坐垫

很多女性车主由于身材比较娇小，为了避免被人误认为是"无人驾驶"，习惯在驾驶席座位上垫一个坐垫。殊不知，这是异常危险的做法。

坐垫是活动的，会造成驾驶员身体不稳。当遇到情况紧急制动时，身体往前的惯性很容易使人从座椅上滑落，后果难以想象。

7. 握方向盘忌戴普通手套

很多女性车主对于自己双手的呵护，可谓关怀备至，开车时总喜欢戴一副手套，以防止双手总握方向盘而磨出"茧子"。这也是不可取的。因为戴手套很容易在转向时打滑，尤其是急转弯时，存在很大的安全隐患。

8. 不要在开车时吃零食

美国国家安全委员会研究指出，美国全国发生的撞车事件中，约有26%归咎于驾驶员在驾驶时分心，其中一种情况便是她们正在吃零食。

很多女士都有吃零食的习惯，开车的时候也不例外。这是极其危险的。在你边开车边往嘴里塞东西的时候，在你费力撕开食品包装袋的时候，在你把视线从道路上移开想看看你的美食还有多少的时候，意外往往就发生了，想快速反应肯定来不及。

9. 莫让宠物分散注意力

女士富有爱心，养个小宠物不足为怪，即使是上街购物也不忍心把它们丢在家里。可是宠物们大多性情活泼，会在车里窜来窜去，冷不丁还会扑进你的怀里影响你驾驶。你在安抚它的同时，还能集中精力开车吗？建议如果确实想带宠物出行，可以去宠物商店购买专用的"车用宠物垫"。

10. 切莫边开车边化妆

女性爱美众所周知，但是要知道一边驾车一边化妆付出的代价往往是惨痛的。

11. "特殊时期"少开车

女性例假期间多数会有肚子疼痛、腰身酸痛等症状，部分女性还会脾气暴躁、情绪低落。经期开车一方面影响身体健康、行车安全；另一方面也容易形成"路怒症"。所以，建议女性在生理期时尽量少开车。如果情况特殊一定要开车，以下几点可供借鉴。

① 出门时注意保暖、避冷。
② 汽车空调冷风尽量往下吹！
③ 有痛经的女性车友尽量不要低头或者单手开车，用另一只手捂肚子！

不要低头或者单手开车，用另一只手捂肚子

④ 冬季汽车座椅凉时可加小垫子保暖。
⑤ 手机里最好存留应急电话，必要时拨打电话求助。
⑥ 车里最好备饮用水、巧克力以防止低血糖。
⑦ 车辆保险单最好放在车内，以备紧急情况下使用。

技巧 16 准妈妈驾车技巧

为了该不该开车、如何开车、该不该系安全带而同样烦恼着的准妈妈并不在少数。医院产科医生、交警以及汽车业内的相关人士一致认为，准妈妈在适当的时候也可以驾车；但是由于自身的特殊情况，即使身形变化不大，依然要将自己与普通驾驶员区分开。

1. 孕早晚期最好不开车

准妈妈开车，请在汽车尾部的明显处张贴车内有孕妇的反光警示标志，以提醒后方车辆驾驶员注意避让、减速，并保持更安全的车距。产科医生建议，怀孕期间尽可能少开车或避免长时间开车、乘车。如果一定要开车，也要在怀孕前3个月和后3个月禁止。

温馨提醒

准妈妈怀孕前3个月开车最易出事

加拿大和挪威分别进行的研究显示，准妈妈开车易出严重车祸，特别是在怀孕的前3个月，且死亡和受伤的概率远远大于其他女性。

加拿大政府曾对1984年至今的车祸资料进行了分析。在研究了25种导致车祸的因素之后，蒙特雷大学教授兼交通研究小组组长高德礼说，准妈妈较易出车祸与荷尔蒙变化、怀孕过程中较易昏睡有关。

挪威政府考察了以往25年间数千名妇女的车祸记录，结果也显示怀孕和车祸有关系。医生认为，怀孕时的荷尔蒙变化会引起关节和肌腱不稳定，这也会增加准妈妈的疲倦度，因此易出现车祸。

2. 一定要系安全带

关于系不系安全带这个问题，的确困扰了不少仍在驾车的准妈妈们。系吧，担心对胎儿有影响；不系吧，驾车又不安全。世界卫生组织曾发表的有关孕妇交通事故的论文中指出，当紧急制动或发生车辆撞击时，使用安全带可有效避免伤害母体及胎儿。医生们也认为，孕妇系安全带应该是利大于弊的，因为与撞击或紧急制动带来的冲击相比，安全带的保护作用更突出。孕妇的肚子隆起部位一般不会被安全带勒伤，只要驾车时间不是特别长，并不会对胎儿有不良影响。

准妈妈系安全带的正确方法是，首先，调节舒适的座椅位置，使手臂可轻松掌握方向盘，脚可以轻松触到踏板；同时使腹部和方向盘之间保持尽可能大的距离，不可太靠前。在驾驶时，最好双肩靠在椅背上，以给身体一些支撑。安全带的肩带置于肩胛骨处，切不可紧贴颈部；肩带部分应该以穿过胸部中央为宜，避开肚子；腰带应置于腹部下方，不要压迫到隆起的肚子。调节安全带使它没有松懈和扭曲的地方，保证与身体紧密贴合。身体要尽量坐正，以免安全带滑落压到胎儿。

3. 开车要慢，别开赌气车

即使是驾驶经验丰富的准妈妈，开车时也要注意平稳操作。开车时，应该避免紧急制动、紧急转向；不要开得太快，以保证自己和胎儿不受激烈的摇摆和晃动，同时避免神经紧张和交通事故。在城区驾驶时，准妈妈应该把车速控制在40千米/小时以内。

当遭到其他车辆"欺负"、加塞时，准妈妈们即使驾驶技术再超群，也一定要以宝宝的安全为重，控制好情绪，切不可与人计较，更不可开赌气车。当然，开车过程中更不要使用手机。

如果非常不幸，准妈妈在驾车或乘车时发生了碰撞事故，即使是小事故，为了安全起见，最好也让医生检查一下。准妈妈应该避开堵车的高峰，这样可以有效减少由于拥堵而带来的烦恼；同时在堵车或路口等红灯时，准妈妈最好将车窗紧闭，避免吸入过多尾气。

4. 车内不放香水和硬物

许多准妈妈在怀孕初期对气味很敏感，有些气味甚至会引起准妈妈的孕吐反应。此外，香水中的酒精成分比较多，且一般的芳香剂都会含有一定量的甲醇，这种气味对孕妇也不是很好，所以尽量不要在车里放香水、芳香剂等。

另外，很多人开车都喜欢在车前方的仪表台上放很多东西，比如布偶、香水瓶、纸巾盒、钥匙等。一旦紧急制动，这些东西飞起很容易伤害到坐在前排的准妈妈，尤其是那些尖锐、坚硬的东西。

在准妈妈的车里严禁吸烟。如果准妈妈开车的时间很长，一定要定期去正规的汽车维修店做车子的除臭杀菌护理，尤其是夏天会常用空调，因此要保证车内干净、清新。如果车内有异味，还可以放些竹炭、菠萝等可吸异味的东西。

5. 不走路况差的路

一位妈妈说，她在快到预产期时，因为坐的汽车太颠簸，把她的羊水颠破了，结果引发早产。据了解，这种情况的确存在。为此，医生也指出，车子猛烈的颠簸与振动有可能导致胎盘脱落，造成严重后果，而有时胎盘脱落从表面看可能没有任何症状。因而，准妈妈要避免开车、乘车行经坑洼、颠簸的道路以及弯路、山路等。在驶过大坑、减速带时，应当减速缓慢通过，以降低汽车剧烈振动给胎儿带来的不利影响。

准妈妈下肢容易水肿，长时间坐在驾驶座位上，容易造成血液循环不良。建议准妈妈连续驾车不超过1小时，开车一段时间后可在适当时间把车停在路边，下车活动一下筋骨，稍做休息后再继续开车。另外，准妈妈要避免驾车上高速。

如果车上有同伴，最好不要和准妈妈聊天，以避免分散准妈妈的注意力；同时，驾车技术再熟练的准妈妈，也不要单手开车"装老练"。

开车的准妈妈可以在车上播放一些愉快、柔和的音乐，一方面舒缓自己的紧张情绪；另一方面也可以给宝宝做胎教，注意音量要适中，不宜过大。

6. 避免驾乘新车

新车都难免会有些异味。而据检测，新车车内的甲醛、一氧化碳等有毒气体的浓度是房间规定标准浓度的4倍。这些具有强烈刺激性的气味不仅会对准妈妈自身，更会对胎儿的发育造成不良影响。

此外，在车内刚装了地胶等装饰，或者车内刚刚进行了清洁，气味也非常大，且往往对人体有不良影响。因而，准妈妈们不仅应尽量避免开新车，最好也不要坐有异味的车。如果迫不得已而驾乘这种车，要尽可能打开车窗通风换气。

7. 驾车穿鞋要舒适

准妈妈腿部很容易水肿，尤其是长时间保持坐姿时。所以，准妈妈一定要在保证身上没有水肿的前提下，换上运动鞋、布鞋或是舒适的平跟鞋，以保证有效操纵汽车。

在不是太热或太冷的情况下，可以关掉空调，打开车窗改吹自然风。车内外温差太大，也容易引起准妈妈感冒。

准妈妈的"平安开车守则"

★避免紧急制动。
★每天只开熟悉路线。
★不宜过于颠簸，应选择平坦的路途行驶。
★尽可能避开交通堵塞的高峰时段，事先要做好路况调查。
★车速请勿超过60千米/小时。
★不要开车上高速公路。
★连续驾车尽量不超过1小时。
★怀孕32周以上的准妈妈，请勿开车。
★请系好安全带。
★行车途中一旦发生交通意外，哪怕只受了点小伤或完全无碍，也最好第一时间去医院检查，以确保胎儿和自身的安全。

技巧 17 驾车疲劳后车内放松技巧

1. 头部动作

（1）低头仰头　双手交叉放在脑后，吸气，头慢慢向前低下；接着呼气，头慢慢向后仰，重复10次。

（2）曲肩　先使双肩尽量向后展开，然后用力向前弯曲，重复10次。其作用在于使肩部充分活动开，从而改善脑部的供血，进而提神醒脑。

（3）指压穴位　头部按摩以2个穴位为主，即太阳穴和百会穴。太阳穴在双眼外侧两指处，百会穴位于头顶正中央。将双手的食指、中指并拢，每个穴位按摩10次。

（4）耸肩　身体坐直，双肩尽量上提，使脑袋贴在肩头之间。稍停片刻，然后肩头突然放下，重复8次。

2. 颈部对抗

① 双手交叉放在后脑，头向后用力，手向前用力，产生对抗力，坚持10秒。
② 肘部放在方向盘上，双手托下巴，头往下，手向上用力。
③ 手撑头部一侧，头向手撑的方向用力。

3. 颈部拉伸

头分别向前后左右做缓慢拉伸，每个方向停留5秒。

4. 腰部放松

① 左手握腰的右侧，腰向左侧拉伸；随后换方向，坚持10秒。
② 双手握住方向盘，含胸、收腹，伸展腰部、背部肌肉。

第四章

日常驾驶秘诀

一、起步方法

在驾驶过程中，检验一个驾驶员的基本功是否过硬，看其是否接受过严格的、正规的训练，仅从起步、换挡、转向三方面的操作就可一目了然。其中，最具代表性的操作就是起步。

技巧 1 平路起步的操作技巧

以手动挡轿车为例。

① 系好安全带。安全带不能缠绕扭曲；肩带应跨过锁骨位置，腰带放在髋部；安全带应当贴身。注意：安全气囊又名安全带辅助保护系统，如果不系安全带，安全气囊的保护作用就会降低。

② 将座椅调整到合适的位置。

③ 注意观察周围状况。准备起步时一定要确认周围交通状况，除了看左侧后视镜外，最好扭头向后张望一下，因为后视镜有盲区。

④ 左脚迅速踩住离合器踏板，右手将变速杆挂入1挡。

⑤ 注视内后视镜，开左转向灯，鸣笛（禁鸣地区除外）。

⑥ 右手松开驻车制动杆。

⑦ 左脚抬离合器踏板至半联动（车身发抖、发动机声音变小）位置时停住，同时右脚慢踩加速踏板至约1/3位置。

⑧ 当汽车平稳起步之后，再慢慢抬离合器踏板到顶，并且把左脚放在离合器踏板左下方，起步操作完成。

技巧提示

起步平稳的关键

汽车起步时，抬离合器踏板有"快、停、慢"三个不同过程。能否做到平稳起步，关键在于能否掌握好"停"的时机。汽车由静止过渡到行驶，会产生一个静态惯性。好比一个人端着满满一杯水走路，要想保证水不洒出来，脚下发力就必须"轻"。这个"轻"，在汽车起步过程中就表现在离合器的半联动位置。此时发动机正在把动力经离合器的半联动状态（也叫接触点）轻轻地传给行驶装置，该状态输出的动力较小，能够保持汽车在超低速状态下行驶。所以，要在这个位置停顿一段时间，才能使汽车在较轻动力的状态下平稳起步。

技巧 2 坡道起步的技巧

保持正确的驾驶姿势，注意前方道路的各种交通情况，不得低头往下看。其操作顺序是，左脚踩离合器踏板，变速杆挂入低速挡，右脚徐徐踏加速踏板，左脚慢放离合器踏板，当感觉发动机声音有变化或车身稍有抖动时，迅速松开驻车制动杆，并再稍踏下加速踏板，慢抬离合器踏板。注意，此时不能立即放松离合器踏板，而要先踩加速踏板后松离合器踏板。因为上坡时汽车阻力大，起步所需动力也要大一些。其关键点是松开驻车制动杆的时机。若松得过早，会使车辆后溜；若松得过迟，会造成熄火。最佳

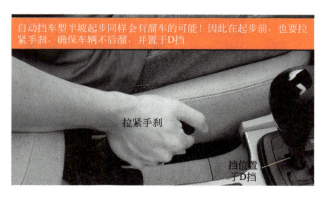

时机是当离合器踏板抬至半联动位置，发动机声音有变化时，立即松开。坡道起步要领可归纳为："音变车抖稍一停，紧跟油门松制动，油门大小看坡度，不溜不冲不熄火"。

技巧提示

汽车上坡熄火怎么办

先拉驻车制动杆，然后挂空挡，重新启动，启动起来后挂1挡，踩离合器踏板，半松离合器踏板踩加速踏板，当车开始发出比较大的响声，或者是开始颤动得比较厉害，那就松开驻车制动杆。

有的轿车配备有上坡起步辅助系统。在斜度为10%以上的陡坡上启动时，系统可以在启动瞬间自主保持2秒左右的制动压力，防止车辆在上坡前进时因从踩踏制动踏板转到加速踏板的过程中产生车身后退，以实现简单且安心的上坡启动。

技巧 3　下坡起步的技巧

① 左脚迅速踩下离合器踏板，右手将变速杆挂入2挡。
② 开左转向灯，鸣笛（禁鸣地区除外）。
③ 观察后视镜，松开驻车制动杆（此时汽车开始向坡下滑动）。
④ 左脚逐渐慢抬离合器踏板到顶即可起步（在"半联动"位置无须停顿）。

技巧 4　冰雪湿滑路面起步的技巧

步骤同正常起步一样，关键是缓抬离合缓加速。如果道路过滑，可以用2挡起步，以此降低转矩输出，避免车轮打滑。当然，有牵引力控制系统（TCS）或电子稳定程序（ESP）的车可以正常起步。电子系统可以帮助控制转矩输出，保证车辆在湿滑路面上的顺利起步。

二、正常行驶技巧

技巧 1　并入车流的技巧

等候车流的断开处，伺机并入；看情况选择左转或右转并入车流。

不注意车流，过于缓慢，会影响其他汽车的行驶。所以，保持与车流速度同步是非常重要的。

并入车流后掌握车距

适应交通状况，选择适当的行驶速度及车间距离。跟在大型汽车后面行驶，因为看不见前面的交通情况，所以要保持较远的车间距离。另外，还要不时靠左侧或右侧行驶，以便观察前面的交通情况。

不仅要注意前车的制动灯，还应注意前车的前车的制动灯。前车的前车的制动灯一亮，前车也要进行制动，速度降下来，随时可能停车。所以这时脚应该离开加速踏板，随时准备踩制动踏板。

技巧 2 制动的技巧

1. 处理制动与离合器关系的技巧

对于驾驶员，特别是新手来说，离合器、制动器一起踩或者是先踩离合器踏板再踩制动踏板，都比较容易把车开稳，从而避免拖挡引发的车辆抖动甚至熄火。但事实上，车辆的平稳是以损耗离合器为代价的。如果总是以这种方式开车，离合器的寿命大概只有正常情况的1/4或是1/5。离合器损耗不仅仅是经济上的损失，如果在特殊路段一起踩离合器踏板、制动踏板，那就相当危险了，情况严重的还会危及生命。这些特殊路段包括下坡、高速、湿滑路面（路段）等。总之，在车辆越是需要被控制的时候就越不能一起踩离合器踏板和制动踏板。因为踩离合器踏板就形成空挡，这时车辆处于不受控状态，新手很难采取有效的应对措施。

当遇到紧急情况时，应双手握稳方向盘，观察前方的情况；同时右脚迅速果断地踩下制动踏板，要踏到底（很可能一下子使车子熄火），但是不要急于踩离合器踏板。因为车子尚未降到一定速度时，发动机也有一定的减速作用。过早踩离合器踏板形成空挡，反而会让车处于不受控的状态，不便于采取转向等其他补救措施，只有等车速降到即将拖挡时才能将离合器踏板踏下。此外，下坡时也不能轻易踩离合器踏板，离合器只是用来换挡以及2挡以下防熄火，3挡以上千万别踩离合器踏板。

2. 紧急情况下踩不住制动的应对技巧

很多新驾驶员都习惯用脚尖轻踩制动踏板。一般情况下，这种动作没有什么不妥；但在紧急情况下，很可能无法立刻将车制动住。用脚尖制动不如用脚掌迅速，能在瞬间将整个制动踏板踩到底，发挥最大制动效能。正确方法是用脚尖到脚掌之间的力来制动。除使用制动器之外，还要善用加速踏板控制车速。在有安全距离的情况下，一旦需要减速，只要将加速踏板松开即可；适当配合制动，更容易控制车速。

3. 驾车遇制动失灵情况的应对技巧

据统计，因制动失灵所造成的交通事故占总交通事故的20%以上。因此，做好制动失灵后的应急处置工作，是克服和减少生命财产损失的关键。第一是驾驶员要沉着冷静，切忌惊慌失措；特别是在操作上，要做到迅速、准确。第二是反复踩制动踏板。如果制动系统中

有空气，反复踩制动踏板能将其中的空气排出，恢复制动性能；同时，要看清路面，保持好行驶方向，让车尽量在阻力比较大的路面行驶。第三是使用快速减挡或越级减挡，利用发动机的牵制力使车辆减速停车。第四是正确使用驻车制动器。若情况不是十分紧急，驻车制动杆不可一次快速拉紧不放，以防一次拉紧时损坏制动盘；也不可拉得太慢，以免盘片摩擦过热而烧蚀。如果情况十分紧急，可以同时使用以上几种方法。在万不得已的情况下，也可将车驶向路边的大树或障碍物，使车辆被动熄火。在高速上驾驶时，可向路边护栏靠近。在靠近时不可猛打方向盘，尽量使车身与护栏平行接触，否则汽车易倾翻或被弹出。

4. 正确掌握制动距离的技巧

不同路面的制动距离是不同的，行驶时应根据车速情况、路面状况以及气候状况等因素，综合把握施加制动力的时刻和踩制动踏板的力度。对于新手来说，掌握不好制动距离是正常的，这需要经过时间和里程的磨炼才能把握得恰到好处。

在练习时要把握一个"缓"字，可采用提前制动、缓慢加力的方法，不断摸索制动时刻和制动力大小的最佳匹配。

技巧 3　避免危险情况的技巧

行车上路要想避免危险，就要严格遵守交通法规，也要按照正确的行车标志线驾驶汽车。此外还必须时刻洞察路上情况，比如超车和会车，在超越同向行驶汽车时一定要注意它的前部，因为看似慢吞吞行驶的车，其实有可能正在避让从它车头经过的行人；而与对面来车会车时则需注意它的尾部，因为那里也可能会突然蹿出横穿马路的行人。所谓"超车头、会车尾"说的就是这个道理。

类似的情况还有很多，比如一辆正常行驶的汽车突然减速，那么你也要采取相应的举措。因为那辆车很有可能突然发现了一些情况，比如路中间有障碍物、大坑等，此时贸然加速很可能会发生险情。

另外，避免出现危急情况，还要懂得对路况进行预见性判断。山路是盲区最多的路段，许多看似普通的转弯其实却是连续的S形弯路，而一辆莽撞的汽车有可能会从弯道里冲出来。因此一定要多留意路边的提示标牌，通过弯道时最好鸣笛示意。

技巧 4 车道正确行驶的技巧

1. 无中心线道路行车技巧

没有中心线的道路，要在道路中央偏右侧行驶，请不要靠近中央行驶。

2. 单向一个车道行车技巧

应行驶在中心线右侧。前面有汽车时，要保持安全距离。

3. 多车道行车技巧

单向两条行车道以上的道路原则上在右侧车道行驶，而在实际道路上会有临时的停车等障碍物。若前方有两辆停止的汽车，在确认对向没有车辆后，从停止汽车的左侧通过。这时，占用左侧车道的时间应该尽量短。如果有连续两到三辆停车，则连续超过后再返回原车道行驶。另外，在道路前方想要向右侧转向时，可以一直行驶。需要直行、左转时，就必须提前变换车道。

4. 车辆进入导向车道后的行驶技巧

交通法规规定，进入导向车道的车辆只准按车道内的导向箭头所指的方向通过路口，不准再变更车道。这是对行经路口的车辆进行渠道化交通组织，以便车辆按方向自动排成行列通过路口，互不干扰，以充分利用现有道路，提高路口通行能力。

5. 躲避障碍物时需要变换车道技巧

看清对面来车的速度和距离，判断是先行还是等待（降低速度或停车）。在自己的车道有停放车辆时，对面来车优先通行。

在单向二车道的道路上，首先看清后续车的速度和距离，然后判断是先行还是等待。变换路线时往往伴随着危险，如果有危险就不要强行通过。另外，一定要提前打出转向信号，以便后续车知道你将变道的意图。

后续车

6. 左转变换道路技巧

左转时，注意左后方车辆的速度和距离，判断是加速变换道路还是减速变换道路。

7. 右转变换道路技巧

右转时确认右后方安全后，再向右侧转弯。右转时有将自行车卷入的危险性，因此要十分注意。向右侧变道时，要充分利用内外后视镜和眼睛直接观察确认右后方的道路情况。

8. 在车流量大的道路中变道技巧

打开转向灯，有时也需要用手示意。然后看后车的反应，后车速度降低则加入，后车速度不降低则不能加入。加入后，应该打手势表示感谢（在不影响自己操作的前提下）。

9. 路口变道技巧

路口变线时，一定要早开转向灯早变道，千万不可临近路口时变线，以免发生危险，并给其他车带来不便。

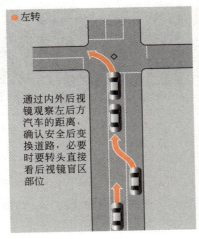 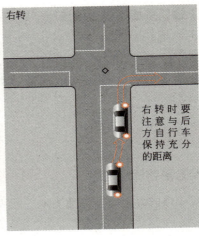

左转

通过内外后视镜观察左后方汽车的距离，确认安全后变换道路，必要时要转头直接看后视镜盲区部位

右转

右转时要注意与后方自行车保持充分的距离

现在城市大多数交叉路口前，都设有导向车道线。驾驶员在行车过程中，应首先确认各车道导向标志的指向，并在距交叉路口30～50米处按照行驶方向驶入相应的导向车道。在通过交叉路口前要早开转向灯，早变道；经过交叉路口还要坚持"右转弯走小弯，左转弯走大弯"的原则，以确保安全地通过交叉路口。

技巧 5 交叉道口行驶技巧

1. 交叉道口直行技巧

在没有交通管制的交叉道口，应该及早判断相交道路中哪条道路是优先道路、宽度大的道路等。如自己的车先行，应该适当降低速度，千万不能大意。

2. 交叉道口右转技巧

在交叉道口进行右转时，应该注意，将车靠向道路右侧；用后视镜和眼睛直接观察确认车的右后方；看清右转方向有无行人；看对面是否有先行左转车辆，然后沿右侧慢速转弯。

3. 交叉道口左转技巧

在交叉道口进行左转时，应该注意，将车靠向道路左侧等待；看清左转方向有无行人；靠近交叉口中心内侧慢速转弯。

4. 交叉道口视线不好处理技巧

在视线不好的交叉道口，要让从相交道路走来的行人、汽车看见自己的车辆，并减速通行。此外，还要充分利用弯道路口设置的反光镜。

技巧 6 弯道驾驶技巧

1. 狭窄S形路驾驶技巧

① 视线点的分配方法。适当地分配视线点，选择适应曲线的行驶路线和路线宽度。

② 车辆的感觉和行驶位置的确定方法。掌握适应曲线、直角弯路的车辆感觉和车体位置的选择，特别是要掌握汽车前部的视线盲区部分和汽车内外轮差（左后轮与右前轮）的感觉。

③ 速度的调整方法。掌握利用半离合、连续离合进行微小速度变化的调整。

技巧提示

降低弯道行驶危险性

为了实现转弯稳定，最好充分降低行驶速度，慢慢驶进，快速驶出，即所谓慢进快出的基本行驶方法。

2. 直角弯路驾驶技巧

① 直角弯路的通过。降低行驶速度，注意汽车内轮差，掌握操作方向盘的时机，尽量走弯道的外侧（转大弯）。特别是通过第二个拐弯道路时，要一边注意汽车后轮的通过位置，一边驾驶。

② 直角弯道转不过弯时的调整方法。

　a.前轮通不过：确认车后方的安全；转动方向盘，以半离合或连续离合状态使车辆后退，调整好后慢慢前行。

　b.后轮通不过：确认后方安全；不转动方向盘，慢慢后退，回轮至与道路平行；充分靠向路的外侧，重新通过。

3. 接近弯道驾驶技巧

汽车接近弯道时，根据弯道缓急，适当降低车速并鸣笛，同时将汽车尽量靠向右侧。在弯道中，双眼注视最前方；离开弯道后，迅速回转方向盘，并加速进入直线行驶。

4. 汽车驶入视线不良弯道驾驶技巧

汽车驶入视线不良的弯道时，必须做到减速、鸣笛、靠右行；同时，汽车在转弯时，驾驶员应利用汽车行经弯道的机会扫视后视镜，发现后方有情况应及时处理。转弯过程中，应尽量避免紧急制动及不必要的换挡操作，否则将会造成侧滑。

5. 汽车左转弯驾驶技巧

汽车在平路上遇到视线清晰的左转弯时，方向盘的转动角度应小一些，使汽车转大弯通过，但必须注意右前轮不得驶出路外。在前方确无来车及其他情况下，

183

可以适当偏左行驶，即小转弯，减小离心力的作用，并适当提高转弯行驶的速度和改善汽车行驶的稳定性。

6. 汽车右转弯驾驶技巧

汽车右转弯时，要待汽车已驶入弯道后，再将汽车完全驶向右边，不宜过早靠右，否则会使右后轮偏出路外而迫使汽车头部驶向路中，从而影响会车。

7. 汽车急转弯驾驶技巧

汽车急转弯时，弯道半径小，汽车转弯困难，转弯时必须减速，沿道路外侧缓慢行驶，转向时机应当推迟，以防后轮驶出路外。一般应在车头转过内角点时，再迅速转向。一次转向汽车不能通过时，应延迟转向时间，用倒车的方法变更轮胎的方位后继续行驶。在急弯道上转弯时，可采用大角度转动、双手交替操纵方向盘的方法。

8. 汽车连续转弯驾驶技巧

汽车连续转弯，应将弯道分解为独立的单个弯道，依照左、右转弯的操作方法逐个对待。适当鸣笛，沿道路的中心线右侧行驶，谨防与来车相撞。

9. 汽车后倒转弯驾驶技巧

后倒转弯的难度大于前行转弯。后倒转弯时，先要观察路况并鸣笛。起步后，将方向盘慢慢地向内转，使车身靠近路边。当后轮中心靠近道路转角点时，立即急速将方向盘向内转动，待车轮转到新方向后应逐渐回正方向盘，照直后退。如判断一次不能通过，应停车并将方向盘急速回转两、三把，将前轮回到准备前进的方向。前进时，待车身已成转斜后，立即回正方向，再后退。

技巧提示

汽车转弯换挡怎么办

1. 转弯前需要换挡怎么办

由于车速逐渐降低，行驶阻力增大，车辆乏力，为增大转矩，便需换低挡。因使用这种方法相当普遍，且方法简单，故训练时可先练习转弯前换。其方法是在转弯前30米左右，便抬起加速踏板运用发动机怠速的牵阻作用或用制动器逐渐减速。在距离路口15米左右，即按减挡的操作方法换低挡。这样当车辆行至路口，可在安全行驶的前提下加速通过弯道。

2. 转弯中需要换挡怎么办

转弯中的换挡一般是在道路宽阔、情况良好和视线清楚的情况下，在转弯前车速已有所减慢，待车辆行驶到弯道角度1/2处，方向盘的位置也恰到好处。由于此时行驶阻力增大，车辆乏力，所以利用方向盘回正之前的一段空隙时间进行换挡。方法是左手握在方向盘左上角，右手迅速将变速杆推入低挡，或根据当时的动力做越级换挡。

由于转弯中换挡，要求边转向、边换挡，且保证方向不跑偏，所以难度较高，可以在其他两种转弯操作较熟练的基础上再进行练习。

3. 转弯后需要换挡怎么办

转弯后的换挡，一般亦用于道路宽阔、视线良好的情况下。当车辆在通过转弯时，因遇有情况轻制动后，虽然车辆乏力，但并不换挡，待通过弯道后，才换低挡，并迅速提速。如果转弯前、转弯中已换进低挡，则转弯后便应及时提速，换高挡，继续前进。在熟练掌握了转弯前、中、后的换挡方法后，便应根据道路实际情况进行训练，同时还须做到以下两点。

① 当处理情况（制动与转向）与换挡发生矛盾时，应以处理情况为主（即以制动、转向为主），其他为次。挡位要适应车速和发动机动力需要，车速要适应道路情况。

② 在实际应用中，应根据道路和动力情况，采取不同的换挡方法。如在转弯中，或在转弯后，仍有足够的动力，就不必再换入低挡，否则就显得呆板、机械。

技巧 7 立交桥驾驶技巧

在城市道路上行驶，经常需要通过立交桥。复杂的立交桥，一般都有详细的指路标志。要根据自己的行驶方向，选择正确的路线。由于立交桥形式多种多样，因此驾驶员一定要看好路标、选好路线。

立交桥上的交通标志分为立交桥指路标志和立交桥指示标志。指路标志是一种整体式指示标志，注有方向地点说明，驾驶员从中可对立交桥的类型及通行方法有一个全面的了解；指示标志是指车辆在立交桥上的行驶标志，常见的有直行及右转标志、直行和左转标志，以及环岛行驶标准。

1. 公路立交桥驾驶技巧

公路立交桥的形式多种多样，若按相交道路之间有无连接匝道、连接匝道的类型及交通流组织形式的不同来分。公路立交桥可分为分离式、完全互通式、部分互通式和环形立交桥。

① 在道路交叉处设隧道或跨线桥，上、下道路间没有匝道连接，车辆不能互

通。分离式立交桥一般有分离式两层立交桥和分离式三层立交桥。分离式立交桥多用于高速干道与城市道路相交或道路与铁路的立体交叉处。

② 互通式立交桥有匝道连接，上下车道、相交道路上的车辆可以相互转道行驶。城市道路和高速公路出入口处一般都采用互通式立交桥。

③ 部分互通式立交桥也是一种不同高度的相交道路之间有特设匝道的立交桥。它与完全互通式立交桥的区别在于，不是每个方向的车辆都采用立体交叉的形式。部分互通式立交桥的主要形式是菱形。菱形立交桥根据斜向匝道及车道数的不同，还可以分为多种形式。

2. 环形立交桥驾驶技巧

环形立交桥也是一种互通立交桥，是由环形平面交叉发展起来的，将直形道和环形道交叉，适宜于主干道直行方向交通量大的多岔路口。但是，环形立交桥的通行能力有限。

技巧 8 停车技巧

1. 小区内停车技巧

① 在小区内停车要掌握好左右车距。进入停车场后尽量选择空间较为宽敞并在直行车道两侧的车位。这样的车位便于停车，且不容易受到其他车辆的剐蹭。如果空间允许，把与邻车的左右距离控制在1.2米为佳，此时车门开到最大也不会发生碰撞；如果空间不够，则索性把距离缩小到0.6米，这时车距偏小，大家开车门时要格外小心。1米左右的横向车距最不安全，在这种情况下车门开到最大时刚好会碰到邻车，这时的冲击力会损伤漆面，甚至使外壳凹陷。

车主尽量不要把车辆停放在弯道处。因为这里的车辆通过率较高，且车体不同的车辆转弯难度也不尽相同，所以弯道处是剐蹭事故的高发地点。

如果是地下停车场，进入车库要减速、打开车灯，并且按照方向标志前进。此外车主停车时最好把车倒入停车位，车尾尽可能贴近墙，这样在一定程度上可以避免小偷盗窃后备厢中的物品。

技巧提示

妥善停车的七个建议

有些驾驶员懒得把挡位推入倒挡,一看车位前后距离长,便右打方向盘切进线内。此种忽略车体宽度的错误判断,势必因车头右前轮即将触及路沿而向左修正。如此一来,不是把车屁股留在慢车道上,也得前后来回几趟才可能平直停妥。下面提供一些建议。

① 路边停车须先驶过停车位与前方车位内的车辆平行。

② 根据欲入车位大小,决定与前格车辆之间的并行距离。

③ 目测估算完成后,一律先向右旋转方向盘一圈半以上,然后开始倒车。

④ 待车右前灯掠近前方车左尾灯时,便开始回正并向左旋转方向盘。

⑤ 待到车体已头尾完整停进前后位车辆间,注意是否过度凸出,须反复修正。

⑥ 若车位面积刚够容纳车子,则倒车切入的角度必须较大一些。

⑦ 为防止前车左后保险杠尾端顶到自车右侧门,并排时的间隙应多预留些距离。

② 在小区路边停车要留足前后车距。停车时最好先观察四周,看看自己的停车位置会不会影响其他车辆出入,同时不要把车停在消防通道上。尽量把车停放在保安经常巡视的地点,以防被盗。路边串联式停车要尽量靠近右侧,并且留足前后车距,为0.5～1米。这样既可以方便自己驶出,也可以给前车驶出留出足够的倒车空间。在窄路边停好车后最好把车外后视镜折回,以避免磕碰。另外,任何时候都应该避免逆行停车。

③ 楼下、树下停车要预防"天降不测"。随着大城市住宅用地的日趋紧张,地价越来越贵,楼也越盖越高。从十层以上高度掉下来苹果大小的物体,其冲击力足以砸碎汽车风窗玻璃;砸在车体其他部位,也会形成比较明显的凹陷,给车主造成较大的经济损失。所以,有人从高空扔下杂物的可能性是应该考虑到的。另外在大风天气,也可能有花盆之类固定不够牢固的物体从高空坠落。所以车主停车务必小心,不要把车停在阳台和窗户下面。

停在树下也不安全。有些小区种植了结浆果的树木,

浆果成熟之后自然落下，砸在车上形成有颜色的痕迹；还有些树的飘落物则含有黏性物质，不仅很难洗净，还会引来蜜蜂和蚂蚁等昆虫。此外，鸟粪具有腐蚀性，留在车身上面容易损坏漆面。切忌用力擦，只需将它喷洒到比较脏的部位，再用专业的洗车布轻轻擦拭，就可以达到应有的效果。

④ 不要占用固定车位。由于停车位比较紧张，所以现在大部分小区的车位都是住户花钱购买或者租用的。因此，不要占用他人的固定车位。这样可以避免发生冲突，减少不必要的麻烦。

如何防止汽车"受伤"

① 在小区内停车想防止被划，最好停在门卫的视线范围内，请门卫多关照，以降低风险。

② 在露天停车的，无论哪里，高楼的阳台和窗口下慎停。

③ 不要随便占别人固定的车位，或者停车堵住别人的通道。

④ 不要在路边随意停放车辆，否则要被开罚单。有的可能还会把车强制拖走，这样就可能损坏自动变速器。

⑤ 小心汽车被别人的车门击坏！空车位的挑选有大讲究。地下车位是两根立柱中间有几个位置，最不好的位置是居中，最左边的车位最好。

⑥ 两车并排停时，横向距离有讲究。1.0米最安全，0.6米较安全，最危险的距离是0.1米左右。

⑦ 夏天，空调室外机的出水口附近慎停。空调水滴在车漆上，留下的印子会很难洗。

⑧ 树下停车要注意，果实浆液难清除。

⑨ 永远不要相信倒车防撞阻拦杆，也不要迷信倒车雷达。

2. 停车场内停车技巧

根据停车场的情况，为方便开出，尽量倒车停车。纵向停车时，需要自车车长1.5倍的空间。

3. 路边临时停车技巧

① 临时停车方法。有人行道时，要沿着道路右侧停车；停入规定停车位时，不要超出标志线。

② 临时停车点纵向停车方法。停到容易倒退的位置；确认车后安全，挂入倒挡，直行倒车，与右面的车尾部对齐时向右转方向盘，保持半离合和连续离合低速倒车，必要时可以将车停下；确认间距，保证安全；方向盘回位，降低速度，调整到容易倒进去的角度；确认右前方安全，直接倒车；停入指定位置，将车体摆正。

错误停车　　　　　　　　　　　　　正确停车

4. 上坡道路路边停车技巧

停车后将变速杆拨到1挡（手动挡车）。如果路边有路沿，将前轮向左转一定角度，让右前轮后部接近或紧靠路沿，防止汽车沿坡倒滑；如果路边没有路沿，将前轮向右转一个比较大的角度，避免汽车沿坡倒滑后驶入道路中央。

技巧提示

停放车辆时停不稳怎么办

要将车停稳，踏在制动踏板上的力不应恒定，而应由轻到重又由重到轻变化。具体由多轻到多重又由多重到多轻变化，取决于你打算在多长的距离内停车。

车头朝向上坡时：手动挡车在停车时可将挡位挂在"1"挡上

车头朝向下坡时：手动挡车在停车时可将挡位挂在倒挡上

5. 下坡道路路边停车技巧

停车后将变速杆拨到倒挡（手动挡）。如果路边有路沿，将前轮向右转一定角度，让右前轮前部接近或紧靠路沿，防止汽车沿坡顺滑；如果路边没有路沿，将前轮向右转一个比较大的角度，避免汽车沿坡顺滑后驶入道路中央。

6. 停车入库技巧

（1）玩转后视镜　有经验的驾驶员几乎只在长距离直线倒车时才采用透过车窗直接观察的方法，其余绝大多数时间都是利用后视镜倒车的。

这是因为一般情况下倒车时最需要注意的是处于车身侧面的低矮障碍物、地

面的凹陷等，这些是从车窗里看不到的！要应付这样"险恶"的环境，必须依靠后视镜！另外通过后视镜进行观察、倒车时，比较容易兼顾车头的动态，不容易发生车头刮擦障碍物的情况。玩转后视镜，了解它们各自的特点，会让你收到事半功倍的效果。

副驾驶侧后视镜是凸面镜，反映的范围比较广阔，但没有真实的距离感，镜中的景物看上去要比实际情况远（许多进口车副驾驶侧后视镜印有诸如"OBJECTS IN MIRROR IS CLOSER THAN IT APPEARS"之类的警示语，就是这个意思）。另外，因为镜中景物是变形的，要借助这种镜子判断车身是否与路边停得平行也比较困难。

这面镜子在倒车时的主要用处是观察车身右侧有没有障碍物、轮胎离路沿的距离等。为了清楚地了解右侧的路面情况，有时还可在倒车时将这面镜子的角度适当调低（部分比较高级的轿车此侧后视镜是与变速器联动的，只要一挂入倒挡，就会自动调低10°～15°）。

驾驶员侧后视镜是平面镜，具有真实的距离感，借助它能比较方便地判断车身与后方障碍物的距离。在某些画有分隔线的车位，也能借助它来判断车身是否停"正"了。

一个熟练的驾驶员基本不借助内后视镜也能完成倒车动作，但有了它能更方便地观察车辆正后方的情况，对于提高倒车的安全性是有好处的。

（2）七条秘诀成就高手

① 任何时候都不要完全依赖后视镜、倒车雷达！

② 有些高层建筑地下车库的后墙是斜的或是弧形，也应特别注意。

③ 要留心车位后部的障碍物，特别是一些矮小而坚硬的物体，比如消防栓、水泥墩、有些停车场的过于"高大"的限位桩！

④ 点亮前照灯或是制动灯对判断与障碍物的距离有帮助，通常在被照物上留下的光斑越小说明车辆距离障碍物越近。

⑤ 停放时与旁边的车辆保持一致的方向能降低车辆被碰坏的概率。

⑥ 倒车要慢！即使失手，足够慢的车速也不会造成太大损失。

⑦ 不冒不必要的风险，不行就重来一次！

技巧提示

如何将车从紧密停放处开出来

可以尝试原地打方向盘，向前、向后一步一步地移动位置；还可以转尽方向盘，当车辆快碰到前车或后车保险杠时及时向反方向转方向盘。

如果新手没有把握最好等周边车主的到来，千万不可意气用事，硬把前后车辆顶开，损坏车辆不说，还会引起不必要的纠纷。

7. 纵向停车技巧

① 与邻车并排。确认与邻车相距约1米，确认后方安全后直线倒车。当车辆后保险杠并排时，停止退行。

② 右转方向盘，倒车至目标位。在车辆停止的状态下，将方向盘向右转到底；稍微放松制动踏板，利用汽车蠕动功能倒车入位。

③ 左转方向盘，使轮胎回正后倒车。在车辆停止的状态下，回转方向盘使轮胎回正；缓慢地直线倒车，左后轮达到停车位外侧白线时，停止退行。

纵向停车

④ 将车向右边靠近。将方向盘向左转到底，缓慢退行；在车辆与路肩平行之前，回转方向使车辆回正，将车辆停在与路肩平行的位置。注意不要与后车碰撞。

8. 定点停车技巧

① 确认车后安全，打开右转向灯。
② 将加速踏板抬起。
③ 分2～3次踩踏制动踏板。
④ 将汽车靠向右侧。

注意：分2～3次踩踏制动踏板，为了保证安全必须打开右转向灯。

9. 斜线车位停车技巧

将车开到左后视镜与车位左线对齐的位置，然后向右打满舵前行。当车身与车位成一条直线时开始回轮向后倒车，这样车子就可以轻松进入车位。

地库停车须切记"五要"

一要减速下库。有的地库地面上漆，这种做法很不科学。尤其是雨天，湿胎碰到漆面就会打滑，地库里又多弯，开车下库如不减速会很危险。

二要细心倒车。有的地库还有升降型的钢铁停车板，建议倒车技术不熟练的朋友，干脆回避这种升降型的钢铁停车板，另寻停车位。

三要果断上库。地库上坡路一般都很陡，如果冲坡犹犹豫豫，就容易中途熄火、倒溜。对那种把收费口设在上坡中间的地库，尤其要警惕。

四要耐心等候。地库空间小，操作难度高，老手要体谅新手，多耐心等候，不要屡打灯光鸣笛催促。

五要保持车距。在地库里，千万不要与前车跟得太紧，上坡时尤其要注意。现在新手太多，而坡上溜车正是新手常出的差错。

10. 过年过节停车技巧

有条件的车主最好把车停放在地下停车库，当不得不停放在小区里时，请不要停放在草地上、垃圾筒或者其他易燃、易爆物体的周围，未燃烧彻底的鞭炮很可能引燃它们。

将车停在光线相对较暗的停车位，这是因为大多数放鞭炮的人喜欢借着光亮找到鞭炮的引线。不要将车停在开阔的地方，也不要将车停放在小区的十字路口交界处，这些地方放炮的人也不少。

春节停车应注意以下几点措施。

在春节期间可以将车辆防盗装置的敏感程度降低，从而减少因为放鞭炮导致的车辆没电的情况。再或者干脆在春节前把防盗器的熔丝拔掉，让防盗器暂时失去作用，通过机械钥匙方式锁车。

春节期间最好给爱车套上一件"外衣"，这样就可以在一定程度上降低鞭炮给车带来的损坏。另外"外衣"一定要选择那种阻燃性材料，这样防护效果更好。

 温馨提醒

八种自讨苦吃的停车方式

① 把车停在了过道或别人的固定车位上。这样停车，势必会影响别人的通行，给别人带来不便。

② 把车停在了高楼的阳台和窗口下。

③ 把车停在了树下。鸟儿的粪便是有腐蚀性的，不及时处理车漆上会留下疤痕。树的果实、黏液也具有腐蚀性，如果不及时处理，车漆上就会留下一个个暗印。

④ 把车停在了保安的视线范围外。

⑤ 把车停得太靠近其他车。

⑥ 把车停在了低洼处。这样停车，晴天没什么影响，要是在下雨天，一些排水系统不好的路段，水可能会积得很深，搞不好在大暴雨后，你的爱车就

会被淹。

⑦ 把车停在了光线不好的地方。这样停车，一来后车很容易追尾，二来很容易被盗。如果夜间临时停车，一定要找开阔地，同时打开闪光警告灯和其他小灯。如果要长时间停车，最好停放在路灯附近。

⑧ 把车随便停放在了路边。这样停车，很容易影响交通，也是爱车最容易受伤的停车法。

技巧 9 倒车技巧

虽然是倒车，目光却要往前看看，新手尤其要注意。因为驾校里通常没教这些实用常识。倒车如果不注意车头，车头两边极可能蹭上东西，碰着人就更麻烦了。往左倒时，要注意右车头，往右倒时要注意左车头。

如果空间有限，车两边都有障碍物（如停有车），往左后倒时，尽可能让车身贴左，反之贴右。这样可以提前打把转向，缩短倒车距离。可以先直倒一下再上，上的时候贴左或右，然后倒即可。

倒车前先观察好地形，注意先观察空位的周边是否有障碍物或小孩子。

如果有人随车，可以帮忙指挥的，千万记住摇下车窗，这样才能听见。摇下车窗的另一个好处是，如果看不到地面的情况，可以伸出头观察。

如果地方不宽敞，倒车时不用倒太多，前面够走就行了。毕竟往后倒比往前走难，危险系数高一点。

泊车倒车时，就正好相反，往后倒得越多，往前上得也就越多，越容易把车停好。尤其是距离偏小的车位要如此操作，否则可能根本停不进去。这一条新手慎用，中级水平驾驶员提高技术可用。

技巧提示

倒车雷达扫不到"矮"障碍物怎么办

倒车雷达只能感应到与其处于同一水平面的障碍物，如果后方障碍物低于雷达，雷达就感应不到。这里提醒大家一句，即使有了倒车雷达，在倒车时也不能大意，尽量在上车前看清车后障碍物的情况，估计好路线，千万别迷信倒车雷达，以免爱车与"矮"于雷达的障碍物（比如栅栏、马路路肩、安全岛等）蹭上。

控制倒车路线技巧

① 倒车时对准目标，只要有偏差就应该尽早调整方向盘进行修正。等到整个车体偏离后再进行调整就为时过晚了。

② 倒车时速度应该慢，当方向不明确时，可以不转动方向盘只倒退一点，

看清后退方向后继续；做到早感觉、早调整。

③ 倒车时，常常需要反向操作方向盘，有时会转错，应该特别注意。

注意倒车3大盲区

调整倒车速度技巧

　　倒车时，保持比较慢的速度非常重要。因此，几乎可以不踩加速踏板，保持半离合状态，汽车就慢慢倒退（俗称"闷离合"）。

　　泊车倒车时，进入角以40°左右进入为宜。以往右后倒为例，进入后向左转向的时机非常重要，注意车头，感觉车头能过了（即车头右甩时不会碰到前车），就可以转向了。这时车尾通常到了车位的后三分之一处。转向太晚，后面的空间会不够，车身也可能太靠右，右面是墙的话就顶上了；转向太早，可能车身还在外面，要挪好几次才能入位，新手可能根本挪不进去。倒车泊车，切入角和打轮时机非常重要。本条以经验和实地情况为准，极有挑战性，新手要勇于多练。

倒车注意事项

　　虽然汽车技术日新月异，但汽车盲区一直存在。不少车祸的发生，如变线撞车、倒车时撞到小孩等，并非驾驶员技术不好，而是盲区太大，根本看不见。为减少盲区，汽车企业费尽心思，但为保证汽车整体刚性，某些盲区是不可能被消除掉的，如A柱侧前、C柱侧后等。既然消除不了，那就需要驾驶员自己消除盲区。

　　一是上车前望一眼车后和车侧，以避免倒车时撞到小孩或小动物。绕车一周，除检查车况外，就是看盲区里有无障碍物。不管后视镜有多大，倒车雷达有多少个，也不管倒车影像范围有多广，都比不上上车前绕车一周。绕车一周，对于人高马大的SUV尤为重要，SUV的盲区远大于轿车，并且SUV底盘较高、轮胎尺寸大，有时碾压到物品时，还不自知。

二是将座椅调节至合适位置。不少人喜欢半躺式，认为这样舒服，其实姿势除碰撞时对膝盖产生直接的冲击外，还会大幅降低前方视野，根本看不见从前方跑过的小孩，甚至成年人。正确做法是坐得稍高些，能看到发动机盖的前方边沿，靠背呈合理的角度，不能太斜，但也没必要太直。

三是调节后视镜，尤其是两侧的后视镜。正确位置是，从后视镜中能完全、清晰地看到紧邻的两条车道，最好能看到部分第三条车道。先确定座位，再调节后视镜。选车时，也可以尽量选择后视镜大的车型，这对减少盲区有直接帮助。不过切记，再大的后视镜都无法消除盲区。行驶中，变线前打信号灯，闪烁几下，多望几眼后视镜，确定没有车辆后，再快速变线。需要连续变两条车道以上时，在降低车速的同时，必须看后视镜，还应将头侧过去看后方来车。

四是行驶过程中，每隔10～15秒便用余光扫一下两侧后视镜，时刻留意是否有车辆躲在盲区里。当然也应时刻提醒自己，不要将车开在他人的盲区内。自己想办法看到别人的同时，也要让别人看到自己。

技巧 10 掉头技巧

1. 掉头地点选择技巧

汽车掉头必须选择交通量小的交叉路口，平坦、宽广、路肩坚实的安全地段；根据路面宽度和交通情况，汽车掉头可分一次顺车掉头或顺车与倒车相结合掉头。如无上述条件，也可选择利用路旁的空地进行掉头。

 技巧提示

汽车掉头安全当先

车主在行车过程中需要掉头时，要先选择好掉头地点，像铁路道口、人行横道、桥梁、陡坡、斜道等特殊路段以及容易发生危险的路段一定不要掉头，否则很容易发生意外。遇到在坡路上掉头的时候，停稳车辆时一定要驻车制动器、制动器配合使用。掉头时向前要进足、向后要留空余。在危险地段掉头，要使车头朝向危险方向、车尾朝向安全一侧。

2. 途中掉头技巧

① 一次顺车掉头。在较宽广的道路上，应尽量应用大迂回一次顺车掉头。此法迅速、方便、经济、安全。如在有交通指挥人员的地方，要事先发出掉头信号，

得到指挥人员的许可并示意后，再降低车速用低挡，鸣笛慢行掉头。

②顺车与倒车相结合的掉头。如道路狭窄不能一次顺车掉头，可运用前进或后退相结合的掉头方法进行。

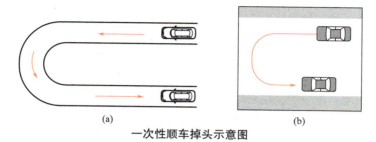

一次性顺车掉头示意图

掉头时，首先要选择合适的地段，发出向左转弯的信号，将车缓慢地驶向道路的一侧，并向左转足方向盘。当前轮快要接近路边或车辆前沿接近障碍物时踏下离合器踏板，轻踏制动踏板，并在车辆还未完全停止时将方向盘迅速向右转足，将前轮转至后退所需的新方向，立即将车停稳。后退时，应先观察清楚车后情况，然后慢慢起步，并向右转足方向盘，待车倒退至后轮将接近路边或汽车后沿接近障碍物时，立即踏下离合器踏板，轻踏制动踏板停车，并利用停车前这一时机，迅速向左回转方向盘，使前轮转至前进所需的新方向。此时如仍转不过来，可再次后退或前进，反复几次至掉转完成即可。

掉头时，如遇非常情况（路面倾斜或狭窄），无论前进、后退、停车时，除使用制动器，还应使用驻车制动器，待车停稳后再挂挡前进或后退。在操作时，应一手握稳方向盘，一手握紧驻车制动杆，一脚缓慢地放松离合器踏板，一脚踏加速踏板适当加速。当离合器大部分已结合时，放松驻车制动杆，使汽车渐渐而平稳地前进或后退。

在掉头的过程中，由于车轮接近路边的距离各不相等，判定车位应以先接近路边的车轮为准。路旁如有障碍物，前进时，应以保险杠为准；后退时，可以后保险杠为准，切勿与障碍物触碰。

温馨提醒

公安部：高速公路掉头记分将翻倍

新修改的《机动车驾驶证申领和使用规定》中提到：饮酒后驾驶机动车，在高速公路上倒车、逆行、掉头，使用伪造、变造机动车牌证3种违法行为，由一次记6分调整为记12分。违反禁令标志、禁止标线指示违法行为的记分分值由2分提高至3分。新增遇前方机动车停车排队或者缓慢行驶时，借道超车或者占用对面车道、穿插等候车辆，以隐瞒、欺骗手段补领机动车驾驶证和机动车在高速公路或城市快速路上遇交通拥堵，占用应急车道行驶等3类违法行为记分。

技巧 11 会车技巧

1. 减速会车技巧

车辆在没有设置中心分隔护栏的道路行驶，与前方来车交会时，应适当降低车速，并选择比较空阔、坚实的路段，靠路右侧缓行交会通过。

2. 夜间会车技巧

新手应该尽量避免夜间驾驶。因为夜间的道路情况和视线限制会对新手的驾驶产生极大影响，如果因为事件紧急不得不在夜间行车，请一定要注意下列事项。

首先，灯光是夜间行车安全的生命保障，决不能有半点马虎。尤其是前照灯、后尾灯、转向灯和制动灯出故障时，上路行车是非常危险的。因此在夜间上路行驶之前务必要对灯光进行全面检查，确认良好方可。

行驶时，发觉道路的左前方忽明忽暗，表明后面有车想超车，这时应视前方的道路和交通情况决定是否让路，如前方没有特殊情况，就向右转向让出路面，让后车顺利超车。

在有道路标线的道路上行驶时较容易判断道路的路形，但如果是夜间行驶在无标线的道路上，就要仔细观察指示牌和路碑。遇到疑问一定要减速甚至停车，探明情况后再上路。夜间行车或停车，尽量避免车轮驶入路边草地，要谨防暗沟、暗坑或因路基松软而发生陷车事故。

新手夜间行车，应尽量避免超车。必须超车时，跟近前车后，连续变换远近灯光，必要时鸣笛配合，在判断前车已让路允许超越的情况下，方可超越。夜间超车一定要有足够的直线距离，无论如何都不要在弯道中超车。超车后在给被超车辆留一定的安全距离后再打转向灯向右驶回原车道，绝对不能强行超车，以免发生事故。

夜间会车应在距对面来车150米以外，将远光灯改用近光灯并降低车速，不准改用防雾灯。要选择路面宽阔、平坦的路段交会，两车在横向并线时即应打开远光灯。夜间会车一定要做到"礼让三先"，在遇到对方不改变远光灯时，应立即减速并使用断续明暗灯通知对方变光。如对方仍用远光灯行驶，应立即靠边停车让对方先行，切不可自己也用远光灯赌气行驶。

要特别注意当遇对面来车未关闭远光灯时，应减速行驶，以预防两车灯光的交织点处可能会有行人通过。由于对面来车的灯光会造成炫目而看不清前方的汽车和行人，所以要求驾驶员应将视线右移并减速行驶。

3. 在有障碍物路段会车技巧

会车时一定要保持良好的心态，尤其是对方开远光灯影响你视线、在有障碍物路段会车时更应如此，绝不开"赌气车"。驾驶员需根据离障碍物的距离、速度及道路实际情况，决定是加速通过还是减速等待，以避免在有障碍物的狭窄处会车。

4. 在视线不清的情况下会车技巧

驾驶员要提前减慢车速、开近光灯行驶，并加大两车交会间的横向间隙，必要时应停车避让，以免发生追尾事故。

5. 狭窄道路会车技巧

城区行驶时难免会遇到在窄道上会车，这对许多新手来说是件非常头疼的事。实际上，对于老驾驶员也一样，谁都不愿意在窄道上会车。遇到较窄道路时，稍不注意就会剐碰其他车辆。

① 尽量避免进入必须窄道会车的境地。在遇到窄道前要观察清楚，如果发现对面有车辆驶来，就应早做避让准备，把自己的车辆靠边，等对面车辆过去后再通过。

② 即使双方车辆都已进入窄道，也要尽力避免在窄道中会车。有一方倒车，给对方让道。

③ 如果双方都无法后退，只能在窄道中会车，最好有人下车观察指挥。

技巧提示

自动挡汽车会车的技巧

平常驾驶手动挡汽车遇到会车时，通常都会踩离合器踏板并制动减速，这样就不会出现熄火的情况。但是如果驾驶的是自动挡汽车遇到会车的情况，要如何处理呢？

技巧一：驾驶自动挡汽车在有明显交通引导线的道路上会车时，首先要观察道路两侧的交通情况，如果路面比较宽，道路条件允许，可以不减速直接通过。

技巧二：如果遇到需要频繁会车的情况，可以根据双方的车速、车型和道路状况，选择正确的方式会车。

技巧三：如果路面仅允许通过一辆车，不可以抢行，让车速快的一方先行，距离较远、车速慢的一方需要主动让行。

技巧四：如果要在狭窄的坡路上会车，一般是下坡的车先让上坡的车，下坡的车驾驶到道路中段而上坡的车还没有上坡时，下坡的车先行。

技巧 12 超车技巧

1. 超越前方同方向行驶车辆技巧

驾驶车辆超越前方同方向行驶的车辆前，必须认真观察道路前方情况。尤其是准备超车时，应与前车保持一定的安全距离，提前开启左转向灯、鸣笛，夜间还需变换使用远、近光灯示意;确认前车让超并有充足的安全距离后,从前车的左侧超越。超越过程中随时注意被超车动态,尤其是前车转向灯、制动灯的变化;在与被超车辆拉开一定的安全距离后,开启右转向灯,驶回原车道。

2. 超越停放在路边的机动车技巧

在超越停放在路边的机动车时,应减速鸣笛,随时观察其动态,并与之保持较大的侧向间距;防止其车门突然打开或起步驶向行车道,尤其要警惕被超车头前面突然有行人横穿道路。

超车注意事项如下。

① 超车时要注意后方有无车辆准备超车,后方情况不明不得超车。超车过程中有可能和对方来车交会时不得超车,应避免因侵占对方车辆行驶路线而与对方来车或被超车辆发生剐碰事故。

② 要重视停在路边的车辆,因为路边停靠的车辆随时有起步的可能。因此超车驾驶员临近超越时,要做好停车或避让的准备。

总之,开车上路超车虽然很平常,却是驾驶技术中比较复杂的一个难点,而且其中也暗藏了很多学问。超车过程中的一些细节,甚至会直接影响到驾车的安全。因此在公路上行车,无论是新手还是老手,掌握安全超车技巧都很重要。

3. 高速公路驾驶超车技巧

在高速公路上行驶,超车一定要慎重,绝不可以像在一般道路上那样随意超车。据统计,60%以上的交通事故都与超车有关。其主要原因是,超车时需要转动方向盘,而车辆在高速状态下,方向盘稍有转动,车辆行驶方向就会改变很大,难以控制;遇到危险情况,又要紧急制动,这样就更危险了。另外,车辆在高速行驶中,超车瞬间完成,超车及被超车驾驶员容易发生观察不够或判断失误等错误。

尽量避免右侧超车,同时还千万记住弯道、恶劣环境、拥挤条件下超车时事故率会相当高。这些条件下超车的不安全因素有他车的,也有自车的,更多是由于超车时疏忽大意所致。

超车时操作方向盘要平稳。高速公路上猛打方向盘是很危险的,在超车时更是如此。随着车速的提高,在转过相同的弯道时,方向盘的转动量是逐渐减小的,这是高速公路不能猛转向、采用大弯道变更车道的直接原因。因此说,超车过程应该是紧凑、一气呵成的。

超车时要注意并行及后续车辆情况,如果感到确有必要超车,就必须确认超车道上的安全距离内即100米以上没有其他车辆,同时还必

须确认同向车道上没有企图超越自己的车辆。为保证这两点，驾驶员必须使用车内外的后视镜观察。由于后视镜调整等原因存在"盲点"，为确保无误，有必要扫视一下后方，以消除"盲点"。

只要有条件，一定在行车道行驶，一来万一有事，左右都有回旋余地；二来要提防对方车道有爆胎车会冲过中间护栏形成迎面撞击。在安全完成超车后，为了保证车辆的行驶顺利和安全，要尽快地返回原车道，切忌在超车道上连续行驶。

4. 超车中对面突然来车驾驶技巧

超车前必须看好后方和前方情况后，再决定能否超车。然而，有时可能会出现判断失误的情况，如对面突然出现一辆速度极快的车，但此时你已开始超车，且正和被超车处于并行状态，此时应快速做出判断，是进还是退？

如果车还处于被超车的尾部，或者说刚刚进入超车道，还没有和被超车并行，或者对面来车已到近前，不可能再超过去，此时应立即减速、制动，打右转向灯并回到被超车后面车道，为对面来车让道。

如果已和被超车齐头并进，此时再退回去比超过去所用时间可能更长，那就要果断加速，强行超过，然后快速回到行车道。此时千万不要犹豫，想超又不敢超反而耽误时间，危险性只能更大。

> **四种不能超车的情形**
>
> 一是前面的车正在左转弯、掉头或超车过程中；二是与对面来车有会车的可能；三是前车是执行紧急任务的警车、消防车、救护车或工程救险车，为赶赴现场、抢险救灾、抢救生命和护卫重要警卫对象；四是在复杂的路段，如行经交叉路口、人行横道、铁路道口、窄桥、下陡坡时，或者遇风、雨、雪、雾天气，能见度在30米以内时。

技巧 13　并线技巧

如此不管不顾地并线，实在缺乏礼貌

从自己正在行驶的车道驶入另一条车道称为并线，这一举动往往打破了原来的行车秩序。如同借道一般，并线需要不同车辆之间的容忍与配合。很多剐蹭碰撞事件就在并线时发生。作为驾驶员可以减少并线次数，但是不可能永远回避并线问题。

1. 并线原则

① 并线时也可采用减速。并线一种情况是为了超车，还有一种情况是为了出高速路或是车辆要拐弯。如果车主不在外车道，这些情况都需要及早预见，及早从内侧车道减慢车速转到外侧车道来。

② 并线前告知其他车辆。不少新手开车时遇到要并线的情况，总是自说自话地要并就并，很少顾及其他车道的车辆。新手上路时需要着意克服这一点，凡是并线都要提早打灯告诉后方车辆。在夜晚时，可以通过改变远近光的方法来通知别的车辆。在并线后，车主一定要及时回灯，以免误导后方车辆。如果能换个大视角后视镜，可以让后方视野更开阔一些，消除视野盲区带来的不便。

③ 并线时忌走弧线。当可以保证与后车的安全距离时，车主才可以并线。有不少车友认为，至少要比后车快10千米/小时才是一个安全的车速。这种说法不完全正确，并线的安全距离要依据车速而定。但不管怎样，并线时的动作都要求果断利索，一般倾向于走直线，而不要走弧线，以免在两个不同车道间耽误过长时间。

④ 并线时的忍让原则。在打灯示意并线后，如果后车鸣笛或打双闪，那就意味着后车认为自己车速比你快，不同意你并线，此时车主需要等待后方车辆通过后再并线。另外从辅路汇入主路的车辆要让原先主路车辆先行，进入环岛内的车辆要让岛内车辆先行。新交法明确表示，并线的前提是不影响目的车道内的行驶车辆。车辆在弯道行驶时，要宁让三分不抢一秒，尽量减少在弯道并线的次数。雨雪天路面打滑，并线时更要慎重，不必要时不要并线。

 温馨提醒

连续并线属违章行为

如果看到车道上车辆少就随便练习自己的并线技能那就大错特错了，新交法已明确规定不得连续并线。不少车主尤其是新手急于驶出高速路出口，没有提早做准备，看到了出口标志，才急着从行车道驶到出口车道，手忙脚乱连续并线，这样容易引发交通混乱，导致事故。在车流量大的道路上，尤其需要车主提早准备从快行线驶入慢行线，为下高速做好准备。实在来不及也宁愿错过出口而不要不顾其他车辆行驶情况，匆忙连续并线。

2. 雨天安全并线技巧

下雨时，后视镜视线不好，超车一定要谨慎，不要轻易实施并线或超车。

开车时，一定要打开车灯。平时并线、超车不习惯打转向灯的车主也要注意，在并线前要先打开转向灯，看看后车有没有反应，如果后车打双闪或鸣笛，就先不要并线了。

如果还是无法确认后方情况，还可以打开车窗，迅速地偏一下头看一下后侧方。但是应该先稍稍放慢车速，以免撞到前方的障碍物。

在确认可以安全并线时，就要立刻干脆、流畅地并线，以免在犹豫间影响其他车辆行驶。

不要从右侧超车，尤其是超大型车。因为大型车的高度高，当小车靠近大型车右侧时，大车驾驶员从后视镜里很可能看不见。

3. 变线时别人总不让路驾驶技巧

新手每次想变线都要花费很大的力气，好像没人愿意让你变线，其实你该好好检讨一下自己了。

首先，你变线打转向灯了吗？其次，你是跨实线变线吗？很多新手没有提前变线的概念，往往都是到了停车线前才意识到要变线，但是此时已经属于实线变线，别人也不愿意再让你插队。而且此时如果发生碰擦，承担事故责任的是你，因为你违章变线了。如果你有意识留意一下这两个方面，通过后视镜准确地判断旁边车道车辆与自己的间距，并判断变线时机，其实变线也不是那么难。

技巧 14 跟车技巧

1. 跟车时把握距离技巧

新手往往判断不好与前车的距离，因此经常出现离前车较远的情况，影响了车流速度；同时给其他车辆并入其前方创造了条件，造成了事故隐患。还有些胆大的新手跟车很近，但处理紧急情况的能力较差，一旦前车紧急减速或停车，很容易发生追尾事故。那么跟车时怎样保持安全距离呢？

不同的路况和不同的车流速度下跟车的距离不尽相同，总的原则就是前后车之间必须保持一个安全距离。即在前车减速或制动时，两车之间有足够的安全距离，从而有足够的时间供后车驾驶员做出反应，采取制动措施。同时保持有限的跟车距离，又可有效防止其他车道上的车辆随意并入自己的前方。新手上路最好能在不同路况进行反复练习，练习时选择有多条同向行驶车道的路面；行车时可参考旁边车道车辆的跟车距离，自己加以验证，不过练习过程要循序渐进，跟车距离要从大到小，直至合理的安全跟车距离。

2. 跟车高手技巧

跟车速度越快，车距要越大。前车制动灯一亮，自己要马上减速。制动时要采用点制动的方式，一是给后车发出减速信号，二是点制动能缩短停车距离。尽量不要跟在公共汽车和出租车后面，因为它们停车的随意性太大，所以要加大与它们的车距，注意避让和停车。跟在大型车后面过路口时，不要跟得太近，在条件许可的情况下，向左或者向右拉出车身，看清信号灯再走。不要盲目跟从，以免误闯信号灯而被开罚单。

遇到堵车时有人会插队，如果你加速和制动配合不老练，那么还是忍一忍，不要和他抢道，不然很容易追尾。上坡停车时不要怕别的车插队而跟得太近，要防止汽车起步下溜而遭不测。有的人喜欢抢信号灯，到路口却发现来不及了，通常会急制动。发现前车要抢信号灯，应提前制动减速，加大车距。跟车尽量跟在同档次的车后面，高档次的车制动好，遇到情况可能随时停下来，因此跟在它们后面车距要大些。当然，跟车距离还跟天气（雨雪）、路面（湿滑路面、沙石）条件有关。

3. 跟车正确控制车速技巧

许多驾驶员能根据自己所驾驶车辆的车型和性能，摸索出跟车速度。如果这种行车速度符合交通法规中的有关规定和交通环境，即可把它定为自己的安全车速。

当然，城市与乡村不同，山区与平原不同，正确控制车速还必须注意车辆的下列行驶环境。

① 密切观察沿途交通标志，遇有限速标志时，须严格按标志规定行驶。

② 根据行驶道路状况和运行条件，灵活掌握和控制车速，该快就快，该慢就慢。

③ 在交通拥挤、车辆较多、车流已有自然速度节奏的道路上行驶，要使自己的车速与车流速度相同，不要性急超车。

④ 尽量保持经济车速，避免高速超车和低速慢行。汽车载重量轻、道路条件好时，经济车速可适当高一些，而汽车载重量大、道路条件差时，经济车速就必须降低一些。

⑤ 行驶中，车速与同向行驶车辆间距相适应。天气、道路、车速不同，与前车间距也不相同，间距以确保安全为宜。

远离豪华车

目前国内天价豪华车保有量不大，撞到1000万以上车型概率不高。但近几年来，宝马7系、奔驰S级等高档车倒是满大街跑。为此，车主要积累一些理赔技巧，做到撞上豪华车也能淡定应对。

第一，车主在驾驶过程中要遵守交通法规，这样一旦真的与豪华车发生碰撞，自己也是无责方，不需要为自己的赔付能力殚精竭虑。第二，为了防患于未然，减少与豪华车"亲密接触"的机会。车主需要专心开车，戒掉边打电话边开车，或者边开车边跟其他人聊天的陋习，毕竟意外总在不经意间发生。第三，在为车辆投保时，车主需要购买能给自己提供足够保障的第三者险，在撞上豪华车后才不用担惊受怕，这对使用频率高的营运车或者车主本身抗风险能力弱的面包车来说尤其重要。

豪华车伤不起，标志要熟记

劳斯莱斯最低价值：400万元人民币	宾利最低价值：500万元人民币

法拉利最低价值：300万元人民币	玛莎拉蒂最低价值：200万元人民币

兰博基尼最低价值：300万元人民币	西尔贝最低价值：5000万元人民币

柯尼赛格最低价值：2600万元人民币	布加迪最低价值：2500万元人民币

帕加尼最低价值：1200万元人民币	迈巴赫最低价值：500万元人民币

技巧 15　防止追尾技巧

1. 要保持车距

俗话说得好，"距离产生美"，保持车距是最重要的。没有距离，就没有反应的时间，就没有躲避的空间，也就没有缓冲的余地。只要距离足够，大多数的追尾事故都可以避免。目前的车速是多少，就在车前留多少米的安全距离。这是比较简单的方法。

2. 眼睛要看远

新手常见的问题就是眼睛只盯着前车的车尾，以为和它保持距离就万事大吉了。只有看得远，观察前面几辆车的行进情况，才能有更多的反应时间和距离。如一位老驾驶员所说："开车时不但要看自己的路，还要帮前面后面的车看路。"

3. 制动要果断

这是最重要的措施。如果与前车保持了距离，那么紧急制动的过程中一定要尽力保留这段距离。这意味着要马上把车速降下来，而不是慢慢走到贴近前车车尾才制动。这样做的目的是留出一个缓冲的区域，给自己留下转向的空间；同时，也给后面的车一个及时的警告。

4. 后车要关注

这是避免被追尾的第二个重要方法。看看后车是否会撞上来。新手上路手忙脚乱之余往往是顾前不顾后，在保证自己不撞上前车之余没有注意后车的动向，更没有为后车做出必要的提示和留出应有的空间，其结果是刚为没有撞上前车而庆幸就发现自己被追尾了。正确的做法是不管前后有没有车，都应该提前打转向灯。遇紧急情况时不要一脚把制动踩死，这样既能削减制动惯性带给驾乘人员的不适感，更重要的是可以给后车提个醒，留出反应的时间和距离。

追尾是很被动的事情，但是通过保持车距，在被动的情况下还是有一点自救的余地。遇到紧急情况时，眼睛要灵活，紧急制动的同时前后左右都看一下，然后选择一个最安全的方法。总而言之，防追尾是一种意识，但不能仅停留在认识的层面，还要贯穿于日常行车中。建议大家培养防追尾的潜意识反应，当发生紧急事件时经过这种潜意识培养的人就会在最短的时间内做出正确的操作。

技巧提示

快要追尾时怎么办

① 急制动，不踩离合。在快要追尾时，有些驾驶员在紧急制动的同时总要兼顾离合器，这是驾驶习惯使然。其实这样无形中增加了动作的反应时间，

延长了制动距离。正确的做法是：一脚将制动踏板踩到底，离合器完全不要顾及，也不要想紧急制动后车辆会熄火。

② 如果在车速高时前方车辆突然出现停车或变更车道情况，那么就需要车主紧急制动。这时的第一反应不是单等汽车制动住，而是要眼睛盯着前车两侧的空隙位置，在猛踩制动的同时，向这个位置转方向盘以有效地避免事故。当然，这种情况是不得已而为之，不管道路多空旷，与前车保持足够的距离和慢速行驶都是第一选择。

技巧提示

"六不跟"

① 不跟空驶的出租车。空驶的出租车一旦发现路边有人打车就会停下，如果跟得过近，很容易发生追尾事故。

② 不跟大型货车。大型货车又高又宽，遮挡后车行车视线。经常会有大货车闯红灯过路口，导致后车因大车遮挡看不见红灯而跟着通过路口发生危险。

③ 不跟公共汽车。和大型货车一样，它们也容易遮挡行车视线，而且个别公共汽车进出站时不打转向灯，如果跟得过近或在其两侧，就容易发生事故，到最后吃亏的总是小轿车。

④ 不跟外地车。外地驾驶员对所在城市道路不熟，会有意无意地违章，比如闯红灯、闯单行线、逆向行驶、强行变更车道，甚至不看后面有没有车，急制动临时停车问路；还有一些跑长途的驾驶员疲劳驾驶，车开得忽左忽右，跟在后面很危险。

⑤ 不跟低档车。如果你开的是一辆车况不错且档次较高的车，那么最好不要跟在低档车的后面，因为低档车的车速相对高档车来说普遍较慢，跟车比较受限制。而且一旦前面急制动，缺乏经验的你在后面会难以控制住速度，发生追尾的可能性就很大。

⑥ 不跟"串车"。如果在快车道上行驶，应尽量避开跟"串车"。因为快车道上行驶的车辆速度都很快，新驾驶员难以控制平稳车速，保持安全车距。一旦前面的车紧急制动，很容易出现连续追尾，四五辆车相撞的事并不少见，特别是中间的车辆受到前后夹击，后果将不堪设想。

技巧 16 夜间驾驶技巧

1. 夜间驾驶原则

① 注意行人。夜间行车要注意从左侧横过马路的行人。在城市交通繁忙地段，

有时对向车道上排满了等红灯的车。在这种情况下，常常有行人从车队的间隙跑出来从左向右横过马路。

② 变换灯光。夜间行车中如遇对向车，不要一会儿踩制动踏板，一会儿向右转向，以免伤及右侧行人，同时要不时变换灯光。在起步前，应将小灯、尾灯、牌照灯和仪表灯都打开。当看不清前方100米左右的物体时，应将前照灯打开。行驶中，车速在30千米/小时以内时，可使用近光灯，灯光应能照30米以外；车速超过30千米/小时时，应使用远光灯，灯光应能照100米以外。在有路灯照明的道路上，一般只使用近光灯。通过交叉路口时，应在距离路口30～50米外将前照灯关掉，改用小灯。在雨雾中行车，应使用雾灯或前照灯近光，不宜使用前照灯远光，以免发生炫目而妨碍视线。与对向车相距150米时，应将远光灯变为近光灯，若遇对方不改用近光，应立即减速并连续使用变换远、近光的办法来示意。如对方仍不改变，则应减速靠右停车避让，切勿斗气以强光对射，以免损害双方视觉而酿成车祸。尽量避免夜间超车，必须超车时，应事先连续变换远、近灯光告知前车，在确定前车让超后，再进行超车。

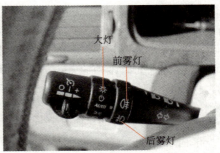

③ 控制车速。这是保证夜间行车安全的根本性措施。由于夜间道路上的交通量小，行人和自行车的干扰也比较少，加上驾驶员的心理状态（倦鸟归巢），一般比较容易高速行车。很可能因此发生事故。夜间行车由亮处到暗处时，眼睛有一个适应过程，因此必须降低车速，当驶经弯道、坡路、桥梁、窄路和不易看清的地点时，更应降低车速并随时做好制动或停车的准备；当驶经繁华街道时，由于霓虹灯以及其他灯光的照射对驾驶员的视线有影响，也须低速行驶；如遇下雨、下雪和大雾等恶劣天气，更须低速小心行驶。

④ 拉开车距。驾驶员在夜间行车时，一是视线不良；二是常遇危险、紧急情况。为此，驾驶员必须准备随时停车。在这种情况下，为避免危险，要注意适当增加跟车距离，以防止事故的发生。

⑤ 克服疲劳。夜间行车特别是午夜行车，由于不能见到道路两旁的景观，对驾驶员兴奋性刺激不够，因此最易产生驾驶疲劳，如稍有疲惫感就应振作精神或停车休息片刻。

⑥ 判明路面。夜间开灯驾驶时，当灯光照到路面上而感到路面发亮，但光线不强时，表明是沥青路；如果灯光照到路上而感到路面发亮，则表明是砂砾路或

湿滑路。当前方路面出现黑影，驶近时又逐渐消失，表明路面有浅小的坑洼；如果黑影不消失，则表明路面有深坑大洼。当灯光的投射距离由远变近时，表明车辆此时已经接近或进入上坡道、驶近急弯或将要到达起伏坡路的低谷地段；当灯光的投射距离由近变远时，则表明车辆此时已在下坡道，或是已由陡坡进入缓坡，或者已由弯道进入直路。如果灯光离开路面，表明前方可能是急弯，或者车辆正驶向上坡的顶部。如果灯光由路中移向路的一侧，表明前方出现一般的弯道。而如果灯光从相应道路的一侧移到道路的另一侧，则表明是连续弯路。

2. 城市夜间驾驶技巧

主干道上有路灯照明，且都是分道行驶，则可以开启小灯或前照灯中的近光灯，要各行其道，不要占道行驶。在这里要强调的是，视线盲区是你关注的重点，行人与非机动车没有灯，所以你在转弯、变道、进出单位、小区时，一定要小心、谨慎，减速慢行，以免发生意外。

3. 乡村、山区夜间驾驶技巧

在乡村、山区夜间行驶中，可使用远光灯，以达到最佳照明效果。由于乡村、山区道路路面窄，弯道、坡道多，道路上和路旁易出现堆放物，存在会车多、超车难（参照会车、超车）的情形所以夜间在以上公路上行驶时，可根据前方有无灯光来判断对面有没有来车。汽车前照灯灯光为直射光，在通过弯道、坡道等光线、视线盲区时，道路状况看不清，不可盲目乐观，应减速慢行，谨慎驾驶。

4. 夜间行车正确使用车灯技巧

车内的照明系统一般有开、关和开门照明三个挡，建议使用开门照明挡，这样不用特意去打开车内照明灯，就可以提供必要的照明。当做好汽车启动准备时，关好车门，车内照明灯会自动熄灭。其他车灯在汽车启动之前，最好不要使用，特别是用电量较大的前照灯。如果停车时打开了前照灯，在启动汽车时最好先关掉，等汽车启动正常再打开。

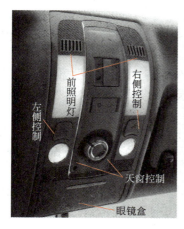
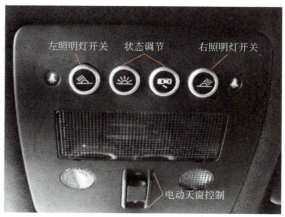

技巧 17 高速公路驾驶技巧

1. 高速公路行车前的检查要点

① 检查轮胎。轮胎高速行驶时，很容易产生驻波现象，即轮胎变形导致的压缩或膨胀。在高速行驶且胎压偏低的情况下，轮胎的这种变形更为明显。这种变形会进一步导致轮胎高温，内部与表层的脱离，不少爆胎事故由此产生，旁观者往往可以看到橡胶碎片四散的情景。

技巧提示

上高速前，不妨为轮胎打打气，让它比平常胎压略高一些。

② 检查制动。高速行驶中的车辆要想有效快速地停下来，很大程度上依赖于制动效果。在驶上高速路前，车主一定要检查好制动是否灵敏，是否有松动、异响、跑偏等不正常现象。

技巧提示

制动一旦有任何不良的蛛丝马迹都要及时检修，不要轻易地开上高速公路。

③ 检查燃油。同等时间里，高速路上油耗要大于城市路面。因此在驶上高速前一定要看好油量表，带足燃料。

2. 途中驶离高速公路技巧

机动车驶离高速公路时，应当按出口预告标志进入与出口相接的车道，减速行驶。从匝道驶离高速公路时，必须提早开启右转向灯，驶入减速车道，然后驶离。

3. 高速公路夜间行车技巧

高速公路是分道行驶，且路中间有隔离带，也就免去了夜间驾驶中的会车。但高速公路夜间是货车、客车避免警察查车、赶路的好时光，所以在高速公路上行驶一定要关注这些车辆。特别是后半夜，驾驶员疲劳驾驶加上犯困，是高速公路上事故多发时段。因此，应避免与以上车辆长时间并行。在超越它们前，观察是否正常（走直线，为正常；走蛇行线，那可能就是在打瞌睡）。你在超越它时，要鸣笛、闪灯来提示对方，把握机会，快速超越。

4. 高速公路上行车制动操作技巧

在高速公路上紧急制动是非常危险的。即使可以避免你撞上别人，也不能保证后车不撞上突然减速的你。因此在制动时，可以连续点制动，制动灯由此会忽闪忽灭，以利于引起其他车辆的注意做出相应准备。而且点制动也有利于维持轮胎与地面的附着力，减少跑偏、侧滑等现象。

5. 防止在高速路爆胎的技巧

① 平时要注意轮胎的保养。经常检查轮胎是否有扎伤、划伤，是否有因断线造成的凸起。在汽车被举升时（如检查底盘和换机油）应该顺便查看轮胎内侧是否存在问题，发现问题及时找修理厂或4S店咨询。另外，按照要求调换轮胎以利均匀磨损。

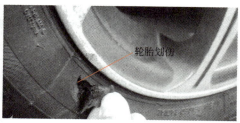

② 关注轮胎寿命。轮胎到一定里程要视行驶路面和磨损状况而确定是否更换。一般城市道路时间可以长一些，若经常上高速或行驶路面较差，就要视磨损程度及时更换。

③ 养成检查胎压的好习惯。要经常检查胎压，每隔1个月要测量1次胎压，随时补气。上高速前更要检查胎压，使之在正常范围内。

④ 高速路上行驶中要防止轮胎温度过高。尽量不要连续太长时间跑高速，可适当在休息区停车，使轮胎降温。这一点在夏天尤其重要。

⑤ 培养良好的驾驶习惯、控制好车速。尽量防止急启动、急制动和快速过弯，这些动作都会加剧轮胎磨损和增加瞬间压力。不要碾压路面上的坚硬物，控制好车速。

6. 高速行驶爆胎处置技巧

① 行驶中爆胎会使四轮高低及摩擦力都突然变化，使车跑偏。这时需紧握方向盘，控制住方向，这就是所说的"稳住"，不要乱打轮。

② 向爆胎的反方向转向，及时修正方向，不可猛转向。

③ 不能急踩制动踏板和离合器踏板，在能保持住方向的前提下可通过摘

挡或减挡（利用发动机制动，手动挡适用），降低车速，可以轻踩制动踏板，自己感觉一下受力情况。

④ 通常情况下，汽车行驶中受到一定的冲击，安全气囊都会打开，为可能翻车的状况起保护作用，所以不必惊慌。

7. 高速公路遇故障处置技巧

在高速公路上，一旦发现车辆有故障，正确的操作步骤如下。

① 正确停车。立即开启危险报警闪光灯，将车驶入紧急停车带或在右侧路肩停下；如果车辆已失去动力，要利用其惯性滑入紧急停车带；如果车辆已停止运转，可利用起动机产生的动力挪入或推入紧急停车带。

② 确保人员安全。车辆停放好后，驾乘人员应从路外侧的车门尽快离开车辆，转移到右侧路肩上或应急车道内，绝不能在高速路上随意走动或拦截过往车辆求救。如需到车内或车下进行维修，也应由路外侧的车门出入。

③ 警示其他车辆并报警。如果车辆坏在行车道上难以移动，除要立即开启危险报警闪光灯外，还要把故障车警告标志放置在来车方向150米处，并立即报警；如果是夜间，还必须开启小灯和尾灯。

技巧 18　泥泞路段驾驶技巧

新手在行车时，一定要牢记"紧走泥路，慢走水"这条经验。汽车长时间在泥路行走，不可避免要出现打滑，甚至下陷，所以切不可不紧不慢走泥路。速度快会增加汽车的实际过水深度，导致雨水进入驾驶室内。

技巧提示

汽车涉水熄火后该如何处理

汽车涉水熄火主要原因是排气管进水，个别情况也可能出现电路损坏。汽车抛锚后，千万不能再次启动，否则可能导致进气道进水将气门顶坏，严重时还可能导致发动机报废。而是应立即将车拖到4S店，交由专业人员处理。4S店将视情况，对火花塞等可能产生问题的部位进行查验，经处理妥当后，方可启动。

只要没有二次启动或长时间浸泡，通常500元以下完全可以修好。

需要注意的是，除非投了附加险种"涉水险"，否则涉水熄火后二次启动发动机属操作不当，通常是无法获得赔偿的。

对于大多数轿车来说，如果水深不超过20厘米，只要车速不超过40千米/小时，就不需担心水渗入车内或致使车辆熄火。在万不得已的情况下，汽车涉水时除了要保持较低的车速外，还要尽可能不停车，不换挡，不松抬、踩踏加速踏板；

同时也提醒车主，汽车在水中熄火，切不可立即启动，而应尽快采取措施把汽车拖到积水少或没有积水的安全地点。

温馨提示

自动变速器最怕进水

车辆涉水后，除了发动机易进水外，自动变速器同样如此。手动变速器进水或许还可以行驶，但自动变速器就"娇气"多了。

在自动变速器进水以后，主要故障现象是车辆挂挡不走，加速时抖动。如不及时排除，可能导致自动变速器损伤。排除故障的方法主要是放掉变速器油，再灌入新油，如果解决还不彻底，那就需要拆开变速器进行清洗。此外，制动油、变速器油、机油等最好全部更换。

车辆涉水如何正确行驶

第一步：观察，积水深度不可超过轮胎的2/3。

在遇到积水路段时，首先要停车观察路面的积水深度。当积水深度超过了车辆的排气管，就不应该强行通过。虽然水压远小于气缸的排气压力，只要发动机不熄火积水一般是不会倒灌进排气管的。但如果在行驶中由于路面情况不清楚造成操作不当出现熄火的情况，车辆进水会造成其他元件的损坏。我们可以通过观察水面没过轮胎的高度来决定涉水行车是否安全，只要水面不超过轮胎的2/3处，一般来说涉水行车就是安全的。

第二步：提前开启刮水器，慢速入水。

虽然在之前通过观察大约知道了积水深度，但路面情况仍然不是很清楚。汽车一旦入水，溅起的巨大水花很可能会完全打在前风窗玻璃上，给本来就对路面不熟悉的驾驶员造成视线影响。提前开启刮水器，能够保证相对清楚良好的视线，帮助车辆安全通过涉水路面。另外，进入涉水路面时车辆最好做到慢、稳。慢速入水，能够在驾驶员驾驶车辆第一时间准确地感受到积水路面的真实情况。

第三步：稳住加速踏板，低挡匀速行驶。

在积水路面中行车应该首先保证车辆有稳定的动力，使排气管中始终有压力气体，防止水倒灌入排气管，造成熄火。行车过程中尽量保证低挡匀速行驶，避免中途停车、换挡、急打方向盘等情况。在对路况没有把握的情况下，最好原地等待其他底盘高的车辆，观察前行车辆通过积水路面时的情况，如果车身稳定没有出现巨大晃动，证明路面相对平稳。沿着前车的路径通过，安全更有保障。切忌多辆车跟车连续下水，避免因为前车出现故障影响后车正常行驶。

第四步：如果熄火，切忌强行点火。

如果在通过积水路面时，因为对路况不熟悉导致操作失误，车辆一旦熄火后不可强行二次启动。如果在气缸进水的情况下还强行启动，轻则导致零部件受损，严重的甚至会危及发动机。正确的做法是原地等待救援。

特别提示

万一遇到汽车被水淹没，车门无法打开的情况，可将驾驶员座椅的头枕拔出，将金属杆插入车窗与内饰门板之间撬动车窗玻璃，使之破碎争取逃生机会。

下雨天或在乡间路上行车时，经常遇到车轮陷入泥坑的情况。一旦发现车轮陷入泥坑，可以将加速踏板缓缓踩下；一旦汽车能前行或后退，则保持加速踏板位置不变，以低速开出泥泞路段。但多数情况下，车轮陷入泥坑后，汽车无法前后移动。这时，首先应下车仔细观察陷车状态，采取相应的应急措施。如果车身没有擦地，一般通过自救可以将车驶出泥坑。

如果手边有工具的话，可以将车轮前后的泥土铲去，将泥坑修成缓斜坡状。如果坑里有水，应设法将水排净。这样，汽车很容易就开出来了。如果手边没有工具，试着往泥坑里填石块、砖头、树枝等，可以增加车轮与地面的附着力，使汽车开出泥坑。对前置后驱的汽车，可以尽量使汽车重心后移，增大后轮与地面的附着力，将汽车开出泥坑。

三、山路行驶技巧

技巧 1　安全通过山路技巧

① 出行前了解行驶路线的交通特点及天气情况，并对车辆进行1次认真的检查保养。尤其是制动、转向、灯光、轮（备）胎、机油、散热器等关键部件，一定要检查到位，确保灵敏有效。

② 行至山区拐弯路段或盲区时，一定要靠右侧行驶，并提前鸣笛，千万不要超速、超车或驶入逆行道。

③ 驾驶手动挡车辆时，要根据车速和上坡道路坡度情况及时换挡，保持发动机转速和最佳动力输出；下坡路时，要控制车速切记不要空挡滑行。

④ 遇有前方出现堵车排队时，要顺序停车，不要盲目抢行，以免车辆堵死无法疏通。另外，行至山体旁易发生落石的地段时，要注意观察和尽快通过。

技巧 2　山路行车标志的识别技巧

自驾车出游一般都是选择有山有水的旅游胜地。在这种情况下，山区道路驾驶的安全性就显得格外重要。尤其是新手开车，经验尚浅，更需格外小心。

山区道路大多依山傍水，或盘山绕行，或临崖靠涧，道路坡长弯急，穿洞过栈。因此，在山区道路行车时，必须根据其特点，掌握山路驾驶车辆的方法，确保山路行车的安全。因为山区道路的交通动态与平原及市区的交通动态差别很大，路上经常有担货行人、放牧人、运木车辆等，加之道路崎岖、坡陡弯多，所以驾车进入山区道路后，要特别注意主动避让、适时减速和提前鸣笛。

技巧 3　山路行驶中挡位的使用技巧

在山路上经常出现上坡和下坡的情况，上坡按照正常速度使用挡位往往会感到发动机无力，这是因为爬升需要车辆付出更多的转矩输出。往往在山路上坡时要减一挡或者两挡，特别是急转弯后上大坡时一般都使用2挡。在山路上加挡时要比普通路面晚一些，留出换挡空隙车速下降的余量，比如平时普通路面40千米/小时换挡，在山路上就要到50千米/小时才换挡，一方面留出换挡时空挡滑行的余量，另一方面山路上需要更大的速度才能换挡。山路上判断发动机输出转矩和变速比是否合适，主要通过转速表和发动机工作的声音来判断。发动机上山冲坡时转速至少不小于1500转，发动机应发出均匀有力的声音。如果发动机转速过低或者发出清脆的金属敲击声，都是挡位使用过高的原因。下山挡位的合理使用就更重要了，要用发动机制动—低挡减速行车。

技巧 4　避免山路中制动器热衰竭技巧

第一要使用发动机制动；第二要准确有力和间隔使用制动器。发动机制动就是利用发动机的低转速来减低车速。简单说就是在高速时使用低挡，比如下山时车速为50千米/小时正在使用3挡或4挡，前方出现急转弯就应换入2挡，这时会感觉到车辆由于发动机的低转速而被猛地拉住，这就是发动机减速的作用。发动机制动并不能使车完全停下来，在山路上还是要使用制动器。但是制动时一定要短暂和准确，切忌连续长时间制动。比如入弯前，车速太快在使用发动机制动作用的同时仍然需要增加有效的制动，此时应该有力地踩下制动踏板，使车辆迅速减低到安全和可以控制的速度；速度得到控制后应尽快松开制动踏板，让制动器尽快通风散热。遇到直线大下坡时，应该提前使用低挡位，这样既可以节约燃油又可以控制车速。

技巧 5　山路弯道驾驶技巧

① 通过山路弯道时，要按照"减速、鸣笛、靠右行"的规则，提前降低车速。
② 避免在转弯时换挡，以确保双手能有效地控制方向盘。

技巧 6　山路超车技巧

超车要尽量选择宽敞地段、打转向灯、提前鸣笛，不得强超；在有禁止超车标志或法规不允许超车的路段，严禁超车。

技巧 7　山路会车技巧

山路会车应主动选择安全地段减速或停车与来车会车。

在弯道是禁止超车的，尤其是图中这种看不到对向的弯道，如果在弯道超车，很可能引发致命事故

技巧 8　山路途中遇到较多急弯和连续弯的应对技巧

有几个原则是必须遵守的，有盲区不占道、不超车，在安全的情况下可以充分利用道路宽度。弯道可以根据障碍物情况分为没有障碍物、障碍物在弯角外侧和障碍物在弯角内侧三种。没有障碍物的情况多出现在山谷路段，这时车速较快视野较好，在对面没有会车可能的情况下可以利用对向路面过弯或者超车。障碍物在弯道外侧时可以通过提前观察预测对面车辆的情况，在确保安全的前提下可以利用对向车道过弯或者超车。障碍物在弯道内侧且前方道路被障碍物遮挡时，绝对不能使用对向车道过弯或者超车。在遇到道路中心画有黄色实线，而前方道路可以被看到不超过200米时绝对不能超车。前方进入村庄或者集镇时即便不是弯道、山路也不应该超车。上坡时在前方视野良好的情况下可以超车，但是车辆接近坡顶时绝对不能超车。因为坡顶就是一个因高度形成的视觉盲区，也就是大家平时经常能够听到的那句话"冲坡不冲顶"。山路超车由于山路多弯路和坡路，所以超车动作必须迅速坚决；应该做好超车准备，比如适合的车速、适合与前车的距离、适合的超车地点，然后果断超车。山路上最忌讳的就是优柔寡断，只有做好充分的准备才能成功超车，因此超车地点的选择和速度的控制非常重要。

弯道行车：在进入弯道前应提前减低车速，保证以一个合理的车速进入弯道，以免车辆在弯内发生失控或越线行驶，而弯道内超车更是极其危险的事情

技巧 9　山路跟车技巧

山路跟车要适当加大与前车的安全距离；视线不清、路段情况不明时要加大跟车距离。在山路上由于视野很窄、很近，因此跟车距离不宜过小；同时由于超车机会比普通路面少，所以车距也不宜过大。

技巧 10　山路行车紧急情况的应对技巧

山路上遇到紧急情况应该进行特殊处理，如紧急停车应当选择不是弯道和半坡的接近坡顶的地方，避免因为处在盲区而发生危险。在前后都设立危险警告标志，使用坡路驻车的措施（用大石块帮助车辆驻车），避免停在容易滑坡的地段和漫水路上，出现故障时尽可能不要驶离主路。寻找救援或者准备搭车最好在平缓的直路，不要在弯路或者上下坡处拦车，让驾驶员可以在很远的地方就看到你。遇到不明情况不要轻举妄动，比如山洪正在通过路面或者前方有落石的情况，应该先将车辆停放在安全的地方，然后细心观察确定没有危险才可以通过。山洪或者山路的漫水路都要注意不要高速通过，应该低挡大转矩低速通过。遇到落石或障碍物阻路时，应该在确保没有危险的情况下，适当清除障碍物，保证车辆轮胎和底盘不受到大损伤的前提下安全通过。

技巧 11　山路遇特殊天气的应对技巧

山路行驶时还会遇到特殊的气象条件，比如风、雪、雨、雾天气，这些都会严重影响山区车辆的驾驶安全。遇到这样的情况时应该就地停车，等天气好转。如果一定要走，必须做好准备。比如大风天气，应该将车辆收拾利索，避免车辆上有兜风的设施，做好防低温的准备，比如更换更低度数的冷却液（柴油车应该更换低温油）。大风天不要在山口和山顶停留，不要高速行驶，注意侧风和路面浮尘对轮胎附着力的影响。而雪天则要安装防滑链和一些自主救援设备（绞盘、钢丝绳等）。雪地驾驶的讲究就更多了，一定要低速行驶，不要使用紧急制动，制动时注意道路的弯度和坡度特别是道路的倾斜。雨天在山路上往往会出很多重大的交通事故，而山洪、路滑、视线不清都是雨天的重大交通隐患；雨天山路行驶也要低速和加大车距，决不对山洪和滑坡做无谓的尝试。雾天是山区常见的天气，一般都是早上而且往往这边大雾那边晴天，遇到大雾一定要减速，前方情况不明就停车徒步探察，千万不要贸然行驶。若不能等待，也只有一个字"慢"。

技巧 12　山路坡道驾驶技巧

1. 陡坡驾驶上短而陡的坡道技巧

采用冲坡法，在驶近坡顶时提前松开加速踏板，利用车的惯性冲过坡顶，以便控制车速，防止对面的视线盲区突然出现车辆而措手不及。

2. 长坡驾驶技巧

① 上长坡时，要提前观察路况、坡道长度，使车辆保持充足的动力。
② 下长坡时，要适当控制车速，多减一挡，充分利用发动机的制动作用。
③ 上坡急转弯时，要时刻注视弯道处突然出现的车辆，接近弯道时减速靠右行驶。

技巧 13　山区险路驾驶技巧

① 上下坡保持匀速。
② 下急坡要多减一挡。
③ 悬崖路段会车，要给对向来车留出通道。
④ 慎防路肩坍塌，必要时下车察看。
⑤ 下陡坡切忌超车。
⑥ 加大车间纵向距离。

技巧 14　自动挡汽车山路驾驶技巧

自动挡有P、R、N、D、4、3、2、1几个挡位，通常情况下都使用D挡。但在山区行驶时，再运用D挡位就不合适了。"常见病"是显得无力，俗称"肉"。上坡时，可以根据坡度选择4、3、2、1挡位，此时会发现车很有力量，关键是要灵活掌握和合理使用。下坡时，还应根据坡度选择4、3、2、1挡位，这样就可以利用发动机产生制动，以减少制动盘（片）的过度磨损。另外，手自一体的车辆在城市道路中应尽量选择手动挡位，一是可减少低挡位高转速运行；二是可减少油料消耗。换挡时机主要还是控制在自己的脚下。第一，猛加速操作时，自动挡一般在2500～3000转/分钟时予以换挡；第二，缓加速操作时，自动挡一般在1500～2200转/分钟时予以换挡；第三，解决换挡顿挫感的窍门是自动挡换挡时机一般都在低转速完成。

技巧 15　山区急弯驾驶技巧

① 不可跟车太紧。
② 做好会车准备，即减速、鸣笛、靠右行驶，安全第一。

技巧 16　弯道对面遇到大货车的应对技巧

遇上大货车，首先不要慌，握紧方向盘，走自己的道，千万不要为了躲大货车突然变更车道。哪怕有再急的事情，也不要试图与大货车抢道。

遵守交通法规，会车前一定要向对方发出一个明确的、强烈的信号（鸣笛或打灯）。晚上与大货车交会时，对方的灯光如果太亮，在确认自己后面没有来车的情况下，可以先靠边停车，让大货车先行。

技巧 17　通过涵洞的驾驶技巧

通过涵洞时，不论洞内有无照明，都要开启近光灯行驶，这样不只是让自己看清路面，同时也可让后面的车看清楚你的位置。如果开车经过陌生的涵洞，一定要慢速行驶,看清地面上的标线和反光标识,跟着前车的灯尾前行,以免误入对方车道,发生危险。

技巧 18 坎坷路面驾驶技巧

在崎岖不平的路段,如干河床、山区的铺装碎石路、乱石堆、戈壁滩和搓板路等行驶,首先需了解车辆的最低距地高(最小离地间隙)。在乱石堆或干河床行驶要避免底盘磕碰石头,车速应尽量慢些。通常分动器用4L挡,变速器用1挡,20厘米以下石头可采用1挡单侧车轮碾过石头通过。无法碾过的石头,小则下车设法搬移,大则在石头前放置小石块,使之形成台阶状驶过。需注意石头的另一端也同样放置石块,否则前轮过后底盘会碰到凸起的石头。假如在很长的该种路面行驶前,应多备一条备胎和补胎工具,因为锋利的石头会随时对它们造成伤害。如果在搓板路行驶,速度快时会产生共振,将十分危险。

技巧 19 泥泞路段驾驶技巧

泥泞路段是指冬季化冰后的土质路段、雨后的土质路段、湿地、水田、池塘、沼泽等。通常用分动器4H挡,变速器2挡或3挡,固定加速踏板位置顺利通过即可。需要注意沼泽地车辆一旦不慎驶入,不论何种传动的车辆皆会慢慢下沉,那时只有迅速采用外力协助拖离。在硬底的泥路上,使用分动器4H挡或4L挡加速前进,虽紧握方向盘,车身仍略呈蛇行,此种情况只要不偏离车道是没有关系的。在地基松软车轮微有下陷的泥地,用分动器4L挡、变速器2挡,把稳方向盘缓缓加速前进即可通过。在软泥地的前进中,若发现一旁有地面下沉的情况,致车身倾斜又无法迅速通过时,通常是倒车后,在路沟上放置石块、木板等硬物,然后以分动器4L挡固定加速踏板位置前进。假如泥地的距离很短,保持一定速度是有

必要的。在行进途中,若有小的横阻硬物可直接碾过。坡地泥路往往使车辆打滑,加装防滑铁链可以改善,减少轮胎的气压也有助于改善通过情况。在该种路面上行驶时加速踏板和离合器踏板的配合十分重要,俗话说的"急走沙子、慢走水、稳走泥"在此很适用。

技巧 20 过隧道的驾驶技巧

汽车通过隧道必须注意以下方面。

① 进入前要注意交通标志或交通信息板，特别是限速标志。汽车从洞外路段驶入时，人眼对黑暗适应时间需要七八秒，此时驾驶员的视力下降，因而必须减速。有些长隧道，前半部分路段为上坡，后半部分为下坡，由于这种纵坡结构，汽车驶出的平均速度比驶入的平均速度高5～10千米/小时。此外，夜间隧道行车，由于隧道内有照明灯，隧道内比外部明亮，驾驶员也不要提高行驶速度。在隧道内行车不能凭直觉判断车速，一定要通过车速表确认行驶速度，同时还应注意保持适当的车距。

② 通过一般道路的单车道隧道时，应随时观察对方有无来车，开启前后车灯，一般不宜鸣笛。通过高速公路上的隧道时，也应开灯行驶，目的是标明车辆的位置，确定车距，防止追尾事故。

③ 一般道路的双车道隧道，应靠道路右侧以正常速度行驶，不得在洞内变换车道，更不准随意超车。

④ 由于各级公路的隧道都比洞外路面窄，特别是路肩的宽度是以最小基本宽度为设计基准的。所以，隧道内严禁随意停车，以免交通阻塞。若汽车抛锚于隧道内，应立即通知道口，设法将车辆拖出隧道，不得在洞内检修。

⑤ 控制好方向，严加注意隧道内的交通状况，以确保行车安全。另外，隧道的出入口外是气流变化较大的地方，特别是在高速公路上，受侧向气流的影响，常常产生较大的侧向力，使汽车突然改变行驶方向。驾驶员在降低车速的同时，应握紧方向盘，保持好行驶方向。

⑥ 在二级路隧道内尽量别超车。看到前方车辆打转向灯，应提前减速等待或从其他转向灯相反的方向绕开行驶。超车注意先打转向灯，然后看后视镜后面有无来车，无来车则加速超车，超过后看右边后视镜所超过的车辆和自车距离是否够远，不够远则别忙回道，待远后再打转向灯回道。当超车时遇到所超的车辆和自车速度相同或超不过，应鸣笛示意让他减速，如实在超不过就减速回道再跟在他尾部行驶。

汽车进隧道摘墨镜

夏季到来，阳光越来越刺眼，许多驾驶员都要佩戴墨镜，以保护视线正常。不过，墨镜毕竟是一个外加的物体，遮挡在眼睛前，开车时也会带来这样或那样的烦恼；同时，戴眼镜也会有类似的困惑。

这种日常生活中容易出现的情景，虽然不算大问题，但由于与视线息息相关，一旦受到影响，还是会给安全带来威胁，并影响人体舒适度。例如，大太阳天突然进到隧道的一刹那，眼前会一片漆黑。因此，在进隧道前车主们一定要将墨镜摘下来。下面给读者几点建议。

① 进隧道前提前取墨镜。在高速、高等级公路上都有"前方有隧道"的

提示，驾驶员有充足的时间提前取下墨镜；同时，在下隧道前最好还提前打开车灯。如果在城市里，一般隧道都有灯，但光线强弱不等，有的隧道比较阴暗，最好开个示宽灯，也就是我们经常说的小灯。

② 出隧道前提前多眨眼。在出隧道的一刹那，和进隧道的情况相似，也会突然产生2秒左右的视觉迟钝——由于光线突然变强，会造成瞳孔急速收缩，睁不开眼。驾驶员在出隧道前多眨眼，这样瞳孔就会自然缩小一些，遇到突然的强光刺激，更能适应这种缩小的变化。或者在不影响驾驶、确保安全的情况下，出洞前戴上墨镜也可。

③ 遇到车内外温差大，车窗和眼镜起雾时，必须停在路边把眼镜擦干。一些戴眼镜的朋友经常会遇到一种情况，外面温度很高时，车从地下停车库突然出来，由于车内外温差很大，车玻璃和眼镜都会马上起雾。这时应该把车安全停下，然后把眼镜仔细擦干。最好的方法是，刚上车时将所有的车窗打开，让车内和车外的温差尽快缩小。

④ 眼镜框有时容易造成右后方或左后方的视觉盲区。

技巧 21 乡村土路驾驶技巧

① 土路上坑洼、碎石等障碍物较多，行驶速度不能过高，否则车振动加剧，不仅造成车辆传动系、行驶系等机件损坏，而且直接威胁行车安全。特别是雨天在有积水和泥泞的路段行车，更要稳住加速踏板。控制车速，用中低挡位变速和紧急制动，即使需减速也要靠减小节气门来控制。

② 路面上有坑洼、乱石时，应考虑到车辆的离地间隙，转动方向盘小心避让。在通过松软、泥泞、积水路段时，应特别谨慎，必要时应先下车观察，当判明车轮确实不会陷入泥土中时，方可挂低挡缓缓通过。新开通的土路，若路面有车辙，应尽量沿着车辙行驶，不可盲目冒险。

③ 无论是晴天还是雨天，下坡时都应选择中低挡位，减速缓缓下坡，而不得空挡溜坡。因为土路上坑洼、乱石较多，

情况复杂，下坡途中常需制动，特别是有些土路下坡途中有急弯，若空挡溜坡，制动时极易造成车辆跑偏、横甩甚至翻车的重大事故。

④ 行车中不要与前车跟得太近，以免晴天前车扬起的灰尘或雨天溅起的泥水遮挡视线。会车时，应注意观察路面，特别是久雨中不要太靠近路肩，以防车辆侧滑发生事故。

⑤ 当前轮侧滑时，应稳住加速踏板，纠正方向驶出。当后轮侧滑时，应将方向盘朝侧滑方向转动，待后轮摆正后再驶回路中。遇下坡中后轮侧滑时，可适当点一下加速踏板，提高车速，待侧滑消除后再按原车速行驶。

技巧 22 野外临时停车技巧

野外临时停车要注意安全，不要在转弯处、某一方向视线不好处、坡度大处、有可疑人逗留处，或者其他你感觉不稳妥处停车。

技巧 23 不平路面泊车技巧

在不平的地面泊车后不但要拉上驻车制动杆，还要挂在挡位上，这样才是防止汽车因路面不平下滑的最好办法。此外，提醒大家在山区不平路面停放车辆时，一定要注意挂上低挡或者用石块垫在车轮下。

四、特殊天气驾驶技巧

技巧 1 刮风天气行车技巧

在刮风天气行驶，虽然刮风对机动车行驶影响不大，但对非机动车和行人的影响较大。大风天气影响行人视线，易造成事故。在这种情况下，驾驶员应减速慢行，随时做好避让或停车准备。

1. 普通道路刮风行车技巧

（1）注意行人的动向　刮风天开车时，驾驶员的注意力一定要高度集中。在刮大风时，有些行人用纱巾蒙上脸，或戴上墨镜，视野受到一定的限制；还有些行人加快脚步狂奔乱跑，往往只顾行路而不顾机动车辆。驾驶员开车时必须严密注意，否则极易引发交通事故。

（2）注意自行车的动向　刮大风时，有些骑自行车的人低着头只顾拼命往前骑。在过交叉路口或在混合交通道路上行车时，驾驶员应注意这些低头骑车者，开车时最好以中低速度行驶，随时准备制动停车，以防自行车偶闯入机动车道。

（3）喇叭的作用减弱　受大风的影响，有些行人或其他车辆的驾驶员根本无法听到汽车喇叭的声音。所以，在遇到不稳定的目标时，不要试图鸣笛，那样做无济于事。

（4）快速闪避障碍物　在大风天开车时，当突然出现危险却来不及制动时，必须学会及时躲闪，以求得最大的安全系数。转动方向盘要由慢到快，逐步进行，且转动幅度不应大于半圈。完成闪避动作后，应迅速将方向盘回正，这样汽车很快就会从左右摇摆的状态中恢复平稳。驾驶员在整个过程中也不要紧盯着障碍物，而应将视线对着正确的行驶方向。

（5）关闭车窗　大风天开车时，应把车窗关闭，防止沙尘飞进驾驶室，影响驾驶员的视线。

（6）货车物品捆扎牢固　如果驾驶的是货运车辆，对车上装载的物品要捆扎牢固，防止被大风吹走或散落，更要防止车上物品掉下砸伤行人。

（7）停车时远离窗户　在大风天，为避免出现高空坠物砸车的现象，停车不要溜边儿，最好远离楼房、枯树；实在没有地方停车，也要尽量远离阳台和窗户。

（8）清洁空调滤清器　一般车辆在空气入口处都装有空调滤清器净化空气。在大风天，大量的尘土都被阻挡在了空调滤清器处。当大风天过后，驾驶员应清洁空调滤清器的尘土，这样可以提高进气量，也使车内空气更加清新；同时还要注意清理空气滤清器上面的尘土，哪怕只是把空气滤清器拿出在地上磕几下，对于减少油耗都有很大帮助。

（9）别用掸子擦玻璃　每次风沙天气过后，车主们都会习惯性地用掸子擦前风窗玻璃、车漆表面的灰尘，这其实是自欺欺人的做法。旧掸子里夹带了大量的沙尘，车主每天用同一把掸子擦车，就如同用锉刀在车漆上蹭，亲手在车漆上制造细微的划痕。另外，车门玻璃和风窗玻璃也要用清洁剂擦洗，擦洗风窗玻璃时，为了更好地去除刷片内的小沙粒，应该将刷片向前扳开，用湿毛巾将刷片内清洗干净。

（10）用清洁剂擦车厢　在风沙大的季节，车厢内也常会沉积一层灰尘，车内配件大多是塑料或皮质材料，在清洁时一定要用专用清洁剂和干净的软布，不能内外混用。擦拭时应用清水擦，否则极易使皮面干裂，塑料配件老化。

2. 高速公路大风天驾驶技巧

在大风天气里，大风和车辆在高速公路行驶过程中产生劲风，可能会吹起一些细碎的硬物，从而影响驾驶安全。因此，遇到大风天气要放慢速度，小心驾驶。

大风天气安全驾驶技巧
注意横向稳定性

3. 路遇侧风驾驶技巧

考过驾照的人都知道，在理论考试中就有相关如遇侧风的开车方法。在刮风环境中行驶，一定要集中精力，随时做好突发事件的应对措施。

（1）侧风的"发生时间"　立交桥、高速路、隧道出入口或山路等地方都有可能出现侧风，越是开阔的道路车辆受侧风的影响越大。在上立交桥或在山路行驶时，要特别留意侧向的来风。一般驾驶员会突然感觉有一个侧向的力推了汽车一下，严重时车身会晃一下，这时一定要把稳方向盘。

就车本身而言，一般车体越宽大，受风面积就会越大。车体宽大的SUV，自重较轻、悬架较软的轿车，还有车型较小的微型车抗侧风能力较弱。

（2）如何"抵抗"侧风　如果汽车装备了一套刚性比较好的悬架系统，就有利于汽车在侧风中保持稳定。此外，后轮驱动的轿车整车重量分配更加均衡，稳定性也较好。

前面也提到，遇到侧风时，一定要把稳方向盘。在遇到侧风并受到影响后，切忌急踩制动或急打方向盘，首先要弄清车辆的偏移路线，在稳住车辆的同时，适当减速并果断修正方向。

技巧 2　下雨天气行车技巧

1. 大雨时行车技巧

由于雨天驾车时视线容易模糊，因此驾驶员最好放慢车速，为突发路况留出更多的反应时间。车辆的轮胎都具备一定的排水性，但是雨水在轮胎和地面的接触面上会形成水膜，这时整车的附着力和摩擦力也将大大降低，遇到紧急情况时制动距离将明显大于干燥路况条件。在路面遇到积水时尽量不要大角度变线躲闪，因为雨天车辆自身的附着力和稳定性已经有所下降，此时紧急变线将更加危险。

小雨天气驾驶员打开刮水器即可。如果是大雨或暴雨最好打开前照灯及雾灯，一方面可以增强自己的视线，另一方面也可以提醒周围的车辆和行人，提高行驶安全性。如果是特殊情况，也可以打开危险报警闪光灯以增强自身的辨识性。

技巧提示

驾车遇到积水怎么办

① 汽车涉水时，挂低挡平稳驶入水中，避免加速猛冲，以防止水进入发

动机而使之熄火。

② 行驶中要稳住加速踏板，保持汽车有足够而稳定的动力，一气通过，尽量避免中途停车、换挡或急转弯，尤其是水底有泥沙时，更要做到这一点。

③ 如遇水底有流沙、车轮打滑空转时，要立即停车，不可勉强进退，更不可半联动地猛踩加速踏板。要在保持发动机不熄火的情况下，组织人或其他车辆将车推出，避免越陷越深。

④ 行进中要尽量注视远处的固定目标，双手握住方向盘正直前进。切不可注视水流或浪花，以免晃乱视线产生错觉，使车偏离正常的路线而发生意外。

⑤ 多车涉水时，绝不能同时下水，要等前车到达后，后车再下水，以防止前车因故障停车，迫使后车也停在水中而进退两难。

⑥ 通过经洪水冲击后情况不明的漫水路面或桥面时，应先探明是否形成塌陷、缺口或崩塌，否则极易造成翻车。

2. 久雨天气行车技巧

久雨天气或大雨行车中，要注意路基是否疏松，是否会出现坍塌情况，尽量选择道路中间坚实的路面行驶。在傍山路、堤坝路或沿河道路上行驶，更要加倍注意安全，不要靠边行驶或停车。要尽量避免涉水行驶，以免造成车轮制动器失灵。在超车、会车时，更需注意防止路肩坍塌造成翻车事故。

 技巧提示

雨天刮水器坏了怎么办

刮水器主要是由雨刷和电动机构成，故障相对比较少。即使有了故障不能工作，大多也是因为熔丝熔断。只要打开熔丝盒，找到刮水器的熔丝更换即可。

玻璃管式熔丝熔断后，还可以用香烟盒内的锡箔纸来临时代替（但绝不能用铝箔代替）。方法是把锡箔纸向外在玻璃管上绕几圈。

雨天恰好遇到刮水器坏了，可以在风窗玻璃上抹一层肥皂，这样可以维持三四十分钟的清晰视线；同时还可以将肥皂涂抹在后窗玻璃上，改善后视不良的状况。

3. 雷雨天行车技巧

（1）停车避雨防雷击 遭遇打雷时，不要急于行车，也不要将车辆停靠在大树或建筑物的广告牌下方，以防遭雷击。可以找个停车场或安全的地方停车等待，等天气转好再上路。千万不要下车避雨，因为车厢是躲避雷击较理想的地方，不过车窗一定要全部关紧。

（2）若必须前行，一定要降低车速行驶 雷雨天行车比较容易碰到路滑，马路的单边积水使高速行驶的车辆单边阻力突然增大，严重者使车辆打圈或失去控制。所以应降低车速，扶好方向盘，并留意路面积水。真遇到车子打滑，也无须太慌张。一定要保持冷静，遵循"后同前不同"的法则，即如果是前轮侧滑，应当将方向盘朝与侧滑相反的方向纠正；如果是后轮侧滑，则要将方向盘朝与侧滑相同的方向纠正。如遇特大暴雨，能见度极低时，应开启前照灯、前后雾灯和危险报警闪光灯，最好能靠路边停车，待天气好转再行驶。

（3）不要打电话、听收音机和音响 不要打电话、听收音机，因为收音机的天线有避雷针的作用，会吸收闪电，所以一定要收起来。要关闭音响系统，如果被雷击中，雷电的强大电流有可能会侵入电器设备，导致其损坏，严重时会发生火灾。

雨天驾驶技巧切记不要狠加速紧急制动

4. 雨天高速路上驾驶技巧

（1）减速，谨防打滑 雨天的事故率要比平常高5～6倍，因此行车前的检查非常重要；同时，行车过程中要注意控制速度防止打滑。

如果遇到车子打滑，只要遵循"后同前不同"的法则就可以最大程度降低事故率。

（2）积水路段低挡匀速通过 通过积水路段前，要目测水深。水位在轮胎60%以下的为安全水位。没有把握不要通过。

若已经进入积水过深路段，要选择低挡缓慢控制加速踏板，匀速行驶。如不慎熄火，一定不要再次启动车辆，而应该下车将车推出积水路段。

（3）轻踩制动雨天驾驶 制动也有大学问，一般情况下要轻踩制动踏板。在经过积水较深的路段时，除了保证安全驾驶外，还要轻踩几下制动踏板。因为通过积水路段时，制动片和制动盘都会被水浸湿，影响制动效果。通过轻踩制动踏板，可以刮去水分，恢复这两个部件的干燥，从而避免危险。

技巧提示

高速公路上遇到积水怎么办

车辆在经过高速公路积水路段时，正确的做法就是保持车速不变，既不制动，也不松抬加速踏板，而是握稳方向盘，按原车速即时通过。

另外，雨天上高速公路之前尽可能地检查车辆的制动系统、车辆电路、轮胎的磨损情况和刮水器的性能，且上高速之后要减少变道次数，以防止事故的发生。

技巧 3 大雾天气行车技巧

雾天行车能见度低，视线不清，驾驶员容易产生错觉；同时由于路面湿滑，车辆制动性能变差，容易发生侧滑或造成车辆倾翻。因此，雾天行车需要掌握一些驾驶技巧。

1. 大雾天气基本驾驶技巧

（1）**注意清洁风窗玻璃**　遇到大雾时，风窗玻璃上凝结的水汽会使驾驶员视线受阻，还会使对面来车射出的灯光显得特别耀眼。因此行驶中要勤用刮水器刮除水滴，以提高视线的清晰度。

（2）**要正确用灯**　雾天出行前要全面检查灯光装置，行驶时要遵守灯光使用规定，即打开雾灯、尾灯、示宽灯和近光灯，充分利用灯光提高能见度，看清车辆及行人动态。需要特别提醒的是，雾天行驶不要使用远光灯，这是因为远光光轴偏上，射出的光线被雾气漫反射，会在车前形成白茫茫一片，开车时反而什么都看不见了。

（3）**勤鸣笛**　雾天视线不好，勤鸣笛可以起到警告行人和车辆的作用。当听到其他车的鸣笛声时，应当立刻鸣笛回应，示意自己车的位置。

（4）**控制好车速**　当能见度小于500米大于200米时，车速不得超过80千米/小时；能见度小于200米大于100米时，车速不得超过60千米/小时；能见度小于100米大于50米时，车速不得超过40千米/小时；能见度在30米以内时，车速应控制在20千米/小时以下；一般视距10米左右时，车速控制在5千米/小时以下。当遇大雾能见度极低时，建议最好把车开到路边安全地带或停车场，待大雾散去或能见度改善后再继续前进。

在雾中尽量低速行驶，与前车或左右车保持足够的安全距离

（5）切忌盲目超车 雾天行车时需要特别注意，别盲目超车。如果发现前方车辆停靠在右边，不可盲目绕行，要考虑到此车是否在等让对面来车。超越路边停放的车辆时，要确认其没有起步的意图而对面又无来车后，适时鸣笛，从左侧低速绕过。另外，也要注意路中的分道线，不能轧线行驶，否则会有与对向车相撞的危险。

（6）遇到事故或应急停车技巧 如果在高速公路的应急车道停车，停车后驾驶员应打危险报警闪光灯，并在后方150米处设置危险警告标志牌后，立即将车上人员撤离至护栏外；同时立即报警，千万不要留在车内或在车道上行走。

（7）其他注意事项 雾天开车要加倍小心，会车时要鸣笛提醒对面车辆注意，同时应关闭雾灯，以免给对方造成炫目感；如果对方车速较快，应主动减速让行，必要时靠边停车；前方路侧有障碍物时会车，要留出提前量和安全间距。最好不要沿着路边行驶，因为在路边临时停车、等待雾散的人也是行车安全的重要隐患。

2. 浓雾中行车技巧

浓雾行车前，应注意了解当地的天气预报，同时检查照明、喇叭、灯光信号装置、前照灯、雾灯、刮水器、转向及制动装置是否都保持完好。冬季路面会形成薄霜或薄冰，极易发生侧滑。行车中，驾驶员应打开雾灯及示宽灯，严格根据能见度控制车速，适时鸣笛，以引起行人和车辆注意；并根据视距严密观察，全神注视前方一切交通情况。严格遵循靠右通行的原则缓慢行驶，与车辆及行人之间都要保持充分的安全距离，以免发生剐碰。

雾较大时，可间歇使用刮水器，把风窗玻璃上因雾气凝成的小水珠刮干净，以改善视线。驾驶室内的热气在风窗玻璃内侧凝成的小水珠，可用风窗玻璃除霜功能清除或用干毛巾擦干。

3. 雾中会车技巧

雾中会车，要尽量选择宽阔的路段和地点。会车时，应关闭雾灯，以免造成对方炫目。适当鸣笛提醒对面车辆注意，发现可疑情况，立即停车让行。

发现对面来车车速较快，没有让道意图时，应主动减速让行，必要时靠边停车。前方有障

碍物时，要留出提前量和安全距离。会车后，要打开雾灯。

4. 雾天超车技巧

雾天严禁超越正在行驶的车辆。发现前方车辆靠右边行驶时，不可盲目绕行，要考虑到此车是否在避让对面来车。超越路边停放的车辆时，要在确认其没有起步意图且对面确无来车后，适时鸣笛，从左侧低速绕过。

技巧 4 冰雪天气行车技巧

1. 下雪天驾驶技巧

（1）**清除车窗冰雪** 早上起床，车主会发现停于室外的汽车车身被雪覆盖、刮水器被冻住的情况。这时，如果直接开动刮水器刮雪，会烧毁刮水器电动机。所以，在风窗上的冰融化之前，不要开动刮水器，也别用热水除冰。可首先启动发动机，将空调开至热风，吹风模式为前风窗，等待刮水器自然化开。然后用汽车玻璃专用的冰雪铲，自冰缝间慢慢铲除冰块。若没有冰雪铲，也可将大一点的硬质塑料瓶盖扣在玻璃上慢慢地刮，并擦一擦后视镜和转向灯。车顶上覆盖着冰雪，必须先把冰雪全部处理干净。因为汽车开动后，残留的雪可能形成驾驶员开车时视线的死角，而且飞落的冰雪会影响其他驾驶员的安全。雪天行车应把后窗除霜器打开，后窗结雾阻碍室内后视镜视线。

（2）**行车"稳"字当先** 行车"稳"是指雪天驾驶时避免急转方向盘、急加速或是急制动，并且应该尽可能地低速行驶。降雪会导致路面积雪结冰或是道路泥泞，使轮胎附着力下降。在驾车过程中，稍有不慎车辆就容易打滑，而这种情况十分危险。无论车辆是否配备ABS，在制动前最好都先预踩几下制动，以提醒后车减速避免追尾。行车中转弯应尽量使方向盘平稳，避免在弯道中间纠正方向使车辆侧滑。特别要提醒的是，在冰雪路面回正方向的时机，应略早于正常路面。如果遇到降雪太大，以致无法判断前方路面情况，应及时靠路边停车并亮起危险报警闪光灯，待视线达到行车要求时再继续行驶。

温馨提醒

雪地开车要"慢"

雪天行车的速度一定要慢。由于制动距离会随着车速的提高而加大，所以控制车速和与前车保持较大的安全距离是冰雪路面行车的关键。如果车辆行驶速度过快，两车间安全距离又小，一旦遇到紧急情况，后果不堪设想。当需要转向时，要先减速，适当加大转弯半径并慢打方向盘。双手握住方向盘，操作要匀顺缓和，否则就会发生侧滑。

（3）泊车　尽量避免在雪地上泊车，因为你很难使它重新启动。如果必须在有雪的下坡泊车，要保证有足够的空间驶离泊车位，因为前后移动车位会变得非常困难。

2. 冬季冰雪路面驾驶技巧

如果车辆不能正常起步，车主可以挂入倒挡避开积雪较厚的路面，然后尝试起步

雪天路滑，如果路面结起一层薄冰，就形成"地穿甲"现象，使汽车轮胎与路面的摩擦因数减小，附着力大大降低，给汽车行驶带来许多麻烦。因此，车辆在行驶中，面对不同的路面、不同的气候，都要保持不同的安全行车距离。尤其在冰雪路面上行车，最关键的是要做到："降低车速、提前收油；轻点制动、发动机制动；放宽距离、宽打窄用。"具体地说，还要特别注意以下几个方面的问题。

（1）起步慢抬离合缓加速　如果在起步时出现车轮打滑的现象，可挂入比平时高一级的挡位，如小轿车可用2挡起步，货车空车时用3挡、重车时用2挡起步。离合器松开得比往常要慢，调整传动力的大小最好用半离合的幅度来解决。加速踏板踩得比平时起步时要小，只要发动机不熄火就行。一旦车轮已经转动起来，立即换入低一级挡位，就可以正常加速走了。这些都要求驾驶员换挡动作要快，加速踏板、离合器踏板、变速杆配合要准确。

（2）行车中保持低速平稳　由于制动距离会随着车速的提高而加大，所以控制车速和与前车保持较大的安全距离是冰雪路面行车的关键。一般来说，多高的行驶速度，就要保持多长的安全行车距离，如30千米/小时的速度，就要保持30米长的距离。因为驾驶员从发现情况到踏下制动踏板的时间最快也要0.03秒，而机械反应时间也需要8.33米的距离。

温馨提醒

雪地行车小窍门

起步：轻加速，慢走车，高挡位加速动作要轻柔，车辆应缓慢平稳起步，然后正常行驶。如果是自动变速器，有雪地模式，最好开启此功能。如果是手动变速器，在地面很滑的情况下，可2挡起步。

换挡：宁高勿低，宁早勿晚，宁直不弯。

尽量让离合器接触时动作柔和、平顺。尽量保持发动机转速均匀，不做急加速、急减速的动作。手动变速器挡位选择可比平时正常驾驶状态高一挡。大原则是尽量早换挡，在直线和平直路段完成。

制动：先"点"后"刹"，利用发动机牵阻力动作要循序渐进，最好先轻"点"，等车速下降后再逐步加大制动力度。特别强调的是制动尽量在直道完成，入弯前先减速，即操作任何动作前先把速度降到位。

在紧急情况下，手动变速器可采用双联动的制动方式，即在踩制动的同时迅速从高速挡转入低速挡，抬起离合器踏板，让发动机的牵制力和制动系统同时产生功效。

转向：先减速，慢回轮，早回正。正确轻柔的转向是雪地驾驶技术当中很重要的环节。大多数情况车辆失控是由车速过快，转向动作生硬造成的。在冰雪路面过弯时，应先将车速降下来，再轻柔缓慢地均匀打轮。

（3）路面上禁忌急打方向盘　转向时，要先减速，适当加大转弯半径并慢打方向盘。双手握住方向盘操作要匀顺缓和，否则就会发生侧滑。特别是在山区公路上，有时冰雪路面是间断的，打方向时，最好提前采取措施在间断处完成。如果在冰雪路面急转向，很可能发生侧滑或冲出路基发生重大交通事故。

（4）有无ABS制动踏板踩法不一样　没ABS的车，在冰雪路面减速停车时，应先快速逐个减挡利用发动机的"牵阻力"减速，再反复快点踏制动踏板平稳停车。

有ABS的车，也可换到低挡，先利用发动机的"牵阻力"减速，但是制动必须一次踩到底；同时控制好方向盘，千万别用"点刹"的方法，否则ABS不会发挥作用，反而易发生危险。

另外，无论有无ABS的车在雪地上都不要空挡行驶，制动时靠雪的阻力和发动机阻力减速。在冰上，靠减挡、拖挡制动即使打滑，因驱动轮有动力，同时受力，远比空挡打滑好得多，而且轮胎不易抱死。

（5）保持横向的安全距离　冰雪路面行车进出主路、通过十字路口、左右转弯、双方会车，以及遇有行人和自行车时，要充分顾及他人，礼貌让行，始终保持较大的横向安全距离，一般不要闪灯鸣笛催促，否则会造成他人恐慌。有时，自行车和行人可能会在混合路段的非机动车道内或胡同的两侧，因路滑不慎摔倒。驾驶员宁可停车让行，也不要抢道行驶，以随时避免可能发生的事故。

雪天行车要高挡起步/轻踩油门以免出现打滑现象

常言道"以柔克刚"，驾驶车辆的各种操作动作都要温柔。尤其是在坡度较大的立交桥上行驶，上下坡难度大、易熄火，新驾驶员可改走辅路，避免多次上下桥区行驶的危险。一定切记遇上突发紧急情况千万不要惊慌失措，更不要做过激的动作，而应该做到头脑沉着冷静，按照自己的分析判断，果断处理。

技巧提示

如何科学清除车身积雪

（1）雪后车身积雪要及时扫　大雪过后，很多车辆车身完全被厚厚的积雪笼罩。看似洁白的雪中含有大量的酸性、碱性或盐类等腐蚀性物质，若不及时清除，积雪会侵蚀车漆，使外部亮釉失去光泽。此外，如果车身上的积雪未能及时清除，雪后天气转冷，积雪容易结冰，冻住窗户、喷水孔、钥匙孔等处。

因而，当车辆风窗玻璃积雪较厚时，不要直接打开刮水器，最好用汽车专用的除雪铲将雪铲除。

如果没有除雪铲，则可以先用掸子将车顶、车门等处的大面积积雪初步清除，然后用柔软的塑胶片或者抹布小心地将车窗、后视镜以及门把手等处的雪铲掉。

（2）雪后洗车不能用冷水直接冲洗　雪后不能用冷水直接洗车，尤其是发动机升温后，车前部温度较高，用冷水清洗会造成急速降温，对表面油漆很不利，更不能直接冲洗发动机，容易导致发动机爆缸。

当然，也不能使用热水冲洗，这样做实际上是对爱车的摧残。因为温度的骤然变化会伤害车漆，使它逐渐失去光泽，而车的风挡玻璃也有可能在倾泻的热水中炸裂。

正确的洗车方法是，启动车子打开车上的暖风系统，然后用温水洗车。

有的车主自己洗车时只用一桶水，这样车身上的泥沙进入水桶中，容易划伤车漆。况且，只用清水是无法洗净雪水里的盐分和碱性物质的。没有洗车经验的新手车主，最好到专业的洗车店，通过洗车机大量的流动清水，及水中添加的中性清洁剂，温和冲洗车身；同时，专门清洗车轮的轮刷会把轮毂缝隙里的污泥刷洗得非常干净。

（3）雪后洗车要及时把车烘干　洗车后最好能要求洗车店把车烘干，如果无法做到烘干，那也要打开车门和车窗，及时擦干水迹，以防止门缝、窗缝和后视镜等处的残水结冰。如果冻住了，也不要着急，可以把车开到地下室、车库等温度稍高的地方停放，十几分钟后就自然化开了。

使用电脑洗车机洗车，自动风干程序可以把存留在车身缝隙里的水全部吹出来，在室内将车完全擦干，避免低温将水渍冻在玻璃上影响观察视线。

如果用水枪冲洗，清水很容易灌进锁眼冻住。因此洗车前，最好能用胶布把锁眼贴住，防止进水。

3. 冰雪路面停车技巧

在冬天特别是冰雪路面停车时，应选择朝阳、避风和平坦无雪的地方。若停车时间较长，有条件的车还应启动发动机预热，以防散热器被冻住；而在潮湿、冰雪路面停车时，为了防止轮胎和地面冻结，可在车轮下铺垫沙石、柴草和木板或者是毛巾等物品；而在坡道上停车时，手动挡车应挂上挡，拉紧驻车制动杆，并在车轮下填塞三角木、石块等，以防车辆溜坡。

注意：手动挡车在坡道上停车时如果车头朝上坡方向，挡位应挂在前进挡；如果车头朝下坡方向，挡位应挂在倒挡上。这只适用于停在坡度较小的坡上，而在坡度较大的坡上这么做会损坏变速器的变速齿轮。

温馨提醒

停车不要拉驻车制动杆与停车抬起刮水器

雪夜露天停车不拉驻车制动杆的主要原因是车辆在湿滑路面行驶后，制动盘和卡钳内部会留下大量积水，若停车后拉上手刹便有可能冻结，造成次日启动车辆时无法移动或损坏制动系统。

不要拉驻车制动杆避免冻结制动系统

在雪天行车必定会使用玻璃加热配合刮水器清除风窗玻璃的积雪，停车后却很少有人意识到需要抬起刮水器。寒夜过后，玻璃上融化的积雪会再次冻结，将玻璃与刮水器接触面冻牢，若早晨贸然开启刮水器轻则会撕裂刮水器表面橡胶使之失去功效，重则会因无法摆动而损伤刮水器电动机。

温馨提醒

停车后勿忘保护车灯与车窗

很多车主都遇到过雪天停车后车窗被冰雪覆盖难以清除的困扰，其实在停车后找块面积较大的干毛巾覆盖在玻璃之上，两边在车门关闭时夹住，次日只要拿下毛巾抖掉上面的积雪即可。

让爱车 重见天日
——清扫车身积雪时应该关注的细节问题
玻璃和车灯都需要保护

而车辆前照灯的保护也尤为重要。因为在雪天行驶之后，前照灯灯罩表面会留下前车溅起的水滴，发热的灯泡也会融化灯罩外面的积雪，在停车后很容易再次冻结形成冰面，影响照明效果的同时还有可能冻裂灯罩。所以停车后关闭车灯，之后用毛巾擦拭灯罩表面的积水避免冻结，次日只要扫掉灯罩表面的积雪即可保证良好的照明效果。

4. 雪地转弯技巧

转弯时，速度要慢，角度要小。如果转弯时车辆却不听使唤地往前开，则要放松加速踏板，减小前轮转弯的角度，直到前轮得到控制后，再将方向盘转至你要的方向。

5. 雪地爬坡技巧

如果路面很滑，而车子又接近爬坡，则危险性极高。因此你必须与前车保持加倍的距离，以免上坡时减速或打滑而无法顺利到达坡顶。下坡时，则必须平稳地换至1挡，借着低挡，自然达成制动的效果。当车速需减缓时，则轻轻地一松一紧连环地踩制动踏板。万一在爬坡时轮子因地上结冰而打滑时，则可在轮子前面撒些沙盐，以减少滑动。铺上毛毡也是方法之一。必要时，也可利用工具将地上的硬冰打成一条一条横沟，以避免轮子打滑。

6. 下雪天行车应急技巧

（1）侧滑、甩尾 由于制动过猛或加速太急都会造成车辆侧滑、甩尾。由于制动过猛造成的侧滑或甩尾，应松开制动踏板，采用连续点制动的方式制动（带ABS的车辆，一般不会出现类似情况）。

处理方法：出现类似情况时，千万不要猛打方向，企图靠转动方向改变打滑状态，是非常危险的。

（2）转向不足 由于入弯速度过快，车辆易出现转向不足，即车头向弯外滑动，车辆不能按驾驶意图沿前轮指向行驶。特别是前轮驱动的车辆，更易发生类似情况。

处理方法：首先松开加速踏板，然后略微回正方向，在转向与回正间不断调整。但切忌过大，以不超过车轮正常行驶位置为限，必要时可轻点制动减速，配合方向修正。

（3）转向过度 由于车辆速度过快，转向过猛，导致车尾向前甩动，出现掉头打转的倾向，即称为转向过度。后轮驱动的车辆更易发生类似情况。

处理方法：首先仍是松开加速踏板，轻柔而迅速地反转方向，必须回正过中线，必要时配合点制动降低车速。

驾驶技术提高不是一朝一夕的事，要在平时多用心、多训练，知道了处理冰雪路面的驾驶法门，便有了开启安全之门的钥匙。

温馨提醒

在冰雪路面使用ABS系统的注意事项

① 要保持足够的制动距离。在冰雪路面上，即使有ABS车辆的制动距离也会增长，必须提前制动，保持车距。

② 不要忘记控制方向盘。在制动时ABS系统为驾驶员提供了可靠的方向

控制能力，但它本身并不能自动完成汽车的转向操作。在出现意外状况时，还得靠人来完成转向控制。

③ 切忌反复踩制动踏板。反复踩制动踏板，在驾驶有ABS的汽车时是极不可取的，会使ABS时通时断，导致制动效能减低或制动距离增加。ABS本身会以更高的速率自动增减制动力，并提供有效的方向盘可控能力。这时需要驾驶员施加在踏板上的制动力持续且稳定。

④ 不要在ABS制动时被ABS的正常液压工作噪声和制动踏板震颤吓住，这是正常的。要毫不犹豫地用力直接把制动踩到底，不能放松。

⑤ 要保证ABS系统能稳定地工作，首先要对制动系统各部件做好检查维护工作，要保证制动蹄片的厚度和质量符合要求，制动液的液位和品质符合要求，系统无泄漏，常规制动功能良好等。

⑥ 当车辆的滑移率超过ABS系统的调整范围时警报灯会亮起，警报灯常亮时，ABS不起作用，但常规制动仍正常起作用。这时如果系统无故障，ABS警报灯会在继续行驶一小段距离或关闭点火开关再重新启动车辆后熄灭，ABS系统恢复正常工作；如果ABS警报灯常亮不熄灭，则说明ABS系统存在故障，必须立即到指定的维修服务站检查排除。

五、紧急情况的处理技巧

技巧 1　轮胎突然爆胎应对技巧

1. 前轮胎突然爆胎应对技巧

前轮爆胎通常会使方向盘失控，危险性极大，以下是应急处理技巧。

① 一旦前轮爆胎，驾驶员要双手紧握方向盘，尽力控制不让方向盘自行转动，并让汽车沿原来方向行驶。若已有转向，也不要过度校正，更不可猛打方向盘改变行车方向。

② 控制住方向后，迅速抢挂低速挡，利用发动机牵阻作用制动车辆。在发动机牵阻作用尚未控制住车辆前，不要使用制动器停车，以避免发生横甩或翻车事故。

③ 轻踩制动，缓慢减速，将车停靠路边。切勿猛踩制动，否则可能导致失去重心而失控或翻车。

④ 停车后，及时打开危险警示灯并置警示标志，避免后车碰撞。

2. 后轮突然爆胎应对技巧

后轮如发生爆胎，比较容易控制，以下是应急处理技巧。

① 握紧方向盘，尽量使车保持直向行驶，急转方向可造成车辆失控或翻车。

② 不要踩踏离合器与油门踏板。

③慢慢踩下制动踏板（不可突然制动，否则将造成车子旋转或翻车）。
④把车开往路边的安全地点。

技巧 2　夜间行车车灯突然熄灭应对技巧

如果在行车过程中，车内电路发生损坏、老化、短路，就会使汽车灯突然熄灭。车灯突然熄灭后，要马上打开示宽灯和驾驶室顶灯，将车驶向路边。如果所有车灯都不能开启照明，也不要慌张，要根据熄灭前观察到的路面情况，稳稳地掌握住汽车的行驶方向，并按原来行驶路线前行；同时减小油门，熄火停车，排除故障。

车停下来后，应就地取材，利用手电筒、烛光或者荧光棒效果的物品设置警告标志，以防来往车辆发生碰撞。如果故障不能排除又急于赶路，继续行驶时一定要减慢车速，并找就近的汽车修理点尽快解决问题。

技巧 3　汽车制动造成侧滑应对技巧

制动造成侧滑时，应立即停止制动，减小油门，同时把方向盘转向侧滑的一侧，打方向时不能太急或者持续时间过长，否则车辆可能向相反的方向滑动。应停止制动，使车轮解除抱死状态，这样就使横向附着力得到改善。朝着侧滑方向转动方向盘，使汽车的转弯半径增大、减小离心力，汽车回正以后要平稳地把方向盘转到原来的位置。

在侧滑时尽量不要使用制动，并且要使离合器保持接合状态，用发动机制动减速。为了防止侧滑，必须放慢车速，根据路面条件不能超过规定的行车速度。在湿滑路面行驶时，每个起步、停车、转弯都必须缓慢，这样可以减少侧滑。使用制动时，要采用点刹，避免一脚将制动踩死。

技巧 4　汽车着火的应对技巧

1. 汽车自燃的应对技巧

遇到汽车自燃，要保持冷静，不能自乱了阵脚。由于目前的汽车特别注意车辆在火灾情况下自我保护功能的设计，所以汽车起火爆炸的情况不会出现。而现代汽车多使用电脑控制喷油量，有限的喷油量使发动机舱内燃烧相对缓慢，因此在起火初期车主完全有时间进行自我扑救。

2. 汽车冒烟的应对技巧

发现发动机出现较浓的烟雾或有火光等异常现象时，应马上将车停靠路边，熄火后立即取出车载灭火器针对冒烟部位进行扑救。但不能马上打开引擎盖，否则空气的进入会加剧火势的燃烧和蔓延。

3. 汽车已经着火的应对技巧

遇到汽车有大量火苗或烟雾冒出的情况时，弃车逃生并报警求救是最佳的办法。另外，此车辆已经属于完全燃烧的阶段，非常猛烈，不鼓励自己灭火。而且，火势在经过初期的快速蔓延后，很可能引起剧烈的爆燃或爆炸，因此车主最好远离危险区域。

4. 汽车着火后被困车内的应对技巧

抓住火势还没有扩大的有利时机，利用周围一切可利用的东西，想办法逃离至车外。

当车门无法从内部打开时，迅速用毛巾或衣服将手包裹，用拳头、胳膊等部位用力从车内击碎玻璃；或者用随手可以拿到的小锤、金属棒等对门窗进行破外。另外，天窗也是一个逃生出口。

目前，很多汽车后备厢锁止机构都带有内部逃生功能，即连通车舱后部的后备厢设计有逃生拉手开关。

小贴士

夏季阳光猛烈，在强烈的阳光照射下，车内的一些不当物品很容易引发汽车的自燃。所以，随车尽量不要携带危险易燃易爆品，如打火机、火柴、香水、空气清新剂和发胶等物品，更不要放在太阳直晒的地方。

技巧 5　驾车遇到车轮悬空应对技巧

车轮悬空一般指的是个别车轮的部分或全部失去支撑或附着。行车中，一旦出现车轮驶出路肩悬空时，应立即停车，不可慌张。新手应根据当时情况，选择既安全又不使车辆失去平衡的一侧车门脱离驾驶室，脱险后再仔细观察车辆的险情，视情况采取相应的措施。如车辆有倾覆坠崖的危险，应用绳索系牢车身，然后采取解救措施。

技巧 6　驾车遇到轨道熄火应对技巧

当车辆行驶至铁路轨道上时，若因为驾驶技术失误或车辆故障原因突然熄火，短时间内发动不着而又无外援时，首要的任务不是排除故障而是设法使车辆迅速离开轨道。具体方法是，首先迅速挂入低速挡，用起动机作为动力，驱使车辆离开轨道；其次，可以根据车辆在铁路轨道上的位置，挂入低速挡或倒挡，用手柄摇转曲轴，以人力驱动车辆前进或后退，迅速离开轨道；最后，若起动机动力不足又无手摇柄时，可在传动轴的万向节处用撬棍撬动传动轴使之转动，迫使车辆前进或后退；同时，也可根据车辆的大小或其他客观条件，采用人力推动的方法，使车辆尽快驶离轨道。若无任何外援而车辆又实在无法离开轨道，应想方设法以最明显的标志或通信方式告知火车或铁路有关部门。

技巧 7 驾车遇到转向失控应对技巧

当转向机构中有零部件脱落、损坏、卡滞时，会使转向机构突然失控，致使驾驶员无法操控方向。此时，应立即松抬油门踏板，将变速器置入低速挡，均匀而用力地拉紧手制动，当出现车速明显下降时，踩下脚制动，使车辆逐渐停下。在车辆处于高速行驶时，特别是前后轮不在一条直线上时，应先利用手制动减速，后踩下紧急制动；同时，对其他车辆和行人给出信号警示，如打开紧急闪烁灯、鸣喇叭、打手势等。切记，不可首先使用紧急制动，以免造成翻车；也不可以摘挡滑行或踩下离合器，以便利用发动机牵制动力减速。对装有动力转向的车辆，若突然发现转向很困难或发动机突然熄火，此时驾驶员还是可以实现转向的，只是操作很费力，因此要视情况沉着应对，谨慎驾驶。

技巧 8 被别的驾驶员用大灯晃的应对技巧

开车过程中，如果有人用大灯晃你应该怎么应对？

你长时间占用快车道，但速度上不来，没有达到规定的速度，后面的车可能会用大灯晃你提示你让路，一般这样的情况，让到旁边的路上走就行了。另外在快车道上，当路况允许时，不按规定的速度行驶，也会遭到以上"待遇"。

高速路上、国道上，无论你的后边或前边，离你很远处如果有人用大灯晃你，应是在提醒你，注意后车，因为后车速度可能很快，也可能要超过你；提醒你小心会车，注意安全距离。其实，这样的提醒还是很关键的。当然，开车时经常不顾三面镜子也是很关键的。

也可能是一些善意的提醒，比如你的后制动灯坏了、你开着后雾灯、你的后轮胎没气了、你的油箱盖开着等。

此外，有些大灯晃你，可能是抗议或严重警告。比如你向左并线，因为没有给后车留出足够的距离；或者提醒你注意并线的距离，要照顾后车；也可能你是并线贴人家太近，还没有打转向灯；也可能提醒你开车打电话，走得太慢，影响他车的正常行进等。

当然，开车上路的人道德水平一定是参差不齐的，遇到用大灯晃你的人，也别和他们太计较了，毕竟在路上行车安全第一。

还有一种情况，对方和你一样，也是新手上路，对于大灯的使用还不熟练，不小心晃错了。

六、交通事故处理技巧

技巧 1 克服心理恐惧技巧

1. 尽快消除对复杂路况的恐惧心理技巧

新手在进入复杂路段之前，可先将车停在路边，消除对复杂路况的恐惧心理，使自己的紧张心情稍加平静，然后仔细观察一下前方的路况。若是在市区，最好能参看一下交通地图，熟悉路况后继续行驶，切不可急躁驾车。

2. 克服对交通事故的恐惧心理技巧

新驾驶员上路时首先要放松心情，消除对交通事故的恐惧感。只要严格遵守交通法规，注意集中精力驾车，出现交通事故的可能性就会大大减少。

3. 对特殊天气状况的恐惧心理应对技巧

在驾车前最好对当天的气象情况有一个了解，然后调整一下自己的心理，既不能过度紧张，更不能掉以轻心。驾车时除了要多加小心外，还要注意保持车距，尽量减慢车速，绝不能强行超车和紧急制动。特别是在行车中突然遇到恶劣天气，如暴雨、大风等，更不能紧张，可暂时停车，缓解紧张心理并消除恐惧感。

4. 对车辆故障产生恐惧心理应对技巧

只要驾车出行就担心车辆会出现故障，这是不少新驾驶员常有的一种不良心理。一般情况下，只要在出车前对车辆进行一下检查，没有发现故障，行驶中出现突发事故的可能性就很小。即使突然出现了故障也不必紧张，可求助于附近的修理厂。而带着不良心理驾车会分散驾车的注意力，容易出现操作失误，从而造成机器故障。

5. 无端害怕交警应对技巧

交警作为道路交通法规的执行者，只有在你违反交规时才对你具有一定的约束力，如果你老老实实地遵章行车，那么交警所拥有的处罚权对你来说没有半点作用。即使交警对车辆进行严查，也只不过是对那些存在侥幸心理违章驾驶的驾驶员有一定的威慑力。无论交警在与不在都保持正常心态，就不会遇到被交警找麻烦的问题。

技巧 2　遇到交通事故的处置技巧

遇到交通事故，要沉着冷静地处理好以下问题。

① 立即停车。发生交通事故后，必须立即停车。停车后按规定拉紧驻车制动杆，切断电源，开启危险报警闪光灯，如夜间发生事故还需开示宽灯、尾灯。在高速公路发生事故时，还须在车后按规定设置危险警告标志。

② 及时报案。当事人在事故发生后应及时拨打122报案，将事故发生的时间、地点、肇事车辆及伤亡情况告知交警，在交警到来之前不能离开事故现场。

③ 抢救伤者。如事故中有人受伤，应设法送医院抢救治疗。

④ 保护现场。在交警到来之前应当保护好现场，除非因抢救伤者和财产需要，否则不得擅自移动现场肇事车辆、伤者及物品等，必须移动时应当标明位置。

⑤ 做好防火防爆措施，防止事故扩大。

⑥ 协助现场调查取证。在交警勘察现场和调查取证时，当事人必须如实向交警陈述交通事故发生的经过，不得隐瞒真实情况。

⑦ 倘若事故涉及其他车辆，应记下该车车牌号码，并询问对方联系电话等，亦应尽快向保险公司报案，并依据保险公司的规定办理各项手续。

《中华人民共和国道路交通安全法》中第七十条第一款规定，在道路上发生交通事故，车辆驾驶员应当立即停车，保护现场。也就是说，发生交通事故时，不论损失大小，首先必须停车，保护现场。然后根据损失大小确定下一步应当做什么。

技巧 3 对于未造成人身伤亡的交通事故的处置技巧

《中华人民共和国道路交通安全法》（以下简称《道路交通安全法》）中第七十条第二款、第三款规定，在道路上发生交通事故，未造成人身伤亡，当事人对事实及成因无争议的，可以即行撤离现场，恢复交通，自行协商处理损害赔偿事宜；不即行撤离现场的，应当迅速报告执勤的交通警察或者公安机关交通管理部门。在道路上发生交通事故，仅造成轻微财产损失，并且基本事实清楚的，当事人应当先撤离现场再进行协商处理。

北京市公安局根据《道路交通安全法》的有关规定精神，制定了《关于快速处理交通事故的通告》（以下简称《通告》）。《通告》第二条规定："本通告所称的快速处理交通事故，是指在本市道路范围内依法由交通警察按照简易程序处理或者由当事人自行协商处理的交通事故。仅造成车物损失或者人体伤情轻微的交通事故，可由一名交通警察按照简易程序处理。机动车之间仅造成车辆损失且车辆尚能行驶的交通事故，当事人可自行协商处理，但有本通告第八条中第三十四（非驾驶员）、三十五（酒后）、三十六（单方事故）项情形的，不适用自行协商处理。"

技巧 4 对于造成人身伤亡的交通事故的处置技巧

《道路交通安全法》中第七十条第一款规定，造成人身伤亡的，车辆驾驶员应当立即抢救受伤人员，并迅速报告执勤的交通警察或者公安机关交通管理部门。因抢救受伤人员变动现场的，应当标明位置。乘车人、过往车辆驾驶员、过往行人应当予以协助。也就是说，驾驶员发生交通事故造成人员受伤或者死亡的，必须报警（拨打报警电话122，急救电话120、999），保护现场。如果事故发生地确属偏远或者找不到电话报警，受伤人员必须立即治疗，同时又找不到其他车辆协助运送的情况，当事人可以利用发生事故的车辆送伤者到医院救治。但在移动现场前，必须对因移动现场后无法确定的车辆、人员倒地位置等进行标划。当事人可以利用石块、砖头、白灰等物品在地面进行明显标注。

技巧 5 交通事故中受伤人员没有足够的抢救费用的处置技巧

如果交通事故中受伤人员或者驾驶员没有足够的抢救费用，医疗机构也必须救治交通事故受伤人员，同时由公安机关交通管理部门通知保险公司支付或者由道路交通事故社会救助基金管理机构先行垫付。

技巧 6　事故双方对事故事实无争议时的处置技巧

《中华人民共和国道路交通安全法实施条例》第八十六条规定："机动车与机动车、机动车与非机动车在道路上发生未造成人身伤亡的交通事故，当事人对事实及成因无争议的，在记录交通事故的时间、地点、对方当事人的姓名和联系方式、机动车牌号、驾驶证号、保险凭证号、碰撞部位，并共同签名后，撤离现场，自行协商损害赔偿事宜。当事人对交通事故事实及成因有争议的，应当迅速报警。"

《中华人民共和国道路交通安全法实施条例》第八十七条规定："非机动车与非机动车或者行人在道路上发生交通事故，未造成人身伤亡，且基本事实及成因清楚，当事人应当先撤离现场，再自行协商处理损害赔偿事宜。当事人对交通事故事实及成因有争议的，应当迅速报警。"

根据《通告》精神，各方当事人对交通事故事实及成因无争议的，可以即行撤离现场，恢复交通，自行协商处理损害赔偿事宜；对于仅造成轻微财产损失，并且基本事实清楚的，当事人应当先撤离现场再进行协商处理。当事人自行协商处理的交通事故，可以先书面记录交通事故基本事实后撤离现场。不即行撤离现场或者只有一方当事人发生的交通事故，应当迅速报告执勤的交通警察或者公安机关交通管理部门，等候处理。

发生交通事故，当事人向执勤的交通警察或者公安机关交通管理部门报案的，或者当事人自行撤离现场后，经协商未达成协议的，可以由交通警察按照简易程序对交通事故实施快速处理。

技巧 7　事故双方对事故事实有争议时的处置技巧

事故当事人之间对事故事实有争议的，应当保护现场，立即报警等候交通警察处理；同时，必须做好自身安全维护。

技巧 8　撤除事故现场后，一方反悔时的处置技巧

如果撤除现场后，事故当事人对事故事实无争议，仅就损害赔偿问题达不成协议的，责任方可以持《当事人自行协商处理交通事故协议书》到事故发生地人民法院提起民事诉讼。或者立即报警，等候交通警察处理。

如果撤除现场后，事故当事人对事故事实有争议的，应立即报警，等候交通警察处理。

技巧 9　保护交通事故现场技巧

驾驶员发生交通事故后，由于事出意外，处于过分慌乱或抢救伤员等，未保护好现场，从而给交通事故责任认定带来了困难，也加重了自己承担的交通事故责任。如何才能保护好事故现场呢？

首先应在现场标记清楚停车位置，尽量保持车辆在肇事中的原始状态，并按照有关规定拉紧手制动，开启危险报警闪光灯（夜间还须开启示宽灯、尾灯），在

制动拖印前置放警示标志牌，预防其他车辆对现场物证的碾压或再次发生事故，然后迅速向警方报案。

根据《道路交通安全法》第七十条的规定，发生交通事故造成人员伤亡后，当事人应当立即停车抢救伤者，并采取措施，对现场范围内的车辆行驶轨迹、制动痕迹、其他物品形成的痕迹、散落物等进行保护。当事人应当从以下几个方面保护交通事故现场。

① 不移动现场的任何车辆、物品，并要防止围观群众进入现场。对于易消失的路面痕迹、散落物，应该用塑料布等可能得到的东西加以遮盖。

② 抢救伤者移动车辆时，应做好标记。

③ 将伤者送到医院后，应告知医务人员对伤者衣物上的各种痕迹，如轮胎花纹印痕、撕脱口进行保护。

④ 严防二次事故的发生。发生事故后，要持续开危险报警闪光灯，并在来车方向50米以外的地方放置警告标志，以免其他车辆再次碰撞。对油箱破裂、燃油溢出的现场，要严禁烟火，以免造成火灾，扩大事故后果。

此外，驾驶员在保护交通事故现场时，如遇雨雪天气，可用防雨篷布或其他防雨物品将现场遮盖起来，以便处理事故的交通民警正确地勘察取证。

技巧 10 事故经过撰写技巧

事故经过材料应当客观、真实，能够全面地反映事故情况。其格式可参考如下。

① 当事人的姓名、性别、年龄、工作单位或家庭住址、身份证号码、联系电话、邮政编码等个人基本情况。

② 事故发生的时间、地点、现场周围的重要环境、天气、道路状况。

③ 当事人及对方当事人的交通方式、车辆的行驶方向、目的地。

④ 发现险情的路面情况及采取的安全措施。

⑤ 驾驶证的准驾类型、办理时间，车辆的安全技术状况及车辆类型、牌照号码。

⑥ 预估事故的损失情况，抢救伤者和财物的基本情况。

⑦ 有关目击证人的情况及证人姓名、地址、联系电话。

⑧ 亲笔人或代笔人签字，撰写事故经过的日期。

注意：材料要用蓝黑钢笔书写，并且字迹要工整清楚。

技巧 11 最简单的两车事故

车辆剐蹭事故是行车过程中最简单的两车事故，那么一旦发生，车主应该如何进行快速处理呢？

（1）停车熄火查状况 如果你的车子不小心与其他车子发生剐擦事故，应立即选择较合适的地点停车。拉紧手制动，切断电源，关掉车子的引擎。夜间还要开示宽灯、尾灯。若在高速公路上，则需在车后方设置危险警告标志。

（2）确认双方人员安全状况 注意检查双方人员的安全状况，如果有伤亡、受伤、人身安全受到损害应立即报警。对不属于新《道路交通事故处理程序规定》第八条规定的必须报警的八种情形的，当事人可以选择自行达成协议，快捷处理。

（3）记录车损情况　注意仔细检查车辆状况，最好随身携带有拍照功能的设备，比如数码相机、手机等，及时对剐擦部位、车况进行记录。拍摄时要体现双方当事人同时在现场的取景，并多角度地对车前侧、车后侧、碰擦部位进行拍摄。

（4）记录基本信息　注意记录双方车辆信息与车主信息，如双方车牌号、驾驶证、行驶证、保险证等信息都是必要的。

（5）明确责任认定　在交警进行责任认定时，要特别注意双方应负的责任。常见情况有，未保持安全距离，追尾前车的，后车担责；机动车变更车道，影响正常行驶的车辆的，变更车道方担责；有交通信号灯控制的交叉路口，正常放行的车辆转弯未让直行车先行的，转弯车担责；没有交通信号灯的交叉路口，未让右方道路来车先行的，未让方担责等。

（6）车辆定损便理赔　先去保险理赔服务中心对车辆进行定损。在之后的修车程序中要保存好修车发票。

技巧 12　与机动车发生交通事故的处理原则

（1）发生交通事故的处理程序

① 交通事故发生后，车辆使用人应及时报警并配合交警保护好事故现场。

② 及时告知事务部及公司专职司机，由事务部根据事故程度上报办公室。

③ 车辆使用人应与交警、对方当事人、保险公司交涉，尽力为本人和公司争取到最为有利的处理结果；重大交通事故由事务部和公司专职司机协调交涉。

④ 事故车辆由事务部专职司机送指定修理厂修理并验收。

（2）事故责任人的赔偿和处罚办法

① 发生事故的车辆使用人除保险公司承担的费用外，公司不承担任何费用。

② 发生重大交通事故造成公司直接经济损失的，车辆使用人在接受上述处罚的同时，另行向公司支付直接经济损失金额5%～20%的赔偿金。遇特殊情况，由公司办公会专题研究处置。

③ 采用快速方式处理交通事故，凡涉及保险公司理赔的均按本规定执行。

（3）因违反交通规则被处罚的处理　因违反交通规则而被处罚的责任由驾驶员自行承担。

七、新手开车基本礼仪

技巧 1　社交应酬中如何选"礼貌"座位

车主自己驾车承载客人时，副驾驶是最礼貌的座位；否则，客人坐到后面感觉像坐出租车一样，不合适。

技巧 2　公务接待如何选最"礼貌"座位

因为公务接待有专职司机驾车，副驾驶的后座就是最礼貌的座位，既安全又方便。到达酒店时，右后排座门正好对着大厅正门，服务生过来只开右座车门。

另外公务接待时，副驾驶座位被称为"随员座"，一般是翻译或秘书的位置，让客人坐到这里非常不礼貌。

技巧 3　如何选最安全的座位

在汽车上，坐哪个位置安全只是相对来说。假设驾驶员座位的危险系数是100的话，那么副驾驶位置的危险系数就是101，而驾驶员后排座位的危险系数是73.4，副驾驶后排座位危险系数是74.2，后排中间座位的危险系数为62.2。可见，坐在后排中间位置是最安全的。如果让客人坐后排中间位置不合适，那就让客人坐驾驶员后方的位置，因为驾驶员在遇到突发危险的时候会瞬间本能地躲避，所以驾驶员后面的座位相对来说就比较安全。但安全的前提是车上的人都系了安全带，否则再安全的汽车也未必能保证驾乘人的安全。

技巧 4　如何选最适合朋友的座位

虽然后排座位相对安全，但是如果朋友坐你车的话，还是副驾驶座位合适。如果两个或两个以上朋友乘坐你的车，而且有年长者，应该把年长者让在后排。

另外，如果朋友是夫妻二人，那么最好让夫妻坐在后排；如果情况不允许，夫妻中有一人要坐在副驾驶座位上，应该选与车主关系最好的那个。

技巧 5　上下车的礼貌顺序

上下车的先后顺序通常是，上车时，请尊长、客人从右侧车门先上，驾驶员及陪同者再从车后绕到左侧车门上车。下车时，驾驶员与陪同者应当先下，并协助尊长或客人下车。

"男士应最后一个上车，第一个下车"。这样的话，男士就可以为女士开车门和关车门，还可以帮助她们上下车。

技巧 6　上路驾驶基本礼仪

上路驾驶最基本的礼仪就是对生命负责。因此，驾驶员一定要集中精神，专心致志开车；不要因为留恋路边的景色，也不要因交谈打手势、左顾右盼等动作而分散精力，更不要酒后驾车。

技巧 7　过红绿灯时如何礼貌驾驶

当过信号灯路口时，要严格遵守交通规则，不要将车停在白线上，以免给行人带来不便。遇到行人过马路尽量让一让，即使信号灯已经转变为绿色，也不要争这一秒和行人抢路，特别是不要和此时过马路的老人与残疾人抢路。

技巧 8　并线时如何礼貌驾驶

在并线时，要打灯，看见出口早点并出来，不抢行猛拐。如果迫不得已挤了其他车，要打手势道歉。

技巧 9　驾驶时如何礼貌按喇叭

喇叭应该是在最需要的时候才能按响，不要频繁地按。有情况按一下喇叭会意一下对方就可以。另外在交通堵塞时按喇叭，不仅无济于事还会让人烦躁。尤其不要在小区、校园等安静的地方狂按喇叭。

技巧 10　进出小区如何礼貌驾驶

减速慢行，少按喇叭。如果有人挡在你面前就是不走，可以轻按喇叭提示他。要知道很多人正处于悠闲状态，尤其是老人和小孩对身后的车是不敏感的。如果前面有无人看管的小孩或宠物，请耐心等待，狂按喇叭不会有效解决问题。

技巧 11　加油时如何注重礼仪

如果前面的位置能加油，没人就到前面去。不要一进去就停在最近的一个加油位，导致前面的油枪空着，后车却要等待。

技巧 12　如何礼貌停车

清楚前后左右的情况，不要堵住别的车，也不要堵住行人和自行车的习惯通道，更不要堵住别人的门口遭人讨厌，还容易蹭到。建议不要占用绿地停车，不要在小区出入口停车，不要在垃圾站门前停车。不管车位拥挤与否，都应该按车位线或大家停车的方向停车；不管技术好不好，都请尽量与别的车靠近，给后来的车留出车位。如果实在没车位，又一定要短暂停留，可在车上贴个便条留下自己的电话，礼貌停车于人于己都方便。

技巧 13　如何文明清理车内垃圾

车内垃圾请收好扔到垃圾桶里。不要开车时突然把包装纸、烟头等从窗子里扔出去，也不要在停车收拾时直接扔到地上，弄得车外遍地都是。尤其是在高速公路上，更不要将车内的垃圾随意丢出窗外，因为这样做相当危险。

第五章 汽车保险与理赔

一、保险理赔常识

1. 报案方式

保险机动车出险后，被保险人应当利用网络、电话、口头、业务员转达等方式向保险人报案，然后补交书面的出险通知。

2. 理赔周期

被保险人自保险车辆修复或事故处理结案之日起，3个月内不向保险公司提出理赔申请，或自保险公司通知被保险人领取保险赔款之日起1年内不领取应得的赔款，即视为自动放弃权益。

3. 理赔流程

（1）报案

① 出险后，被保险人向保险公司理赔部门报案。

② 内勤接报案后，要求被保险人将出险情况立即填写《业务出险登记表》（电话、传真等报案由内勤代填）。

③ 内勤根据被保险人提供的保险凭证或保险单号立即查阅保单副本并抄单以及复印保单、保单副本和附表。

查阅保费收费情况并由财务人员在保费收据（业务及统计联）复印件上确认签章（特约付款须附上协议书或约定）。

④ 确认保险标的在保险有效期限内或出险前特约交费，要求被保险人填写《出险立案查询表》，予以立案（如电话、传真等报案，由检验人员负责要求被保险人填写），并按报案顺序编写立案号。

⑤ 发放索赔单证。经立案后向被保险人发放有关索赔单证，并告知索赔手续和方法（电话、传真等报案，由检验人员负责）。

⑥ 通知检验人员报告损失情况及出险地点。

以上工作在半个工作日内完成。

（2）查勘定损

① 检验人员在接保险公司内勤通知后1个工作日内完成现场查勘和检验工作（受损标的在外地的检验，可委托当地保险公司在3个工作日内完成）。

② 要求被保险人提供有关单证。

③ 指导被保险人填写有关索赔单证。

（3）签收审核索赔单证

① 营业部、各保险支公司内勤人员审核被保险人交来的赔案索赔单证，对手续不完备的向被保险人说明需补交的单证并退回，对单证齐全的赔案应在"出险报告（索赔）书"（一式两联）上签收后，将黄色联交还被保险人。

② 将索赔单证及备存的资料整理后，交产险部核赔科。

（4）理算复核

① 核赔科经办人接到内勤交来的资料后审核，单证手续齐全的在交接本上签收。

② 所有赔案必须在3个工作日内理算完毕，交核赔科负责人复核。

（5）审批

① 产险部权限内的赔案交主管理赔的经理审批。

② 超产险部权限的逐级上报。

（6）赔付结案

① 核赔科经办人将已完成审批手续的赔案编号，赔款收据和计算书交财务划款。

② 财务对赔付确认后，除赔款收据和计算书红色联外，其余取回。

随着家用汽车的不断普及，车险理赔业务也在增多。但有些情况保险公司是拒赔的，因此新手还要多掌握一些理赔常识。驾驶证过期不检、临时牌照过期等八种情况下出现意外事故的，均在拒赔范围内。

机动车辆保险理赔流程如下图所示。

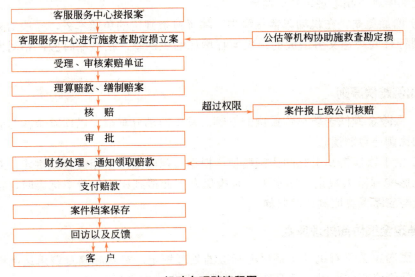

机动车理赔流程图

4. 车险公司的选择

目前提供车险服务的公司比较多，主要包括中国人民保险公司、太平洋保险公司、安邦保险公司、华泰保险公司、大众保险公司、中华联合保险公司、天安保险公司、平安保险公司、大地保险公司、中华联合保险公司、华安保险公司、太平保险公司、永成保险公司、阳光保险公司、都邦保险公司、渤海保险公司等。

二、汽车出险理赔原则

机动车辆保险的赔偿处理应遵循以下原则。

1. 按责赔偿原则

保险人依据保险车辆驾驶员在事故中所负责任比例承担相应的赔偿责任。

2. 物损修复原则

除在保险时另行特约保险外，保险车辆或其他财物损失以修复为原则。

3. 责任险一次赔偿结案原则

对涉及责任险的基本险和附加险赔付均采取一次赔偿结案的原则，保险人在赔偿后不再承担对受害人的任何费用。

4. 扣除规定的免赔原则

① 按责免赔。根据投保险种中对免赔率及免赔金额的规定，发生保险事故后，在相应的险种下扣除规定的免赔率。

② 增加免赔。在机动车辆保险中，除了按责规定的免赔率外，一般对被保险人未履行合同规定义务造成的损失实行增加的免赔率，在核赔时应严格对照条款执行。

5. 比例赔偿原则

① 保险金额低于新车购置价的车辆，发生的部分车损，以保险金额与新车购置价的比例计算赔偿。

② 由于错误告知引起的比例赔偿，根据《保险法》及相关条款规定，对错误告知已影响保险人决定费率水平，且投保人因此得到相应的费率优惠时，按照保单保费与应缴保费比例计算赔款。

6. 推定全损协商处理原则

按照国家关于对机动车辆报废标准的处理规定，对实际修复费用达到或超过车辆实际价值的80%时，经保险双方协商，可作推定全损处理。

7. 延迟办理退保发生保险事故赔偿原则

根据《保险法》的有关规定，投保人要求终止保险合同（除法律规定不得终止的情况外）而保险人拒绝或延迟办理时，发生保险事故由保险人承担赔偿责任。

8. 代位求偿原则

根据《保险法》的有关规定，保险人在发生保险责任范围内事故应由第三者赔偿的，赔偿后在赔偿金额范围内代位行使被保险人向第三者请求赔偿的权利。

9. 重复保险比例分摊原则

依照《保险法》的有关规定，对于重复保险的保险金额总和超过保险价值的，各保险人的赔偿金额的总和不得超过保险价值。一般来说，应该对重复保险按照比例分摊原则计算赔款，各保险人按照其保险金额与保险金额总和的比例承担相应的赔偿责任。在理赔时，应注意掌握被保险人的保险情况，要求被保险人如实告知，如属重复保险，应按照比例分摊原则计算赔款。

三、汽车出险后理赔标准

汽车出险已经成了有车一族每天都可能遇到的问题，那么出险后的理赔标准是什么呢？可能很多车主都不是很清楚，在此总结如下。

1. 医疗费

在公费医疗范围内，按照医院对当事人的交通事故创伤治疗所必需的费用计算，凭据支付。

2. 误工费

当事人有固定收入的，按照本人减少的固定收入计算，对收入高于交通事故发生地平均水平3倍以上的按3倍计算；无固定收入的，按照交通事故发生地国营同行业的平均收入计算。

3. 住院伙食补助费

按照交通事故发生地国家机关工作人员的出差伙食补助标准计算。

4. 护理费

伤者住院期间，护理人员有收入的，按照误工费计算；无收入的，按照交通事故发生地平均生活费计算。

5. 残障者生活补助费

根据伤残等级，按照交通事故发生地平均生活费计算。自定残之月起，赔偿2年。

6. 残障用品费

因残障需要配置补偿功能的器具的，凭医院证明按照普及型器具的费用计算。

7. 丧葬费

按照交通事故发生地的丧葬费标准支付。

8. 死亡补偿费

按照交通事故发生地平均生活费计算，补偿10年。对不满16周岁的，年龄每小1岁减少1年；对70周岁以上的，年龄每增加1岁减少1年，最低不少于5年。

9. 被抚养人生活费

以死者生前或残障者丧失劳动能力之前实际抚养的、没有其他生活来源的人为限，按照交通事故发生地居民生活困难补助标准计算。对不满16周岁的人抚养到16周岁；对无劳动能力的人抚养20年。

10. 交通费

按照当事人实际必需的费用计算，凭据支付。

11. 住宿费

按照交通事故发生地国家机关一般工作人员的出差住宿标准计算，凭据支付。

四、第一年汽车上全险包括的内容及注意事项

1. 交强险

交强险的全称是"机动车交通事故责任强制保险"，是由保险公司对被保险机动车发生道路交通事故造成受害人（不包括本车人员和被保险人）的人身伤亡、财产损失，在责任限额内予以赔偿的强制性责任保险。交强险是中国首个由国家法律规定实行的强制保险制度。其保费是实行全国统一收费标准的，由国家统一规定的，但是不同的汽车型号的交强险价格也不同，主要影响因素是"汽车座位数"。

（1）保险责任　《机动车交通事故责任强制保险条例》（以下简称《条例》）规定：交强险是由保险公司对被保险机动车发生道路交通事故造成受害人（不包括本车人员和被保险人）的人身伤亡、财产损失，在责任限额内予以赔偿的强制性责任保险。

（2）责任免除　下列损失和费用，交强险不负责赔偿和垫付。

①因受害人故意造成的交通事故的损失。

②被保险人所有的财产及被保险机动车上的财产遭受的损失。

③被保险机动车发生交通事故，致使受害人停业、停驶、停电、停水、停气、

停产、通信或者网络中断、数据丢失、电压变化等造成的损失以及受害人财产因市场价格变动造成的贬值、修理后因价值降低造成的损失等其他各种间接损失。

④因交通事故产生的仲裁或者诉讼费用以及其他相关费用。

此外，驾驶员未取得驾照、醉酒或被保险机动车被盗抢期间被肇事，而造成受害人的财产损失，保险公司不承担赔偿责任。另外需要提醒的是，交强险范围不包括被保险机动车本车人员、被保险人。

（3）**责任限额** 交强险责任限额是指被保险机动车发生道路交通事故，保险公司对每次保险事故所有受害人的人身伤亡和财产损失所承担的最高赔偿金额，具体如下表。

赔偿限额种类	有责	无责
死亡伤残赔偿限额	11000元	11000元
医疗费用赔偿限额	1000元	1000元
财产损失赔偿限额	2000元	100元
合计	14000元	12100元

2. 基本商业险

机动车辆保险基本险一般分为车辆损失险和第三者责任险，车辆损失险是指保险车辆遭受保险责任范围内的自然灾害或意外事故，造成保险车辆本身损失，保险人依照保险合同的规定给予赔偿的一种保险；第三者责任险所承保的是机动车辆驾驶员在使用车辆过程中，发生意外事故，致使他人遭受人身伤亡或财产损失，被保险人应负的相应的民事责任。

（1）**车辆损失险**

1）保险责任

①意外事故或自然灾害造成保险车辆的损失。

碰撞事故。碰撞是保险车辆与外界静止的或运动中的物体的意外撞击，通常包括两种情况：一是保险车辆与外界物体的意外撞击造成的本车损失；二是保险车辆所装货物与外界物体的意外撞击造成的本车损失。

非碰撞事故。非碰撞事故分为自然灾害、意外事故两类。自然灾害一般包括雷击暴风、龙卷风、暴雨洪水、海啸、地陷、冰陷、崖崩、雪崩、雹灾、泥石流、滑坡，以及载运保险车辆的渡船遭受自然灾害，但只限于驾驶员随车照料者；意外事故包括倾覆、火灾、爆炸、坠落以及外界物体倒塌或坠落等。

②合理的施救、保护费用。该项责任是指保险车辆在发生保险事故时，被保险人为了减少车辆损失，对保险车辆采取施救、保护措施所支出的合理费用。但此项费用的最高赔偿金额以保险车辆的保险金额为限（不包括保险车辆的修复费用）。该费用必须合理，即保护施救行为支出的费用必须是直接和必要的，并符合国家有关政策规定。

2）责任免除

主要包括以下几个方面。

① 地震造成的损失。

② 自然磨损、朽蚀、故障、轮胎单独损坏。

③ 人工直接供油、高温烘烤造成的损失。

④ 受本车所载货物撞击的损失。

⑤ 遭受保险责任范围内的损失后，未经必要修理继续使用，致使损失扩大的部分。

⑥ 自燃以及不明原因产生火灾造成的损失。自燃，即指保险车辆因本车电器、线路、供油系统、货物自身等发生问题造成火灾。

⑦ 灯具、车镜玻璃以及挡风玻璃、车窗玻璃单独破碎。

⑧ 保险车辆在淹及排气筒的水中启动或被水淹后操作不当致使发动机损坏。

以下是车损险和第三者责任险共同的责任免除。

① 战争、军事冲突、暴乱、恐怖主义行为、扣押、罚没、政府征用。

② 非被保险人允许的驾驶员使用保险车辆。

③ 被保险人或其允许的驾驶员的故意行为。

④ 竞赛、测试、在营业性修理场所修理期间。

⑤ 车辆所载货物掉落、泄漏。

⑥ 保险车辆拖带其他未保险车辆（含挂车）或被其他未保险车辆拖带。

⑦ 驾驶员饮酒、吸毒、被药物麻醉。

⑧ 保险车辆肇事逃逸。

⑨ 未按书面约定履行缴纳保险费义务。

⑩ 除本保险另有书面约定外，发生保险事故时，保险车辆没有公安交通管理部门核准的行驶证和号牌，或未按规定检验或检验不合格。

⑪ 保险车辆发生意外事故，致使被保险人停业、停驶、停电、停水、停气、停产、中断通信以及其他各种间接损失。

⑫ 保险车辆全车被盗窃、被抢劫、被抢夺，以及在此期间受到损坏或车上零部件、附属设备丢失或造成第三者人身伤亡和财产损失。

⑬ 因污染引起的任何补偿和赔偿。

⑭ 其他不属于保险责任范围内的损失和费用。

（2）第三者责任险

1）保险责任。第三者责任险的保险责任包括被保险人或其允许的合格驾驶员在使用保险车辆过程中发生意外事故，致使第三者遭受人身伤亡或财产损毁，依法应当由被保险人支付的赔偿金额，保险人按照我国《道路交通处理办法》的规定和保险合同的约定给予赔偿。但因事故产生的善后工作，由被保险人自行负责处理。

第三者判断的标准是与被保险人有无一致的利害关系。

事故损害赔偿可分为人身损害赔偿和财产损坏赔偿两部分。

人身损害赔偿。在人身损害赔偿中存在经济损失和精神损害两种。人身损害的经济损失是由于事故使受害者增加支出或减少收入，如医药费、护理费、残障用具费、交通费、住宿费、丧葬费、诉讼费和误工费、残障者生活补助费、死亡补偿费、被扶养人生活补助费等。对交通事故人身损害的精神赔偿，在我国仅仅有死亡抚慰金一项，包含在死亡补偿费中。死亡补偿费是指因交通事故死亡对死者家属的抚慰金以及对死者家庭遭受损失的补偿金。

财产损坏赔偿。财产损坏包括财产直接损毁和间接损失两部分。财产直接损毁是指保险车辆发生意外事故时直接造成事故现场他人现有财产的实际损毁。间接损失是指保险车辆发生意外事故致使第三者营业停止、车辆停驶、生产或通信中断和不能正常供电、供水、供气造成的损失以及由这些原因引起的其他人员、财产或利益的损失，对此保险人都不负责赔偿。例如，保险车辆撞到路旁电杆，电杆随即又砸伤行人和砸坏建筑物的损失，均为直接损毁，保险人负赔偿责任；但由此引起的停电、停产、停业等的损失则为间接损失，保险人不负责。

其他各种间接损失，包括保险车辆发生意外事故，事故处理部门对肇事者的罚款；收取的事故现场勘察费；被保险处理人事故善后的差旅费、电话费、慰问受害人等费用。这些费用不论在法律上是否应由被保险人承担经济赔偿责任，保险人都概不负责。

2）责任免除

① 被保险人或其允许的驾驶员所有或代管的财产。

② 私有、个人承包车辆的被保险人或其允许的驾驶员及其家庭成员，以及他们所有或代管的财产。

③ 本车上的一切人员和财产。

④ 其他与车损险共同拥有的除外责任。

3. 附加商业险

机动车辆保险附加险分为车辆损失附加险和第三者责任险附加险两类。

（1）车辆损失常用的附加险

① 全车盗抢险。全车盗抢险承包机动车辆（含挂车）全车被盗、被抢劫或被抢夺，经县以上公安部门立案证实，满3个月未查明下落的损失。此外还承包保险车辆被盗窃、被抢劫或被抢夺期间受到损坏，或车上零件或附属设备丢失需要修复或重置的费用。以上损失和费用在保险金额内计算赔偿，并实行20%的免赔率。

② 玻璃单独破碎险。该附加险承保机动车辆在使用和停放期间，车辆的前后挡风玻璃，门窗玻璃和侧玻璃发生单独破碎的损失，保险人按实际损失赔偿。

③ 车辆停驶损失险。该附加险承保机动车辆在行驶过程中，因发生车辆损失险的保险事故，造成车身损毁致使车辆停驶，由此引起被保险人因不能正常使用车辆的间接损失。保险人按以下规定承担赔偿责任：a.部分损失。保险人在双方约定的修复期间内，按保险单约定的日赔偿金额乘以从送修之日起到修复竣工之日止的实际天数计算赔偿金额。b.全部损失。按保险单约定的赔偿期限计算赔

偿金额。c. 在保险期限内，上诉赔偿金额累计计算，最高以赔偿单约定的赔偿天数为限。

④ 自燃损失险。该附加险承保机动车辆在使用过程中，因本车电器、线路、供油系统发生故障及运载货物自身原因起火燃烧，造成保险车辆损失，以及被保险人在发生该保险事故时，为减少车辆损失所支出的必要合理的施救费用。保险人在保险单载明的保险金额内，按保险车辆的实际损失计算赔偿；发生部分损失的，按出险时车辆的实际价值，在保险单该项目载明的保险金额内赔偿。

本保险每次赔偿均实行20%的绝对免赔率。被保险人在使用保险车辆过程中，因人工直接供油、高温烘烤等违反车辆安全操作规则造成的损失；因自燃仅造成电器、线路、供油系统的损失；运载货物的损失；被保险人的故意行为或违法行为造成保险车辆的损失，保险人不负责赔偿。

⑤ 新增加设备损失险。该附加险承保机动车辆在使用过程中，因发生车辆损失险的保险事故，造成车上新增设备的直接损失，保险人在保险单载明的该项目保险金额内按实际损失赔偿。

（2）第三者责任险常用的附加险

① 车上责任险。该附加险承保机动车辆在使用过程中，发生意外事故，致使保险车辆所载货物遭受直接损毁和车上人员的人身伤亡，依法应由被保险人承担的经济赔偿责任，以及被保险人为减少损失而支付的必要合理的施救、保护费用，保险人在保险单所载明的本保险赔偿限额内计算赔偿。

② 无过失责任险。该附加险承保机动车辆在使用过程中，因与非机动车辆、行人发生交通事故，造成对方人员伤亡和财产直接损毁，保险车辆一方无过失，且被保险人拒绝赔偿未果，对被保险人已经支付给对方而无法追回的费用，保险人在保险单载明的该项目保险金额内按实际损失赔偿。但因事故而产生的善后工作费用，保险人不负责赔偿。

③ 车载货物掉落责任险。该附加险承保机动车辆在使用过程中，所载货物从车上掉落致使第三者遭受人身伤亡或财产的直接损毁，依法应当由被保险人承担的经济赔偿责任，保险人在保险单所载明的本保险赔偿限额内负责赔偿。

4. 不计免赔

不计免赔率特约条款属于附加险的一种。该险种通常是指经特别约定，保险事故发生后，按照对应投保的主险条款规定的免赔率计算的、应当由被保险人自行承担的免赔金额部分，保险人负责赔偿。

投保后，车主不仅可以享受到按保险条款，应由保险公司承担的那一部分赔偿；还可享受到由于车主在事故中负有责任，而应自行承担的那部分金额赔偿。按照保险对象的不同，不计免赔险又可分为基本险的不计免赔和附加险的不计免赔，车主在投保时应详细了解。

五、全险并非全部都保险，照样存在不赔的风险

在为自己的爱车购买了全险之后，是否就意味着将自己的车放进了"保险箱"、可以肆无忌惮地开车了呢？据了解，即使为自己的车辆购买了全险，开车过程中也需要注意许多细节问题，因为许多特殊的情况带来的损失不属于保险理赔的范围。为了避免不必要的支出，建议购买新车保险以后，详细了解以下不属于保险保障范围的几种情况。

1. 收费停车场丢车

一般情况下，车辆在收费停车场或者营业性修理厂中被盗，保险公司都不负责赔付。因为保险公司认为放在以上场所的车辆，停车场是有保管车辆的责任的，所以因为保管人保管车辆不善造成的车辆丢失需要由保管人来承担责任。

但仍建议投保人，不管保险公司是否负责理赔，都应该第一时间向保险公司报案，并立即向车场提出索赔。另外，驾驶员一定要注意保管好停车收据并随身携带，以便不时之需。

2. 驾驶员故意事故

根据保险条款的规定，驾驶员的故意行为属于责任免除范围，因此即使发生任何紧急状况，保险公司都不会负责赔付。因此，建议车主一定要遵守这些条款。

3. 车辆内物品丢失

根据保险产品中的保险范围规定，盗抢险的赔偿范围仅仅是车辆本身，而不包括车内的物品。目前保险公司对车里的物品多数都不承保，只有少数公司的财险产品可以承诺对车内的特殊物品进行赔偿。因此专家建议投保人尽量将值钱的物品放在比较安全的地方或者随身携带，以免遭受不必要的损失。

4. 车辆撞了自家人

第三者责任险只负责赔偿保险车辆因意外事故致使第三者遭受人身伤亡或财产的直接损失。在第三者责任险的条款中规定，"第三者"的定义中，不包括保险人、被保险人、本车发生事故时的驾驶员及家庭成员以及被保险人的家庭成员。因此，如果不慎撞了自家人，不仅要承受感情上的痛苦，而且也不能得到保险公司的赔付。

5. 未年检的车出险不赔

在保险合同中有规定，保险只对合格车辆生效，对未年检的车辆只能视为不合格车辆。

车主要切记按时年检，切不可后延，免得索赔时"屋漏更遭连阴雨"，罚款是

小，被拒赔是大。而且如果交通事故造成了第三者损失，费用也将由车主自行承担，保险就白买了。

6. 未上牌照的车不赔

车辆在出险时，被保险必须具备两个条件：一是须有公安交通管理部门核发的行驶证或号牌；二是在规定期间内经公安交通管理部门检验合格。

上牌照之前，切记一定要保护好自己的车以免被盗和被撞。

7. 泊车自溜车不赔

自动溜车现象，保险公司是不予理赔的。因此，车主停车时应注意选好安全位置。

8. 多保并不能多赔

给二手车投保，车主如果选择按新车购置价确定保险金额，一旦发生车全损，只能得到出险时二手车实际价值的赔偿。超额投保并不能得到超额赔偿，不足额投保也一样，不要贪图小便宜而少投保，否则一旦出险就追悔莫及了。

保险金额应按投保时保险车辆的实际价值确定。只有足额投保，才能确保出险时能得到合理的赔偿。

9. 报案不及时不赔

机动车辆保险条款基本险第二十八条、第三十条和附加险全车盗抢险条款第四条规定，被保险人在保险车辆发生保险事故后应向事故发生地交警部门报案，同时一定要在48小时内报案。因未及时报案，导致保险公司对事故的保险责任或损失无法认定的，保险公司有权拒绝赔偿损失。同时车主要切记，车撞车时，如果当时情况不是很严重可以选择私了；但是车撞人时，不管当时情况如何都要选择及时报案，绝对不能选择私了。

车主出险后有及时向保险公司报案的义务。切记"48小时内向保险公司报案"，既是一项义务，也是确保车主出险后还能吃下饭的一项法则。

10. 撞人后精神损失费保险公司不赔

保险公司不是无条件地完全承担"被保险人依法应当支付的赔偿金额"，而是依照《道路交通事故处理办法》及保险合同的规定给予赔偿。保险条款明确规定了，因保险事故引起的任何有关精神损害赔偿为责任免除。

一旦出险而且责任在己，最好能和对方商讨一个大家都比较满意的处理方法，宁可多给对方一些钱以达成私下解决。

11. 违法驾驶无法获得赔偿

除了上面所说的无证驾驶外，类似的如醉酒驾驶、驾驶证件无效、不符、车辆未做年检等都属于车辆触"红线"范畴。在保险合同中有规定，保险只对合格、合法车辆生效。车主千万要记住,持有效证件驾驶、不醉酒驾驶、按时年检,切不可后延;否则,即使到时损失再大,也无法得到赔偿,保险也是白买。

12. 未及时采取措施导致损失扩大的情况保险公司不赔

车辆出险后,应采取相应的措施或及时修理;否则,由此造成的扩大损失部分,保险公司不予理赔。发现汽车有问题要及时修理,千万别硬撑着,如果损失扩大,那就只有自己承担了。

六、汽车保险理赔的误区

误区 1 分不清保险责任

保险单是契约,有法律约束力。保险单背面一般都印有哪些灾害、事故属于保险责任,哪些不属于保险责任。如果被保险人投保后,保险财产遭受灾难、事故的损失属于保险责任,可以向保险公司索赔,不属于保险责任的则不能索赔。比如有的保险公司曾遇到过被保险人在保险期间内变更了车辆的行驶证,而没有到保险公司办理相关的批改手续,那么发生的一切意外事故保险公司是不负责赔偿的。

误区 2 对险种认识不清

车险的主险包括车辆损失险和第三者责任险。每项主险还有若干个附加险,如车损险项下附加有玻璃单独破碎险。如果在发生事故时,玻璃损坏但又没有上玻璃险时,你可以向保险公司索赔吗?答案是可以的。因为玻璃单独破碎的保险责任是,停车和使用时造成的单独玻璃损坏。因而事故造成的玻璃损坏有车损险来负责赔偿。

误区 3 不明白赔偿手续

保险索赔是体现保险经济补偿职能的最明显特征,但保险索赔要经过必要的程序,按照有关规定履行必要的手续,还要提供必需的单证,缺一不可。像机动车保险发生事故后,被保险人应立即向保险公司报案,如实反映事故情况,填写出险报告,协助保险公司勘察现场。待公安交管部门结案后,保户办理索赔时还应提供保险单、事故责任认定书、事故调解书、判决书、损失清单和相关费用单据,保险公司才能按规定赔偿处理。

误区 4 制造假案,获赔方便

一些车主为了理赔方便,认为如果有熟人朋友就可以找一家修理厂通过非法途径制造假案，获得赔偿。但往往这样的方式会给后续的理赔埋下隐患，不仅增加了保险公司的风险，最重要的是对投保人的保险权益也造成了极大的损害。一方面，修理厂使用恶劣的手段伪造事故，会使车辆的安全性能受到影响；另一方面，如果一辆车经常高额地向保险公司续保车险，保险公司有权提高所投车险的费率，上升幅度最高可达30%，如果连续多年有不良记录，保险公司还可能有拒保。

误区 5　普遍忽视保险条款

每个上了保险的车主都希望能够"一险在手，保护全有"。然而事与愿违的是，当看到那长长的保险条款，多数车主都选择了"忽略"，只有在出险之后才想起看看，更有甚者根本不看。在购买车险时，对于保险条款车主还是应有一定的了解，以增加自身的保险专业知识。有的车主因为缺乏一些保险常识，因此在投保后才发现原来车险并不是万能险，也存在一些绝对免赔或部分免赔的情况。例如，酒后驾车、无照驾驶、未年检不赔、放弃追偿权不赔、自己加装的设备不赔、无主肇事绝对免赔率30%等。

误区 6　先修理后报销

有些车主在车辆出险后并不是立刻向保险公司报案，而是先找修理厂修理，再找保险公司报销费用，这说明他们并不了解理赔的一般程序。事实上，出险后应先打110报案，并拿到交警开出的事故责任认定书，以便日后可提供警方的有关事故记录。在交警处理完事故后，车主应向保险公司报案，保险公司会派人查勘、定损，然后才是对车辆进行修理，最后提交单证、赔付。如果车主不向保险公司报案而先修理车辆，在理赔时保险公司认为修理费用高出定损的费用，差额部分将可能由车主自己承担。所以先定损后修车，是对被保险人自身利益的保护。

误区 7　有车险随意定责

有的车主认为反正有保险公司赔付，事故中的责任认定并不重要。在进行认定时，有的车主"不怕"承担责任，这实际是很危险的。

在一起交通事故中，车主王先生和行人都有责任。但是王先生认为行人受伤不严重，而且反正有保险可以理赔，为了能够快速处理事故，就答应承担全部责任。后来行人的伤势加重，医疗费需要30万元，而保险公司只赔偿了20万元，余下的10万元要由王先生来承担，这让他后悔不已。

保险公司的理赔依据是交警出具的责任认定书。对于第三者责任险，保险公司根据车主承担的责任轻重，制定了不同的赔付比例。在责任认定中，车主一定要明确责任，不是自己的责任一定不要承担，切忌对责任"大包大揽"，避免留下后患。

误区 8　嫌麻烦委托修理厂理赔

很多车主对车辆理赔的流程不熟悉,为了避免麻烦,有的将理赔全权委托给较为熟悉的修理厂。

赵先生在修车时,修车厂的师傅告诉他,车险理赔的手续很麻烦,不过修理厂可以帮他办。赵先生为了省心,就将单证交给了修理厂。过了1周后,赵先生接到了保险公司的电话,被告知车辆修理使用的零部件与修理厂提交的单证上所申报的不符,要求他亲自去检查。没有想到,图省心反而带来了麻烦。

车主不与保险公司直接联系,把车辆理赔事项全部委托给修理厂,这样做是挺简单的,但也存在不小的风险。如果遇到一些不讲诚信的修理厂,可能会给车主带来不小的麻烦。一些规模小、资质差的修理厂往往利用客户的信任,用便宜的零部件为客户修理,以高价的零部件向保险公司索赔,从而获取不同零部件之间的差价。

还有一些修理厂称可以帮车主理赔一些不符合保险公司理赔条件的事故,会让车主走一些"歪门邪道"以达到赔付的目的。这样做一旦被保险公司查实,车主不但需要自己承担责任,还会在保险公司留下不良的记录。就算没有被保险公司发现,在续保时车主也会由于事故记录增多而得不到费率上的优惠。

误区 9　异地出险一定要拉回家修

翟先生长假去江西玩,发生事故以后在当地4S店维修。回到杭州以后,发现爱车仍有很多问题,可再回江西去修实在太麻烦。为此他感叹,当时真不应该省这点拖车费,而应该坚持拉回杭州来修!

万一遭遇异地事故,专家建议分以下几种情况来对待。

(1) **损失不大**　在维修时间不长的前提下,建议就地维修,毕竟拉回家所发生的二次拖车费,保险公司是不赔的(保险公司一般仅承担一次施救费用)。

(2) **损失一般**　经简单维修后能上路的,建议自行开回家,对未维修部分再次维修,这样可以减少车主的损失(异地等待的时间、食宿成本);如果事故仅造成外观油漆损坏,不影响正常使用的,也可以开回家维修。

(3) **损失较大**　建议就地维修。当然,车主可以根据自己的情况,综合评估哪个方案更合算:在外地维修需长时间等待,要额外支出住宿、伙食费;而远距离拉回杭州,可能要付出上千元的拖车费。

保险公司一般会建议车主就地维修。无论是哪种情况,车主出险后都必须第一时间向保险公司报案,让保险公司确定损失范围和损失金额,不得私自处理或维修,因为保险公司对未经核定的损失是不予赔偿的。

至于理赔,现在大部分保险公司都做到了全国通赔,可以回家以后递交理赔材料。

误区 10 为了保证质量，一定要在4S店维修

陈先生是一位豪华车主，日前发生事故后，保险公司定损2.8万元，4S店报价却超过5万元。保险公司不同意陈先生在4S店修车，要他到指定维修厂修理。

其实，要不要去4S店修往往有两种情况：一是豪华车，4S店报价甚至会比维修厂高出1倍以上，保险公司当然要车主去维修厂修；二是没保不计免赔的车主，反而自己不愿意去4S店维修。

一般情况下，对尚在保修期内的车辆，保险公司会建议车主到4S店维修。而已过保修期的，车主也可选择资质较好的综合性修理厂。其实修车不一定到4S店，有些关键部位如变速箱的损坏，专业维修变速箱的厂家可以维修，有些4S店却不一定有维修能力。如果仅发生油漆等外观损伤，更可以找修理厂维修，毕竟4S店花费时间长，不是很方便。

对于陈先生这样的情况，专家建议他投保时选择一个"指定专修厂特约条款"，当然车损险保费会相应上浮，国产车上浮10%～30%，进口车上浮15%～60%。选择了该条款后，发生事故时车主就可自行选择维修店，不再受保险公司限制。

误区 11 受损的零件一定要全部更换

李先生新买的爱车，被人追尾后，后侧围受损。保险公司定损对后侧围进行修复，李先生不能接受，为什么不给我整个换新的？敲敲打打修复，我的新车不是变成破车了？

李先生这样的心情可以理解。但是，如果受损的零件经维修后不影响使用质量，不建议车主进行更换，毕竟有些受损部位的更换会影响到相邻部位的质量。比如李先生如果更换后侧围，需将旧件切割后重新焊接。而焊接过火造成焊接部位易生锈，质量也没有原厂焊接好，更关键的是切割好比人体动手术一样，将直接影响车辆整体的构造和强度。所以，能通过钣金修复的就尽量不要更换。

另外，保险理赔也是有原则的。机动车保险条款中提到，因保险事故损坏的被保险机动车应当尽量修复。如果每个事故，不管受损程度怎么样，所有的零件都换新的，将导致保险费率不合理提高，那其实是损害了更多人的利益。

误区 12 哪天出险报案，就算在哪一年

林先生8月14日出险报案，保险8月27日到期续保。9月初修好去理赔，被告知要计入下一年度。"为什么我明明是上一个保险年度出的险，要算在下一年度？这意味着我今年开车要格外小心，可有时候意外是很难避免的呀！"

专家认为，要解决这种情况，最好的办法就是出险后尽快去维修并理赔。因为保险公司是根据保险行业协会的平台来查询车辆出险次数，而平台数据是以结案数据来统计的。所以出险后尽量在当期保险期限内理赔，以免影响下一年度保费。

事实上，遇到这样的情况，首先自己心里要有谱，尽量催促维修厂、保险公

司在当期保险期限内维修理赔完毕。实在不行可以拖几天，等理赔结案以后再续保。当然，这样做车主也要仔细考虑：在没有保险的这几天内，千万不要开车上路，哪怕停在停车场，也是要承担一定风险的。

误区 13 "超额投保"＝超额赔付

相信各位车主朋友们一定都不希望车辆被盗或者毁坏的情况发生在自己身上。没关系，只要您上的保险符合您的理赔条件，保险公司就会赔付您应得的全部赔款。而这里就出现一个问题，即车辆承保价格越高日后就能得到车辆承保时的金额吗？

当然回答是否定的，如果是新车保险，那么车辆投保金额就会按照车辆实际销售价格进行投保，而如果是续保险，那么车辆投保金额将会按照当前新车销售或者二手车销售价格进行投保。因此在投保的时候车辆投保金额应按投保时保险车辆的实际价值确定，足额投保，以确保出险时能得到合理的赔偿；千万不要超额投保，这样并不能得到超额的赔偿，只是白白浪费钱。

误区 14 事故现场无须保留

许多车主对相关部门快速处理道路交通事故办法的误读，没有保留事故现场，遭到了保险公司的拒赔。对此提醒车主们，事故的第一现场对于车险理赔很重要。比如车主投保了中国平安网上车险，出险后应立即拨打95512报案，平安车险会到现场查勘、定损，能够在第一时间掌握损失情况，这对于了解事故成因、责任归属，确定损失大小，准确、合理地计算和支付赔款十分重要。如果较小的事故发生在交通要道，为不妨碍交通，车主可将事故车辆撤离到不影响交通的地点，等候保险公司前来查勘，保险公司则会将第二现场视同第一现场。平安网上车险对于理赔金额在1万元以下且资料齐全者，可以一天赔付。这样就为车主们减轻了不少负担。

误区 15 老龄车上保险困难

很多开老车的朋友可能都遇到过这样的问题，就是在购买保险的时候经常被保险公司拒绝。其实这里有个误区，并不是购买所有的险种都有困难，而说的是车损险。因为老龄车的定损比较困难，残值的确定也很模糊，另外相关维修配件较少，所以多数保险公司不愿意承保此类车型。另外，购买交强险和第三者险则不受使用年限的影响。不过对于年头过长的老旧车型，相关保费是有一定上浮的。

误区 16 老手投保新手开

面对保险公司给优秀驾驶员的优惠，李先生有些心动了。如果以自己的名字投保，以自己高超的驾驶技术，可以少交10%的保费，车给刚从驾校毕业的女儿开，又有什么关系呢？

其实按照保险公司的规定，人们投保时因为指定了优秀驾驶员而享受了优惠的费率，如果出险的就是这个优秀驾驶员，保险公司会全额赔付。但如果出险时驾车的不是指定驾驶员，保险公司就要实行"比例赔付"。比如李先生这种情况，若女儿开车出事故，就只能得到90%的赔偿。

误区 17 酒后照样能驾车

刘先生是一家公司公关部的经理，请客户吃饭是常有的事。吃饭不能不喝酒，喝完酒还得自己开车回家。刘先生对此很无奈，但也觉得"问题不大"，"我保险了，出了事儿有保险公司呢。"

目前保险公司都规定驾驶员饮酒、吸毒、被药物麻醉后驾车出事故不予赔偿。即使有的保险公司推出了"酒后驾车险"，也规定每次事故损失的责任限额为人民币25万元，每次赔偿均实行30%的绝对免赔率。根据相关法律的规定，酒后驾车肇事者必须承担自己的责任。

误区 18 间接损失一并赔

"我车撞坏了，为了修车2天没去上班。这个损失保险公司也能赔吧？"周女士问保险公司的工作人员。

据了解，有的保险公司规定，保险车辆发生意外事故，致使被保险人停业、停驶、停电、停水、停气、停产、中断通信以及其他各种间接损失的，保险公司都不负责赔偿。

所以，投保人切记不能将车险当成出险赔付的"百宝箱"。

误区 19 重复保险能多赔

某人买了辆新车，先去一家保险公司购买了保险，然后就同一部车子到另外一家保险公司去投保。

《保险法》规定，重复保险的保险金额总和超过保险价值的，各保险人的赔偿金额总和不得超过保险价值。因此，即使投保人重复投保，也不会得到超价值赔付。

误区 20 机动车暴晒后会自燃

夏季，车辆在太阳底下被灼烤后，因长时间受晒导致温度升高而引发自燃的个案时有发生。专家建议，一般保险公司都有"自燃险"（即车辆附加自燃损失险）。投保该险种后，若机动车在使用过程中因本身电器、线路、供油系统发生故障引起火灾，就属于自燃，保险公司会进行赔付。值得一提的是，许多车主新购车时，投保了包含自燃险在内的汽车"全险"，对旧车却不投自燃险。事实上正好相反，旧车由于线路老化、发动机散热不佳等问题，自燃风险更大。

不过需要注意的是，自燃险也有责任免除，包括仅造成电器、线路、供油系统、供气系统的损失；擅自改装、加装电器及设备导致保险机动车起火造成的损失，都不属于保险责任范围内的损失和费用。

误区 21　发动机进水后"私自再动"

夏季，每逢暴风雨过后，一些道路、车库就会产生局部积水，有可能浸没汽车的底盘，如果这时贸然启动，很容易导致发动机受损。很多有车族觉得，自己买了汽车"全险"，即使发动机毁损，保险公司也会赔偿。其实这样想就错了，车辆遇水熄火后，车主重新发动并导致发动机损毁，属于操作不当造成的人为事故，保险公司通常不理赔。

因此，台风或暴风雨之后，车主要注意规避此类风险。开车前应检查积水是否漫过排气管或底盘电路气路，不要随意自行启动。发现问题，及时通知保险公司，按照其建议采取合理措施"解救"汽车。而且，时下许多车险公司都提供免费的非事故道路救援服务，指车辆发生非事故故障，保险公司可为车主提供小修、拖车、清空燃料、更换轮胎等服务。车辆遇水熄火后，车主即可询问是否能获得这方面的服务。

此外，建议车主最好单独投保一份"涉水损失险"，该险种对车辆因路面积水和在水中启动造成的损失都可以赔付。

误区 22　爆胎引起"单独损失"

夏日酷暑难当，地表温度较高，一些车主为了避免爆胎的危险，常常将车胎的胎压降低。但过低的胎压易致使轮胎变形，加上一些轮胎老化及质量上的问题，同样会导致爆胎。

上了保险的车辆如遇爆胎，车主会要求保险公司赔偿。但一般情况下，得到理赔的可能性不大。因为对于爆胎引起的轮胎、钢圈的"单独损坏"，保险公司一般会视为汽车零部件的自然老化现象，而车险对轮胎的理赔条件须是汽车遭遇意外碰撞等事故时的损坏。因此，这种情况不予理赔的概率较大。不过，如果是由于轮胎爆裂引发交通事故，给车辆造成损失，保险公司还是会理赔的。

专家建议，夏天时，车胎内的气最好不要太足，行车时也不要速度太快，以免因轮胎引发意外事故造成无法弥补的多重损失。

误区 23　玻璃破碎核赔标准不同

在暴雨中受损的车辆通常由两类原因引起，一是被坠落物砸坏，二是被水浸淹。即便是类似事故，理赔结果也可能有所不同。

去年夏天一场暴雨过后，王先生的汽车车顶被一只落下的空调外机砸扁了一部分，挡风玻璃也破裂了。由于没有投保玻璃单独破碎险，他担心不能以车损险对受损的挡风玻璃进行理赔。但向保险公司报案后，王先生松了一口气。原来，由于车顶与挡风玻璃在这起意外事故中均受到损坏，所以对破裂的挡风玻璃就不以玻璃单独破碎险为标准,而是以车损险为标准进行核赔。

专家表示,如果王先生的车被空调外机撞击后,恰巧只是撞破挡风玻璃,而汽车的其他部件没有受到损坏,保险公司就只能按照"玻璃单独破损险"的核赔标准进行理赔。若车主并未投保该险种,就得不到理赔。对于这一点,车主务必要引起注意。

误区 24 车内放置危险品

一些车主喜欢在车里放些小东西,如芳香剂、发胶、打火机等。这在寒冷季节并不要紧,但在炎热的夏天就很危险。因为这些易爆的小物件若经长时间曝晒或处于高温环境下,就容易引发事故,给车主带来损失。

对于车内存放危险物品发生爆炸造成的损失,由于属于车主处理不当,保险公司不会赔偿。因此,建议夏季不要在车内放置高压杀蚊药、碳酸饮料、香水、发胶等易燃易爆物品。

误区 25 开车小心,可以不保车损险

陈先生驾龄6年,开车一直很谨慎,好几年都没出过险了。今年,他考虑不保车损险:"哪怕发生事故,只要不是我的责任,修车费会由对方赔偿。一般的小擦小碰,修修最多几百元,根本都不用报保险。我觉得车损险对我来说没什么作用。"

专家提醒,投保时千万不要有侥幸心理:哪怕你确实开车从来不违章,车技也很好,但是如果你的车停在停车场被人家擦碰了,或发生事故对方逃逸呢?如果保了车损险,这样的情况保险公司可以赔70%;但如果没保,就得自掏腰包了。再说了,任何司机都可能有不小心的时候啊!

更何况很多附加险是以车损险这个主险为基础的,比如涉水险,如果不保车损险就不能保附加险。现在极端天气很多,有些附加险还是很必要的。

以10万元左右的家用车为例,1年车损险也就1000元左右,因此不建议车主省下这笔保费,以免因小失大。

误区 26 定损、修理、理赔不分家

几乎所有车主都认为,和4S店联合定损就是实际的维修费,也是保险理赔的金额。

实际上定损是保险公司的程序,之所以和修配厂联合定损,是因为保险公司不是全能的,要听取4S店的意见。

保险公司会综合各方情况后,给出合理的定损额度。定损一旦完成,理赔额度也基本确定了。

至于如何修理已与保险公司无关,而由车主和修配厂来决定;实际修车费用视车主要求可能高于或低于定损额度,甚至修车地点也可能不是协助定损的厂家。